PERIGOSA

FABIANA ESCOBAR

ns
São Paulo, 2017

Perigosa

Reimpressão: março 2021

EDITOR: Luiz Vasconcelos
COORDENAÇÃO EDITORIAL: Vitor Donofrio
DIAGRAMAÇÃO E ADAPTAÇÃO DE CAPA: Vitor Donofrio
REVISÃO: Tássia Carvalho

Texto de acordo com as normas do Novo Acordo Ortográfico da Língua Portuguesa (1990), em vigor desde 1º de janeiro de 2009.

Dados Internacionais
de Catalogação na Publicação (CIP)

Escobar, Fabiana
Perigosa
Fabiana Escobar
Barueri, SP: Novo Século Editora, 2017.

1. Escobar, Fabiana Biografia 2. Tráfico de drogas 3. Rocinha (Rio de Janeiro, RJ) I. Título

17-1020 CDD-920

Índice para catálogo sistemático:
1. Escobar, Fabiana: Biografia 920

Uma marca do Grupo Novo Século

Alameda Araguaia, 2190 – Bloco A – 11º andar – Conjunto 1111
CEP 06455-000 – Alphaville Industrial, Barueri – SP – Brasil
Tel.: (11) 3699-7107 | Fax: (11) 3699-7323
www.gruponovoseculo.com.br | atendimento@gruponovoseculo.com.br

Dedico este livro a Deus e a meus protetores por sempre, em todos os momentos de perigo e dor, me manterem intacta e de pé, com força pra continuar lutando.

À minha mãe, que sempre esteve ao meu lado com amor incondicional, me ajudando, me incentivando e acreditando em mim a todo instante. À minha filha, Dalila, que por várias madrugadas me ajudou corrigindo o texto, incentivando-me a escrever mais e mais. Ao meu filho, Celso, que sempre acreditou no meu talento como escritora, mostrando orgulho. À minha querida família (irmãos, madrasta, tios, primos, padrinhos e sobrinhos), que sempre demonstrou muito orgulho, depositando confiança em tudo que eu faço. Aos meus verdadeiros amigos, que sempre estiveram ao meu lado. À escritora Gloria Perez, que acreditou no meu potencial e me incentivou a seguir em frente.

"Nenhum mal te sucederá, nem praga alguma chegará à tua tenda. Porque aos seus anjos dará ordem a teu respeito, para te guardarem em todos os teus caminhos."

"Eu andarei vestido e armado, com as armas de São Jorge. Para que meus inimigos tendo pés não me alcancem, tendo mãos não me peguem, tendo olhos não me enxerguem, nem pensamentos eles possam ter para me fazerem mal. Armas de fogo o meu corpo não alcançarão, facas e lanças se quebrem sem ao meu corpo chegar, cordas e correntes se quebrem sem ao meu corpo amarrar."

1

Hoje, resolvi escrever sobre um assunto que percebo como muito delicado e de extrema importância. Complicado de abordar, difícil de discutir. Porque exemplo do feio, do errado, do ruim, *ninguém* quer ser.

Quando vejo o assunto sendo debatido, geralmente é por pessoas que se entregaram a Jesus ou que foram acolhidas por algum projeto social, e ficam como exemplo – e marketing – de determinadas organizações.

Devido ao grande número de perguntas que os adolescentes me fazem no site de perguntas e respostas, resolvi aqui tentar falar um pouco sobre isso. Muitas vezes fazemos besteiras e realmente não passamos isso a outras pessoas por medo de uma punição, talvez, o que acaba por atrapalhar. Porque as pessoas precisam, *sim*, saber que tipo de consequências uma ação errada pode gerar em suas vidas.

Tenho mil histórias pra contar. Muitas delas eu sei que não posso revelar; outras, acredito que sim, e é por isso que quero de alguma forma contribuir para o bem de alguém. Isso eu sei que acontecerá, pois venho recebendo muitas perguntas que, ao mesmo tempo em que mostram uma ingenuidade, demonstram uma degradação da juventude.

Aí eu penso: *mas quem sou eu pra julgar? Eu também cometi erros, também me empolguei muitas vezes e cometi atos imperdoáveis, perigosos e irresponsáveis. Não quero nem posso julgar ninguém. Quero apenas contribuir de algum modo para o bem.*

A adolescência é uma época muito complicada da nossa vida. Tudo parece se voltar para nosso divertimento, nada parece tão perigoso. Eu já fui adolescente e já agi assim também, inconsequente nos meus atos, talvez por isso consiga às vezes compreender meus filhos. Porque sei que todos passam por essa fase. Uns passam ilesos; outros, não. Eu passei por pura sorte.

Como não ser seduzido por um mundo totalmente liberal, onde todos são jovens, bonitos, cheirosos, bem-vestidos, alegres, com boa situação financeira, enfim, sedutores? Muitas meninas hoje acham que almejar um namoro, romance ou até mesmo uma "ficada" com um traficante vai fazer delas uma diva da favela, uma "patroa", e as pessoas vão comentar quando ela passar. Todos os Orkuts de fofocas da favela vão falar dela e postar fotos e, assim, o *status* de "bambambã da favela" será alcançado.

Infelizmente, no meio do tráfico, a ostentação é sempre carro-chefe, seja de riqueza ou de violência. Muitas olham aquele glamour dos camarotes dos bailes com bebida liberada com brilho nos olhos. No baile, ficar com bebidas caras nas mãos significa arrasar na noite. E pior: conseguir chamar a atenção dos homens do tráfico é o grande prêmio para moças que realmente vivem a ilusão de se envolver com aqueles que ali naquele espaço são poderosos. Ostentam uma grana que muitas vezes não possuem. Motos possantes e carrões roubados enchem os olhos de vários que, muitas vezes, não têm nem comida direito em casa. Vivem mal, sem conforto, sem nenhum tipo de luxo.

Com tudo que vi e vivi, percebi que moças cada vez mais jovens perderam aquela referência de ter um namoradinho, de se apaixonar. Hoje, as meninas – e algumas mulheres – não estão mais preocupadas com isso. Entram numa verdadeira disputa pelo mesmo homem, sabendo que ele, na verdade, não é fiel a nenhuma delas. Apenas "usa e abusa", compra como mercadoria e, em troca de ter aquela pessoa ali, à disposição dele, dá roupas, bebidas, joias, dinheiro, objetos que dão uma sensação de riqueza. Na verdade, uma falsa riqueza, porque qualquer trabalhador organizado, por mais dificuldade que passe, consegue comprar tais coisas também.

As grandes diferenças são as prioridades na vida de um bandido e de um trabalhador. Mas, quando envolvidas nesse meio, as pessoas parecem ficar cegas, não conseguem enxergar nada além desse submundinho criado em torno do tráfico. As que já conseguiram conquistar certo espaço esbanjam joias e luxo, o que aguça ainda mais a vontade das meninas, que desenvolvem verdadeira admiração pelas belas mulheres dos traficantes mais poderosos. *Poucos* são os que realmente têm dinheiro. A grande maioria vive em torno de uma dúzia que realmente obtém lucros e ali acaba se beneficiando de luxo e repassando para as suas namoradas.

As festas são constantes, a alegria é imensa. Dificilmente adolescentes confusas não se encantariam com tanta coisa boa. Dinheiro, poder, ouro, *status*... Tudo pra virar "celebridade" na favela. Até mesmo meninas que não pertencem àquela realidade acabam se encantando por tanto glamour e entram nos morros e favelas atrás dessa aventura.

Mas as festas sempre acabam, a ressaca sempre vem, a polícia sempre chega... Então começa o pesadelo que sempre esteve ali, disfarçado de alegria e glamour. O cenário muda radicalmente. O que era alegria se transforma em lágrimas.

Agora, envolvidas sentimentalmente, ou muitas vezes envolvidas na base do medo, essas adolescentes começam a sentir o outro lado da história e, muitas vezes, acabam por *carregar as consequências* pro resto de suas vidas. Comigo foi assim, com outras também será. Definitivamente, *ninguém* sai ileso do mundo do tráfico de drogas. Eu sempre tento falar a probabilidade de um resultado ruim, das sequelas que ficam. Agora, aquele mundo encantador passa a ser macabro, sinistro, angustiante, deprimente.

Daqui pra frente vou tentar contar como o tráfico de drogas esteve presente na minha vida e quais as consequências e sequelas que permaneceram – e que ainda estão por vir.

2

Bem, pensei em muitas maneiras de dar início a esta parte, e realmente percebi que teria que levar vocês a um passeio ao passado, onde algumas coisas se escondem, se fazem invisíveis, porém permanecem pra todo o sempre em nossas vidas. Algumas coisas são boas, outras tristes, mas, de qualquer maneira, existiram.

Eu fui criada no Rio Comprido, Zona Norte do Rio de Janeiro. Esse bairro é cercado de morros como Fallet, Fogueteiro, Turano, Prazeres, Escondidinho, Querosene, São Carlos, Paula Ramos. Alguns, inclusive, eram de facções rivais como Comando Vermelho e Terceiro Comando. Mas naquela época o que gerava muita confusão, brigas e mortes era a rivalidade entre as galeras do funk. Muitas vezes, galeras de morros da mesma facção eram inimigas mortais por causa das brigas de baile funk. Quando me lembro dos meus amigos, colegas e conhecidos, vejo que mais da metade dos rapazes que eu conhecia morreu ou por briga de galera ou por tráfico de drogas. Mas foi uma guerra silenciosa, que só começou a chamar atenção das autoridades porque os bailes de briga, os famosos bailes de corredor, eram em clubes na rua, e isso gerava muita desordem.

No Rio Comprido, as festas eram complicadas, e alguém sempre morria. Quem morou lá na época deve se lembrar das festas juninas da igrejinha que ficava entre o Morro do Querosene e o Morro do Fogueteiro. Sempre morria alguém, e a gente nem escutava o tiro, só sabia que tinha acontecido algo quando o sujeito caía no chão estrebuchando. E isso sempre aumentava a rivalidade, porque um queria vingar a morte do outro – e essa guerra não tinha fim. Mas, em meio a tanta confusão, sempre sobrava tempo pra ter uma vida compatível com alguém de doze anos. Para as meninas, então, é uma época danada pra viver apaixonada. Nessa época, eu estudava na Escola Municipal Pereira Passos, e minha mãe era diretora. Nossa! Até hoje eu sei cantar o hino da escola.

Mas, pra falar a verdade, foi umas das melhores épocas da minha vida. E lá eu comecei uma história que me marcaria até os dias de hoje.

Sabe quando a gente tem doze anos e simplesmente fico doente de "paixonite aguda"? Essa era eu aos doze anos.

Eu chorava todos os dias, armava situações, fazia de tudo pra conseguir a atenção do meu amado, que era ninguém mais, ninguém menos que o Paulo, hoje meu ex-marido. Na época, ele também era adolescente. Era o "garanhão" da escola, namorava todo mundo, mas eu ele não queria de jeito nenhum. Naquela época, já existiam as garotas mais assanhadas, que iam pra casa dos meninos fazer sexo, e eu era virgem. Isso me deixava com muito recalque, muita raiva. Confesso que ficava com inveja das meninas que se aproveitavam dele. Ou melhor, de quem *ele* se aproveitava, né?

O Paulo era responsável pelo jornalzinho da escola, e eu vivia mandando cartas de amor pra ele pela página de recados do jornal. Certa vez, uma amiga minha, cansada de tanto me ver sofrer, marcou um encontro pra gente numa sala vazia. Ele foi sem saber quem era. Quando chegou lá, não quis me dar um beijo sequer e saiu correndo, fugindo igual o diabo foge da cruz. Ele argumentou com a minha amiga que eu não tinha peito ainda e que era muito criança. No entanto, ele era muito meu amigo.

Desde os seus nove anos, mais ou menos, ele havia estudado na escola onde a minha mãe foi professora e diretora. Foi aluno da minha mãe, inclusive, e eu fui criada dentro da escola – e, consequentemente, era amiguinha dos alunos dela. Mas, na época que eu estudei lá, minha mãe já era diretora. Até uma vez, num ato de desespero, implorei pra minha mãe reprová-lo, porque ele já estava na 8ª série e, assim, sairia da escola no final do ano. Lógico, ela riu muito, contou pra todo mundo e não o reprovou.

Ele sempre me levava até próximo a minha casa, a gente conversava muito e aquilo me iludia, mas, na verdade, ele queria mesmo era ser meu amigo.

Foi horrível, eu sofri muito por causa dele, mas o tempo foi passando e a paixão adormeceu.

Já com treze anos, comecei a das uns beijinhos aqui, outros ali e, numa festa do tipo "americana", eu conheci um rapaz de dezoito anos. Simplesmente *lindo*! Moreno, alto, olhos verdes. Eu fiquei apaixonada no primeiro olhar. Lindo cheiroso, impossível não se encantar. E ele, sei lá por que, quis ficar comigo naquela noite. Eu confesso que era um pouco desengonçada, magra demais, mas ele gostou de mim também. Eu dei somente um beijo nele naquela noite. Mas ele, "safadinho", passou a mão no meu peito e eu bem que gostei. (Que a minha mãe não leia isso). Sabe como é "fogo na tarraqueta" na adolescência. Mas não passou de um beijo e ele foi embora e me deixou completamente derretida por ele. Nessa época, eu morava na Estrada do Sumaré, em um dos acessos do Morro do Turano, e o caseiro de onde eu morava era morador do morro. Uns dias depois, ele veio e falou comigo assim: "Minha filha, pediram pra te dar um recado: que vão passar aqui pra te ver".

Ele, falando sempre como se não quisesse falar o nome da pessoa que mandou o recado. Aí eu falei: "Quem?", e ele me respondeu: "Uhhh, andou dando beijo na festa, né...".

Na hora, eu saí pulando toda boba, né...

Passados uns dois dias, estou eu sentada no portão de casa olhando o movimento de quem sobe e quem desce, quando uma F1000 para na minha frente. Ele estava lá, lindo, sem camisa. Aquela imagem, mesmo depois de tanto tempo, ainda está nítida na memória. Ele era moreno, de pele bem lisa. Aí, ele desceu do carro rapidamente e me deu um "colante" daqueles e falou assim: "Oh, se comporta, que você é minha agora, hein. Depois, vou passar aqui de novo".

Eu fiquei mais louca ainda por ele. Sei lá, aquela coisa de ser dele parece que me atraiu mais ainda. Que boboca, né? Antes de ele sair, o caseiro veio e fez questão de apertar a mão dele. Quando ele saiu com o carro, o caseiro falou assim: "Menina, você sabe quem é ele, né?". Eu respondi que não sabia, pois não sabia mesmo ao certo quem era ele. O caseiro respondeu: "Uai, é o Nê (Risos. Era assim que ele falava "Nem"), o chefe aí, o dono do morro". Confesso que, na hora, eu não dei a importância que teria que dar a esse assunto, porque era uma coisa tão distante de mim, que eu não tinha a menor noção, nem conhecimento de causa. Eu estava tão apaixonada por ele que não quis saber de mais nada. Apenas de namorá-lo e escrever "Bibi e Nem" nas minhas agendas. Pronto! Estava formado o casal: eu, filha de classe média, mãe diretora de escola, pai estatístico do IBGE; e ele, um bandido de dezoito anos, que tinha acabado de "herdar" as bocas de fumo do Morro do Turano e Chacrinha. Com o passar do tempo, ele começou a posar de afilhado do caseiro e começou a frequentar o quintal da minha casa. Sempre estava com alguém e não ficava muito tempo. Almoçava, conversava, a gente pegava frutas, porque lá havia árvores de tudo que é fruta – e depois ia embora. Mas nosso namoro mantinha aquela marcha lenta. Não passavam de beijinhos, abraços, carinhos mesmo. Assim, ele, cada vez mais, foi ficando íntimo e mais íntimo. A minha mãe saía de manhã e voltava à noite, pois era diretora da escola e não tinha muito tempo pra ficar em casa de bobeira – e era nessa hora que a gente "fazia a festa". Lá, não havia vizinhos pra fofocar nada pra ela, pois era estilo sítio. Vale lembrar que, nessa época, não existia celular ali, então pra se falar tinha que ser ao vivo ou usando orelhão do morro.

Aos poucos, ele começou a ir armado, ou com segurança armado. Sempre ia com uns dois seguranças e um gerente de confiança dele. Por acaso, esse gerente, na época, cismou que estava apaixonado por mim e, quando o Nem saía de perto, ele ficava falando: "Bibi, larga ele e fica comigo. Ele não quer nada com você não, só quer se aproveitar". Eu ria e falava: "Se aproveitar como, se eu sou virgem?". Aí, ele falava: "Ele vai te comer e te largar. Eu não vou fazer isso com você". Vê se pode, gente! Ele não tinha medo de falar essas coisas. O Nem foi percebendo isso, mas não falava nada, o que é pior, né. Até que, uma vez, estava acontecendo uma feijoada no alto do morro e o Nem mandou me buscar.

Quando eu estava chegando perto deles, o então gerente dele se levantou, abriu os braços e veio me abraçar. Eu arregalei dois olhões! Porque meu namorado estava atrás dele. E eu vi a cara do Nem ficando fechada. Me deu até medo porque ele fez um olho de gente ruim na hora. Aí, eu passei por baixo dos braços do cara e fui direto falar com ele.

Depois de um tempo, meu namorado veio com o sorriso na cara, falando assim: "Sabe quem morreu?". Então eu perguntei: "Quem?". Ele respondeu, dando gargalhada: "O Mineiro!". Vou confessar: não quis nem saber mais de nada, meu coração "gelou" na hora. Eu percebi que tinha sido ele.

Eu tinha alguns amigos que moravam no morro, e isso servia como desculpa pra ir lá pra cima do morro e ficar lá rezando pra ele passar. Muitas vezes ele mandava me chamar na casa de quem eu estava e me dava uns beijos rápidos. Isso já me deixava muito feliz. Por incrível que pareça, eu ainda era virgem e ficava só nos beijos mesmo com ele.

Nessa época, eu conheci uma menina de quinze anos que era namorada de um dos capangas dele, e ela sempre ia lá pra casa com eles. Mas o namorado dela morreu em um assalto. Nossa! Esse acontecimento ocasionou uma das cenas mais tristes que eu já vi. Essa garota estava grávida e, uns dias antes de o namorado dela morrer, ela confessou, numa conversa, que o filho não era dele. O que ela não sabia era que ele estava gravando a conversa num daqueles micro systems e deixou a fita com outro bandido lá, que era muito amigo dele.

Quando nós estávamos no enterro, no cemitério do Catumbi, vários homens apareceram em cima de uma laje armados. (Pra quem não sabe, o cemitério é encostado no Morro da Mineira, por isso, bandidos às vezes assistiam aos enterros dos comparsas.) O cara começou a gritar: "Cadê ela? Cadê essa piranha? Cadê ela, porra!?". E disparou tiros pro alto chorando. Ficou aquele silêncio, né... Todo mundo "passado" com a cena.

Ao retornar pra casa, nos surpreendemos com ela dormindo. Nós a acordamos, e ela, sem saber direto o que estava acontecendo, foi orientada para que "metesse o pé" rápido, porque ele estava furioso por ela não ter ido ao enterro do próprio namorado. A idiota, em vez de ir embora, foi andar no morro. Ela era moradora de Caxias, ou algum lugar próximo.

Esse bandido cercou o namorado da minha irmã e falou: "Se ela voltar lá, é pra trancar ela dentro de casa. Se deixar ela sair, quem vai morrer no lugar dela vai ser você". O coitado ficou apavorado. Quando estávamos bem sentados, assistindo ao Jornal Nacional, quem chega? Ela! Puta que o pariu! A burra não levou fé no que a gente falou. Aí, a gente falou: "Menina, tu não foi embora ainda daqui?". Ela, com a maior calma do mundo, me pediu uma roupa emprestada pra tomar banho, como se nada estivesse acontecendo. Coisa de adolescente sem noção mesmo. Então, ela tomou banho e sentou na sala.

Não passaram três minutos. Entrou um carro lotado de homens cantando pneu na garagem lá de casa. Meu coração disparou na hora como um pressentimento de que algo ruim aconteceria.

Os caras entraram armados e falaram pra ela: "Levanta e vem que o gato preto chegou pra você, porra!".

Ela começou a chorar e falar: "Mas por quê? Mas por quê?". Um deles falou assim pra gente: "Vai lá pra dentro vocês!". Eu saí tremendo toda e só escutei barulho de soco, e eles falando: "Quer morrer aqui, sua piranha?! Levanta agora, porra! Vamos, caralho!".

Deu pra escutar barulho de fita crepe também... Acho que estavam passando fita crepe na boca dela. Assim eles saíram e a gente ficou ali, "estatelada", sem saber nem o que falar. Nossa! Foi muito triste ver uma menina passando por isso. Depois, um dos homens voltou bem descontraído e falou: "Já era, voou de paraquedas lá nas Paineiras!". Eles usavam esse termo para os mortos que eles jogavam no penhasco das Paineiras. Ele avisou que, se alguém procurasse, era pra falar que não sabia pra onde ela tinha ido. Assim foi o fim de mais uma adolescente de quinze anos, morta, jogada no mato, sem ser encontrada.

Passada essa situação, minha mãe resolveu se mudar pra me afastar de alguma forma do Nem, mas isso não foi o suficiente. Sabe adolescente com "fogo na tarraqueta", que não escuta ninguém?

Eu passei a me encontrar com ele nos finais de semana. Eu falava que ia pro baile que tinha no clube do América, no clube do Helênico e ia ficar com ele. Fiquei por um ano na clandestinidade. Ele era muito paciente comigo, já estava há mais de um ano só de beijo, abraço e esfrega-esfrega, e eu, virgem. Uma vez, eu fui até dentro do motel com ele, mas chegando lá só tirei a camisa e não quis fazer mais nada. Ele aceitou numa boa. Mas, como eu também não era de ferro, acabei cedendo e perdendo a minha virgindade. Não durou muito pra eu dar uma bobeira e passar da hora de chegar em casa. Minha mãe descobriu que eu estava com ele e mentindo pra ela. Porra! Me deu um tapa na cara daqueles que só polícia sabe dar. E me botou de castigo.

Eu, como toda adolescente inconsequente e desobediente que se preze, comecei a me encontrar com ele à tarde. Passava à tarde no motel com ele. Na maioria das vezes, eu chegava um minuto antes que a minha mãe, já entrava jogando sapato pro alto, me jogando no sofá. Ela me olhava e falava: "Ué, você está aí há muito tempo?".

E eu, na maior cara de pau, falava: "Já estou aqui há muito tempo".

Por isso que eu falo pra essas mães que acham que as filhas só vão dar a buceta a noite e no baile funk. Bobinhas...

Eu não tinha muita ligação com o morro porque a gente se encontrava sempre na rua e ele não gostava que eu ficasse andando na favela.

Nem muita noção de nada eu tinha nessa época. Quando eu chegava lá pra gente sair, ele deixava um capanga tomando conta e me mandava ficar sentada dentro do carro esperando-o pra gente descer.

Eu percebia que nenhuma garota da minha idade mexia comigo mais, na verdade ninguém mexia. Parecia que eu estava com um carimbo na testa escrito: "Nem".

Mas a minha alegria durou pouco.

3

Quando estava com quinze anos, engravidei. Ele recebeu a notícia com muita alegria, pois tinha dificuldade de engravidar as mulheres. Fazia até tratamento numa clínica da Barra da Tijuca e posteriormente fez em Minas Gerais também. Eu nem sei o que pensei, na verdade nem pensei muito. Continuei levando a vida como se nada estivesse acontecendo. Mas gravidez não dá pra esconder muito tempo. Um dia, eu estava na casa do meu pai e enjoei de madrugada. Vomitei horrores e acordei a casa toda. Meu pai e a minha madrasta acordaram e vieram perguntar o que estava acontecendo. Eu respondi que era só uma gripe. Meu pai, com toda a inocência, falou: "É, tem que tomar xarope, né? Porque essas tosses não podem te deixar assim".

Eu vi que o cerco estava fechando pra mim. Ele queria mais é que o tempo passasse rápido e o filho dele nascesse logo. Eu resolvi contar pra minha mãe o que estava acontecendo. Ela quase enfartou! Pegou o telefone de um funcionário lá da escola que morava no Turano e ligou pra ele. Perguntou se ele poderia levar o Nem até o telefone, pois era urgente. Quando a minha mãe ligou pra lá de novo, o Nem já estava e atendeu. Ela falou sem meias palavras: "Manda *imediatamente* o dinheiro e você sabe muito bem pra quê! A minha filha só tem quinze anos, ouviu?". Ele mandou entregar o dinheiro lá em casa de madrugada. Mesmo com toda "mentirada", ele respeitava muito a minha mãe.

No dia seguinte, estava eu numa clínica de aborto em Bonsucesso. Só me lembro de adormecer enquanto me aplicavam uma anestesia.

Acordei e não estava mais grávida. Ele ficou um mês sem me ligar, de mal comigo, porque eu deixei isso acontecer. Porra, eu era quase uma criança e não tinha essa força toda pra "bater de frente com geral". Mas, depois, a gente fez as pazes e, por incrível que pareça, a partir disso, todo mês a gente tentava ter um filho. No entanto, o destino ainda estava preparando muita coisa pra gente e rapidinho começou a acontecer.

Na minha casa, eram todos contra o meu namoro, minha mãe, minha avó, meu pai, etc. Todos torciam pra acabar. Mas eu e ele estávamos cada vez mais juntos.

A minha avó escutava a Rádio Tupi e tudo sobre a bandidagem passava ali. Um belo dia, ela me acorda de manhã festejando e me fala: "Sabe quem foi preso? Esse seu namoradinho aí...".

Eu dei um pulo da cama e saí correndo pra banca de jornal. Cheguei lá e foi um choque ver a foto dele na capa do jornal.

Naquela época, o Morro do Turano era uma potência do tráfico de drogas, junto com o Morro do Borel e o Morro da Mineira. Eles faziam assaltos a carro-forte, a bancos e compravam fuzis, muitos fuzis mesmo... E isso fez dele alguém muito procurado pela polícia do Rio de Janeiro.

Nesse dia eu chorei muito, o dia todo. Mas no dia seguinte fui a Polinter e consegui visitá-lo. Sabe como é, com dinheiro se conseguia tudo nas delegacias. Eu o visitava com a caderneta da escola. Mas ele não permaneceu lá muito tempo, pois o dono do Morro da Mangueira, o Polegar, foi preso, e a polícia ficou com medo de deixar os dois juntos lá e alguém tentar resgatá-los. Assim, ele foi transferido pra uma Casa de Custódia, em Água Santa. Ali começou novamente meu drama, pois lá eu não conseguiria fazer carteira de visitante, pois tinha quinze anos. Ele ligou e implorou pra minha mãe fazer a carteira junto comigo, pois eu só entraria com ela. Vale lembrar que nessa época já existia celular, inclusive na cadeia (risos).

4

Assim eu comecei a visitá-lo. Minha mãe ficava conversando com a mãe dele e eu lá com ele. A gente ficava abraçado e sempre ia no ratão. "Ratão", pra quem não sabe, é um banheiro onde os presos entram com suas companheiras e fazem sexo em no máximo quinze minutos. Rapidinho já tinha alguém batendo na porta falando que o tempo havia acabado. Vou te falar, eu não sabia o que era orgasmo. Já entrava tirando a roupa rápido, tirava só uma perna da calça pra não perder tempo. Era muito rápido, não dava pra nada, só pra ele mesmo e desesperadamente. Não sei de quem eu tenho que sentir mais pena, de mim ou dele... Eu ia pra visita numa alegria, parecia que eu estava indo me encontrar com um príncipe. Acordava com estrelas no céu, numa disposição fora do comum. O engraçado era que eu e ele nessa época só fazíamos um plano: ter um filho. Como é que pode, né? Eu não pensava em mais nada, não tinhas planos de nada na vida. Vivia dia após dia ali, sem expectativa de nada. A única coisa que ele fez foi me mandar morar no Leblon, porque ele não queria que eu ficasse perto do morro. Na verdade, ele não me deixava ir pro baile. As vezes que eu fui, estava escondida dele (risos). Lá, conheci muitas mulheres mais velhas que eu, que eram as esposas de alguns "donos" de bocas de fumo. É muito interessante quando me lembro e percebo que eu era uma boboca perto delas. Eram mais velhas, vividas e, aos poucos, elas iam me ensinando como me impor como esposa de um dono de morro. Até na forma de me vestir. Exemplo foi quando uma delas me falou que as minhas calças jeans eram largas, que eu tinha que usar calças apertadas, que ficavam mais bonitas. Com o dia a dia, eu fui pegando alguma maldade, porque, até então, eu era apenas uma menina. Naquela época, eu já reparava uma coisa que não era comum no mundo em que eu fui criada. As pessoas levavam contas de luz, telefone e cartão de crédito e pediam pra ele pagar. Eu ficava horrorizada com aquilo.

Ele me pedia pra toda semana ir ao morro buscar o dinheiro dele. Sempre vinha um taxista conhecido dele me buscar e me trazer de volta. Nessa época, mesmo com toda imaturidade e inocência, eu conseguia perceber ou sentir uma coisa ruim quando falava com o cara que estava no morro pra ele. Eu não gostava da forma como ele me olhava, da forma que ele falava. Sabe quando vira e mexe você pega uma pessoa te olhando por trás, de cima a baixo? E, algumas vezes, na hora de entregar o dinheiro, ele soltava umas graças, do tipo: "Ele está gastando muito, hein! Tá sustentando quantos na cadeia?".

E eu, naquela época, já era uma das coisas que eu sou hoje, respondona. Respondi "na lata": "Ué, a boca de fumo não é dele? O dinheiro não é dele? Então ele gasta do jeito que ele quiser".

Eu senti que, a partir dali, ele já começou a sorrir na falsidade pra mim – e eu retribuía do mesmo jeito. Contudo, eu alertei meu namorado que ele estava falando de um jeito estranho, que ele estava dando poderes demais para aquele cara. Mas, na época, eu não era o que sou hoje, né? Deixei pra lá e continuei tomando conta apenas do nosso relacionamento mesmo. Nessa época, eu que tinha que ir buscar o dinheiro dele no Morro do Turano, e eu fazia isso às pressas porque ele não me deixava ficar lá, não me deixava ir ao baile. Eu fui muitas vezes escondida, mas sempre com muito medo de ele descobrir.

Em uma dessas idas ao morro, deparei com uma situação que eu sei que de alguma forma fui uma interferência boa naquele momento. Quando cheguei lá, havia um menino amarrado, um rapaz bem novo, que trabalhava na boca de fumo como "vapor", e ele havia gastado o dinheiro das drogas que tinha vendido. Quando cheguei lá, já estava praticamente decidido que ele morreria e seria desovado na Estrada do Sumaré. Aí, um bandido, que na época era gerente da boca, olhou pra mim e falou: "Olha isso! Me fala o que eu faço com esse vacilão!". Eu olhei pro menino, ele me olhou com uma cara de pedido de socorro. Eu falei: "Não mata ele, não. Vai trabalhar de graça até pagar o último centavo que derramou".

O cara riu e falou: "Tem certeza, Bibi? É maior vacilão ele! Passar o carro logo...".

Mas eu insisti, afinal, ele que pediu a minha opinião. Falei que era pra dar essa chance pro menino. Ele iria trabalhar de graça até pagar tudo.

Eu, naquele dia, fui pra casa feliz. Porque, no fundo, sabia que ele teria morrido mesmo. E foi bom porque ele pagou a dívida como o combinado. Ficou tudo bem. Hoje, não sei o paradeiro dele, se está vivo ou morto.

La na Água Santa estavam muitos donos de morro presos e com muito dinheiro e poder. Assim, a gente podia tudo. Eu o visitava duas vezes na semana e pelo menos uma vez na semana das onze da noite às duas da madrugada. Foi a forma que ele achou de poder ter mais tempo comigo. Aí, sim, dava pra namorar com mais calma. Sempre ia eu e mais umas quatro mulheres de outros donos de morros. Eles tinham muito dinheiro e pagavam muito caro pra isso. Mas também não durou muito tempo. Acho que denunciaram e, numa dessas visitas clandestinas, a chefia do Desipe chegou lá. Foi um alarde! A sirene do presídio tocou, maior escândalo!

Pior: eu estava com ele lá no ratão quando chegaram, só vi a porta sendo quase arrombada. Porra, ainda bem que eu já tinha gozado (risos) e estava de vestido. Eu ia toda igual bonequinha, né, porque na visita não podia ir de vestido, de brinco, de pulseiras, essas coisas, então eu queria ir bem bonitinha pra ele me ver.

Os caras ficaram gritando querendo saber quem estava lá dentro, e ele gritando: "Calma, porra! Minha mulher tá botando a roupa!".

Uma confusão. Eu escondi a minha identidade porque era menor de idade e isso poderia dar mais problema pra ele. Mas eles falaram que não adiantava mentir o nome porque eles sabiam que todas ali eram as esposas e eram cadastradas.

Aí foi a minha estreia de uma longa temporada nas páginas policiais.

Minha mãe quase morreu de vergonha. No dia seguinte saiu no jornal que a gente estava de madrugada na cadeia fazendo festa. Por incrível que pareça, só o meu nome e o dele saíram certinho; nos outros, eles erraram os sobrenomes.

A partir daí, ele começou a ficar com medo de ser transferido pra Bangu e começou a engendrar uma fuga. Passou um tempinho, ele pediu que eu entregasse R$80 mil pra esposa de outro preso, que ela levaria pra um agente penitenciário que facilitaria a fuga. Fiz uma barriga falsa com o dinheiro e fui à Cidade Alta pra entregar o dinheiro. Quando estava lá, aconteceu uma coisa que nunca mais esqueci. Ela guardou o dinheiro e me falou assim: "Vamos ali no outro bloco pra coroa rezar a gente". Eu fui, lógico. Chegando lá, a velha, acendeu um charuto e jogou fumaça em mim e *me* mandou pensar em alguém. Eu pensei no Nem. Depois assoprou num copo e, sem dó nem piedade, virou pra mim e falou: "Olha, minha filha, vou te falar uma coisa. Se eu fosse você, eu não engravidava dele, porque ele vai ser traído e vai morrer". Na hora, eu ri e pensei: "Ah, pronto, ela deve conhecer a mulher que me trouxe aqui, já deduziu que eu sou mulher de bandido e falar que bandido vai morrer ou ser traído é o clichê das videntes". Aí, não dei a menor importância, ainda ri do que ela falou.

Quando a mulher do outro preso estava indo levar o dinheiro pra entregar pro agente que facilitaria a fuga, a polícia interceptou e tomou tudo. Foi um balde de água fria neles, mas mesmo assim ele não desistiu.

O Nem estava preso com um traficante muito famoso na época, Luís Queimado, que ficou de fiador pra ele fugir e pagar depois. Caso ele não pagasse, assumiria a conta. Assim, o Nem me falou na visita que um policial me procuraria pra ir buscá-lo. À noite, esse homem me procurou e eu, novamente, inconsequente, fui sem pensar em nada. Ficamos lá em torno do presídio esperando a hora. Eu estava calma, conversando, tomando refrigerante e tal, quando o Nem ligou e falou: "Vem agoraaaaa!".

Porra, nunca gritei tanto na vida. O cara pegou o carro e foi muito rápido pra uma rua escura que tem atrás do presídio. Quando estávamos procurando por ele, o farol do carro iluminou onde ele estava. Ele tinha torcido o pé, pois teve que pular aquele muro imenso. Outro homem que fugiu junto quebrou a perna, e ela estava virada pra trás. Uma coisa espantosa de olhar.

Eles se jogaram dentro do carro e o cara veio numa velocidade que eu nunca andei na vida. Correndo muito e eu gritando muito e chorando porque, do nada, apareceu um monte de fuzis e pistolas dentro do carro – e eu não tinha visto. Foi uma confusão dentro do carro porque o outro que fugiu se irritou com meus gritos e começou a gritar comigo: "Cala a boca, porraaaa!". Aí, o Nem falou: "Ô, rapá, fala direito com a minha mina, porra! Tá maluco, caralho!".

Então, olhou pra mim com aquela cara mais linda do mundo e falou: "Bibizinha, fica calma. A gente já vai chegar".

Tadinho, mesmo com dor, nervoso, ele teve paciência pra me acalmar. Nós cruzamos a cidade e não passamos por um único carro de polícia. Ele veio cantando pneu, batendo no meio-fio, um caos. Quando começamos a subir o morro, ele botou a arma pra fora e começou a atirar pro alto gritando sem parar: "Tô na rua, porraaaaa! Tô no morro, porraaaa!".

O idiota do cara que estava dirigindo ainda deu um cavalo de pau pra parar o carro. Ele desceu do carro já dando tiros pro alto e sendo carregado pelos empregados dele. Eu fiquei com ciúme pensando: "Ah, tá! Agora vai vir um monte de mulher fazer gracinha aqui. Só saio daqui com ele". Quando o Nem chegou, começou uma romaria. Vários bandos de outros morros começaram a chegar pra falar com ele. Mas ele resolveu tomar banho e eu fui atrás, lógico. Marcação cerrada. Aí, nós fomos num barraco lá, e eu fiquei segurando a porta enquanto ele tomava banho de balde. De repente, bateram na porta e eu abri pra ver quem era. Quando abri, levei um susto. Adivinha quem era?

Nessa hora, meu passado, meu presente e meu futuro estiveram ali nos meus olhos e eu nem ao menos imaginava o que o destino ainda reservava pra mim. O Paulo, de fuzil atravessado, em pé na minha frente. Vocês lembram que eu contei lá no começo que eu era loucamente apaixonada por ele aos doze anos? Ele também levou um susto quando me viu. Até porque agora meu peito já tinha crescido, né...

Praticamente juntos, a gente se perguntou o que estava fazendo ali. Então eu falei: "Ué, tô aqui, ué".

E eu perguntei o que ele estava fazendo ali também. E ele me falou: "É, tô por aqui também...". Nisso, o bando do cara que estava na porta já entrou pra comemorar a fuga e eu perdi o Paulo de vista. Depois eu fiquei sabendo que ele ficava enfiado nessas brigas de baile e acabou se envolvendo com os bandidos. Nesse dia, eu não o vi mais, porém, foi um choque vê-lo ali, logo ele, que era tão inteligente na escola, tinha sido representante da escola inteira na região administrativa do bairro, organizava o jornalzinho dela e tal. Foi um susto vê-lo armado daquele jeito.

Logo depois, seguimos pro apartamento no Leblon, onde ficamos umas duas semanas direto trancados sem botar a cara na rua. Na época, não deram tanta ênfase à fuga, pra não mostrar pra sociedade a corrupção dentro do Desipe; a foto dele não saiu no jornal e muito menos a informação de que era o chefe do tráfico do Morro do Turano. Por isso, foi bem mais fácil morar no Leblon. Foi uma noite especial: quando ele entrou no apartamento, ficou olhando tudo e logo foi mexer no som, que era cheio de luz e botões. Era um daqueles "porradão", da Sony. Ele botou um CD que tinha lá e me chamou pra dançar. Foi bom aquele dia, só a gente ali no escuro, dançando "Woman In Chains", da banda Tears For Fears.

Eu gostava tanto dele, a gente se encaixava perfeitinho. Brincávamos o tempo todo, era muito bom quando eu estava sozinha com ele. Parecia que tudo ficava pra trás e só existia a gente mesmo. Eu nunca imaginaria que um dia iria escutar essa música numa hora de tanta tristeza e junto com ele também.

Depois de umas semanas, o Nem só saiu de lá pra ir ao morro duas vezes. Ficávamos trancados mesmo. Namorando dia e noite, na sala, no quarto, na cozinha e no banheiro. Um dia, a minha mãe levou compras do supermercado pra gente e logo foi embora. Quando ela chegou ao Rio Comprido, um dos gerentes dele, que estava no morro, mandou um celular e pediu que a minha mãe retornasse na mesma hora pra levar até a gente o aparelho, porque era urgente. Ela estranhou, mas fez o que o homem pediu. Quando chegou novamente ao prédio, parou pra esperar o elevador do carro chegar.

Nessa hora, apareceram dois policiais sabe-se lá de onde, um deles colocou a arma na cabeça dela e falou: "Não faz gracinha que a gente sabe que ele está aí". Ela, no susto, tentou engatar a marcha à ré. O cara então falou que, se ela tentasse, ele estouraria a cabeça dela na frente do meu sobrinho de dois anos e da minha irmã, que estavam dentro do carro também.

Nossa! É muito ruim lembrar disso. A minha mãe, coitada, se urinou toda, desesperada por saber que seria ela que os levaria até a gente. Quando eles subiram e tocaram a campainha, a gente estranhou porque ninguém sabia onde a gente morava. Levantamos e fomos olhar no olho mágico. Eu vi a minha irmã em pé, abrimos a porta já rindo, quando ela falou chorando: "A polícia está aqui...". Eu olhei e vi o policial com a arma na cabeça da minha mãe.

O Nem saiu batendo desolado, falando: "Caralho, voltei pra cadeia! Caralho, voltei pra cadeia!".

Os policiais entraram e já avisaram que não teria esculacho e que haveria uma conversa. Ali, eles sentaram e começaram a negociar como se estivessem na Bolsa de Valores negociando ações. Foi um tal de liga pra um, liga pra outro. Até que chegaram a um acordo.

Ficou fechado em R$80 mil mais quatro fuzis e mais o nosso carro. Na madrugada, um advogado trouxe o dinheiro e os fuzis e na rua mesmo fizeram a troca. Passamos pro carro do advogado e fomos embora pro morro. Esses policiais eram tão caras de pau que no dia seguinte foram à escola onde a minha mãe era diretora pra buscar o recibo do carro, e, quando chegaram lá, por acaso, tinha uma menina com câncer, que a minha mãe levava de carro toda semana ao Inca. A minha mãe, na hora, não controlou a língua e falou pra eles: "Vocês que deveriam levá-la com o carro que estão tomando". Eles olharam, mas não ficaram nem um pouco constrangidos com isso, não. Pegaram o recibo e sumiram. Esse acontecimento desanimou muito o Nem, pois esse dinheiro era o que ele estava juntando pra pagar a fuga. Já seria a segunda vez que ele perdia. Resolvemos, então, morar em outro estado.

5

Fomos pra Piquete, interior de São Paulo. Minha tia morava lá e deixou a gente ficar na casa dela. Ela sempre foi uma espécie de anjo da guarda e me protegia incondicionalmente. Quando estávamos lá, ficávamos num hotel pequeno, localizado no centro da cidade, chamado hotel Brasil. O senhor que tomava conta de lá era um doce de pessoa e sempre recebia a gente muito bem. Uma vez, aconteceu um episódio que me deu certeza de como o povo de lá era honesto. Um dia, eu dei falta de um cordão de ouro e comecei a procurá-lo como uma doida. Eu estava no Rio de Janeiro, em uma de nossas idas e vindas, quando a minha mãe falou pra eu ligar pro hotel. Eu liguei, e veio a confirmação, dias depois, de que a lavadeira do hotel havia achado entre os lençóis o meu cordão e o havia devolvido. Fiquei muito feliz! Depois fomos morar em Itajubá, Sul de Minas Gerais.

Que lugar lindo e bom de se morar. Alugamos uma casa ótima num bairro chamado Medicina. Casa com piscina, três quartos, linda. Lá, éramos só eu, ele, um cachorro e dois micos. Na verdade, parecíamos duas crianças porque, apesar de ser o chefe do tráfico, ele também era muito novo. Tínhamos uma vida mais normal. Fazíamos compras no mercado e tal, mas sempre que chegava final de semana o pesadelo voltava. Ele tinha que voltar pro morro. Eu ficava na mãe dele ou na minha mãe nessas visitas ao morro. Era coisa de chegar sexta à noite e voltar domingo à tarde.

Sempre existia aquela tensão na hora que chegávamos na redondeza no morro. Várias vezes desceram uns trinta homens de fuzil na hora que ele estava chegando ao morro. Eles vinham até a rua buscá-lo, desciam a Rua Valparaíso e subiam correndo atrás do carro. Eu não gostava quando isso acontecia, eu não gostava de vê-lo no morro. Parecia outra pessoa. Até a fisionomia dele mudava quando se aproximava da favela. Eu ficava puta porque ele saía do carro numa empolgação pegando fuzil, se sentindo o rei da cocada preta e nem se despedia de mim. Isso me deixava puta da vida. Eu tinha ciúmes do morro, eu tinha ciúmes do tráfico, era como se fosse uma disputa entre mim e o tráfico. Eu estava até vencendo porque já tinha conseguido levá-lo pra morar bem longe, mas, mesmo assim, o troço era mais forte. O morro nessa época estava passando por problemas. Alguns homens dele estavam se desentendendo, e um deles queria o lugar do Nem. Mas ele não sabia disso. Eu sempre tinha sonhos ruins com ele. Sonhava que ele levava tiros e eu corria gritando pra socorrê-lo e, quando chegava, ele estava bem. Parecia aviso. Mesmo muito nova e inexperiente eu já tinha meu sexto sentido aguçado. E esse sujeito que estava com intenções ruins não me enganava. Eu sempre falava que ele estava confiando demais naquele cara, mas ele falava que eu estava maluca. Mas eu sentia no jeito dele de olhar, de falar, de se comportar, que estava na maldade. Até que, em uma das nossas vindas, ele voltou determinado a parar. Depois de um tempo, ele pagou a fuga e estaria juntando o último dinheiro que ele queria tirar dali. Então o Nem começou a procurar algo pra investir em Itajubá. Até que um dia ele ligou pra uma pessoa e combinou que na segunda-feira iria comprar duas padarias que estavam à venda. Lembro que, na época, o valor era de R$180 mil, as duas.

Na sexta-feira, foi um transtorno, porque o homem que iria a São Paulo pra buscar a gente não tinha arrumado carro, e o Nem não quis ir com o nosso carro. Tínhamos um Kadet azul-piscina lindo, novinho. Mas, em cima da hora, o cara conseguiu um carro e chegou lá de madrugada. Nós atravessamos a serra com muita chuva mesmo. Não dava pra enxergar um palmo. Nessa viagem, ele veio reclamando muito, xingando muito porque estavam arrumando muito problema na ausência dele.

Mas, enfim, chegamos ao Rio de Janeiro em uma madrugada de sábado. Quando chegamos ao morro, mais uma vez, ele desceu do carro e saiu andando pra dentro do beco. Eu fiquei olhando-o andar, mas no meio do caminho ele parou e voltou. Voltou como numa despedida mesmo, me deu beijos e ficou fazendo carinho no meu rosto, me olhando de um modo que nunca tinha me olhado. E falou assim: "Bibizinha, fica direito na casa da sua mãe, tá?". E falou que me amava. (Tô chorando...)

Ele foi andando com aquele batalhão de homens atrás dele e eu fiquei ali por uns segundos, olhando-o entrar no morro, até sumir da minha visão. Naquele momento, eu não podia imaginar a dor que eu sofreria, a mudança por que a minha vida passaria.

Essa foi a última vez que o vi com vida...

6

Às vezes, acontecem coisas na nossa vida que a gente demora a aceitar, a entender, mas tudo acontece em harmonia com as nossas escolhas e sempre temos uma oportunidade de mudar ou continuar na mesma situação. Naquele dia que eu deixei o Nem e fui pra casa, eu estava muito cansada da viagem, com o corpo dolorido porque tinha começado a fazer ginástica naquela semana. Por incrível que pareça, foi o que me salvou. Por volta de meia-noite, ele me ligou, eu até estranhei porque, naquela época, meia-noite já era tarde. Quando atendi ao telefone, percebi que ele estava com a voz um pouco desanimada e me falou assim: "Poxa, tô cansado".

Eu falei pra ele ir dormir, então. Ele me respondeu que ainda tinha que resolver umas coisas, e ficou em silêncio por uns segundos. Aí ele falou assim: "Bibizinha, eu te amo, tá? Fica direitinho aí na sua mãe". Era a segunda vez que ele me falava isso naquele dia. Me mandou beijo e desligou. Lembro que, naquela noite, demorei a pegar no sono e, sem querer, me peguei pensando que eu deveria levar a minha filmadora pra Minas pra me filmar com ele. Dormi com isso na cabeça...

Quando foi por volta das duas horas da manhã, o telefone lá de casa tocou e a minha mãe atendeu. Eu acordei, levantei a cabeça e fiquei olhando. E vi que ela estava falando com voz de choro assim: "Ahhh, meu Deus, por que fizeram isso com ele?" .

Pronto! Meu mundo começou a desabar aí... Eu dei um pulo da cama, já gritando e perguntando o que tinha acontecido. A minha mãe, acredito eu, viu meu pânico e quis me acalmar, falando que tinha tido um problema lá, mas que ele tinha conseguido sair a tempo. Quem ligou pra me avisar foi um soldado dele que o Nem, sempre que eu ia pra lá, esperar pra sair ou pra ir pra casa, botava pra tomar conta de mim. Então, esse rapaz acabou ficando muito meu amigo. E até hoje eu sou grata porque, no meio de um furacão, ele se lembrou de mim e quis me proteger. Nem sei se ele está vivo ainda, nunca mais tive notícias. Quando a minha mãe me falou isso, eu fiquei muito desconfiada e comecei a ligar pra tudo que era número que tinha, dos orelhões do morro e pro celular dele. Um homem atendeu o celular e falou que o Nem o tinha deixado com ele e, no orelhão, uma mulher atendeu e falou que tinha escutado a voz dele por ali, quase naquela hora. Eu deitei, mas fiquei com o coração na mão. Uma coisa muito ruim mesmo. Quando foi cinco horas da manhã, a mãe dele me liga chorando.

Nossa! Eu não conseguia acreditar naquilo. Não estava aceitando de jeito nenhum. Levantei correndo e fui me arrumar pra ir ao IML ver se era verdade mesmo. Lembro que saí na rua e havia uma brisa que poucas vezes senti. Às vezes eu sinto essa brisa e me lembro daquele dia instantaneamente.

Lembro que ainda fui à casa da minha sogra buscar a carteira de trabalho dele. Eu subi o morro e todo mundo ficou me olhando; eu não conseguia parar de chorar, ainda mais que tinha uma listra de sangue que estava pelo morro todo. A minha sorte é que os bandidos estavam lá pro outro lado àquela hora.

Nossa! Vocês não fazem ideia de como foi dolorido aquele dia. A mãe dele estava passando mal e não conseguiu subir no IML pra ver se era ele. Eu tive que ir sozinha. Imagine, eu, com dezesseis anos, passando por isso... Subi com um policial que trabalhava lá e, no elevador mesmo, já tive um desconforto: tinha cheiro de sangue aquele lugar. Foi a pior visão que já tive na vida... O policial me apontou e falou: "Vai lá ver". Eu entrei numa sala enorme, cheia de macas com pessoas mortas deitadas. Ainda tinha esperança de que ele tivesse escapado, mas vi de longe o corpo dele no cantinho da sala. Ele estava com o braço caído pra fora da maca. Eu reconheceria aquele braço a léguas de distância. Fui caminhando e parecia que estava passando um filme na minha cabeça naquele momento. Parecia que nunca chegava nele. Quando eu cheguei perto do corpo, senti como se estivessem enfiando uma faca em mim e me rasgando inteira. Acabaram com o rosto dele.

Ele não tinha rosto, só uma pele sem osso, estava destruído. Mas o corpo intacto. E eu conhecia cada milímetro do corpo dele. Ele tinha a pele bem lisinha, brilhosa... Eu não sei explicar o que senti olhando-o naquele estado. Algumas horas antes, ele estava vivo comigo, sorrindo, brincando, fazendo planos e, de repente, morto, estraçalhado. Fiquei ali sem conseguir me mexer, deitada em cima do peito dele, como aqueles animais que ficam ao lado dos parceiros mortos, velando o corpo. O policial teve que me tirar dali. Quando eu desci, a mãe dele me viu aos prantos e entrou em pânico, saiu correndo batendo nas portas chamando por ele. Nossa Senhora... horrível! Eu não quis sair dali por nada, fiquei até a hora de seguir pro cemitério, mas, antes de ir, o policial me entregou o cinto dele cheio de sangue. Eu quis, lógico! Era o cinto de que ele mais gostava.

A mãe dele e o padrasto foram em casa e eu não quis ir, nem por um decreto. Nesse meio-tempo, a funerária chegou pra levar o corpo e eu estava sozinha e sem dinheiro. O rapaz, então, perguntou se eu queria ir no carro da funerária com ele. Eu fui e foi horrível carregar o caixão dele. Eu estava sentada na frente e, pelo retrovisor, via o caixão. O rádio do carro estava nessas rádios tipo JB, rádios que tocam músicas mais antigas e tal. Vocês não podem acreditar: a música que começou a tocar pra acabar mais ainda comigo – a mesma que dançamos no dia que ele fugiu da cadeia ("Woman In Chains", Tears For Fears). Pois é, a mesma música que dançamos em casa no dia que ele fugiu da cadeia. Imagine: eu, ali, carregando o homem que eu amava dentro de um caixão! Passou um "filme" do dia em que dei o primeiro beijo nele até aquela hora. O cemitério parecia nunca chegar. Foi um dia muito ruim pra mim. No enterro, só havia quinze pessoas, sendo dez da minha família e cinco senhoras, contando com a mãe dele. O cara que o matou proibiu os moradores de ir ao enterro ou chorar pelo morro. Foi um trauma no Morro do Turano. Ali, estava tendo início uma guerra que matou muito gente – até mulheres e crianças morreram depois disso. Eu fiquei ali, apoiada em cima do caixão o tempo todo, e teve um fato que me fez bem naquela hora, uma senhora, que não estava com a gente, apareceu "do nada". Acho que ela era um fantasma, ninguém a viu, só eu. Ela ficou fazendo cafuné na minha cabeça enquanto eu chorava. Mas não a vi porque estava com os olhos fechados. Só escutei a voz dela mesmo. Ela falava assim pra mim: "Fica calma, minha filha, não chora não. Essa dor vai passar. Não fica triste não...". Às vezes, acho que era minha bisavó, sei lá. Assim foi a minha despedida dele. Fui pra casa dopada e dormi vestida com a roupa do Nem. Demorei muito pra lavar o cinto dele. Tinha cheiro de sangue, mas eu não conseguia me desfazer daquilo e nem lavar. Logo no dia seguinte, o rapaz que me avisou da morte dele chegou lá em casa com um short apertadinho que ele havia roubado de um varal. Segundo ele, os "caras" estavam matando todos que eram ligados ao Nem; bateram na casa dele e ele, que estava pelado, pulou a janela e conseguiu fugir do morro. No mesmo dia, ele mandou buscar o filho dele de quatro meses pra eu cuidar, pois ficou com medo de alguém fazer algo. A minha casa serviu praticamente como refúgio. Aos poucos foram chegando...

Foi naquela semana que novamente o destino começou a entrar em ação na minha vida. Quem liga lá pra casa? Paulo! (Ahhhhhhh, destinoooooo, risos.) Eu atendi e ele falou que, na hora que soube o que tinha acontecido, só pensou em mim e disse que estava preocupado. Aí perguntou se podia ir lá em casa me visitar. Eu falei que podia, sim. Naquele momento da minha vida eu tinha jurado que nunca mais me envolveria com bandido e estava com muita raiva dos morros. Olhava o Morro do Turano e sentia muita raiva, porque eles tinham me tirado o Nem. Até porque esse cara que não era de lá manipulou todo mundo com uma carta falsa da cadeia. Ele forjou as assinaturas pra fazer aquele "estrago" no morro. Mas era golpe, o morro era CV* e ele estava aliado ao Uê que, na época, tinha matado o Orlando Jogador, na covardia também, e fundado a facção ADA. A resposta veio rápido, pois os gerentes do Nem tinham escapado e se juntaram ao Borel, Fallet, Mineira, Mangueira, Cavalão, e começaram a tentar tomar o morro de volta. Esses gerentes, nos primeiros dias, ficaram pela rua, dormindo em carros, mandaram as esposas e os filhos, tudo, lá pra minha casa, e foram se juntar pra começar a guerra. No Turano, eles sabiam que estavam lá em casa, chegaram a encher uma Kombi de bandidos pra irem lá e matar todo mundo, mas, como era na entrada do Fogueteiro, desistiram. Até que esse cara entrou no caminho do irmão de um outro dono de morro, o Barbosa. Aí, sim, a guerra estourou. Juntou o bando do Nem, que estava tentando retornar pro Turano, e o bando do Playboy, que estava em uma parte do Turano conhecida como 117. Foi um dia terrível, pois a guerra estourou na hora de um baile funk. Só quem era intimamente ligado ao tráfico sabia o que estava pra acontecer. Morreram onze pessoas só naquela noite, inclusive, uma menina de onze anos.

Eles chegaram lá em casa, sujos de sangue, com roupas rasgadas, contando que tinha rolado sangue no baile e, de toda monstruosidade desse acontecimento, eles estavam abalados com a morte da garota. Um deles falou que um bandido rival pegou a menina como escudo e, assim, ela acabou baleada e morta. Na concepção deles, morrer bandido era tranquilo, mas a morte dela mexeu com o psicológico deles. Afinal, ela era cria de lá, e conhecida deles.

Depois que a mídia foi embora, a polícia saiu, eles tomaram o morro de volta e o cara que fez essa bagunça toda escapou, mas acabou morrendo nas mãos do próprio Uê no Morro do Adeus.

....

* Comando Vermelho, uma das maiores organizações criminosas do Brasil.

Os dias passaram e o Paulo realmente foi me visitar e acabou ficando muito ligado a mim. Mas eu não conseguia me desvincular do Nem, e ele, como amigo, ficava tentando me animar de todo jeito. Assim ele foi ficando lá em casa, praticamente morando. Ele também tinha participado dessa retomada do morro, pois, na época, era gerente do cara que era frente do Morro 117, irmão do Barbosa. Ele era muito amigo mesmo desse cara, como "unha e carne". Não sei por que de repente o cara se virou contra ele e o proibiu de ir ao Turano, acusando-o de ser X-9. Eu, particularmente, não acredito nisso, mas enfim...

Ele ficou muito magoado e viajou pra São Paulo. Lembro que fui até a rodoviária com ele e, na hora de embarcar, não sei por que, eu dei um "estalinho" nele. Ainda sinto a falta de ar que senti naquele dia, porque eu não estava interessada nele, e foi quase um gesto automático, mas me deu um "frio na barriga" tão grande. É estranho. Parecia uma força acima de mim e dele, que tentava nos juntar o tempo todo. Desde a pré-adolescência, as circunstâncias sempre nos afastavam.

Ele foi, mas não aguentou ficar lá e rapidamente retornou ao Rio de Janeiro. Assim que voltou, foi direto lá pra casa e lá ficou. Na época, a minha mãe o acolheu, mas exigiu que ele arrumasse emprego e estudasse. No começo, ele ficava "coçando o saco" o dia todo, e já não tinha mais envolvimento nenhum com o tráfico. Eu, todos os dias, ia ao cemitério e ficava lá. O coveiro até já me conhecia, e ficava lá tomando conta de mim o dia todo. Eu sentia tanta saudade que queria sonhar com ele, ou que ele aparecesse pra mim. Até calmante eu levei pro cemitério pra ver se eu, dormindo ali, talvez encontrasse com ele. Veja que loucura! Em casa era foto espalhada, eu andando com as roupas dele, e as pessoas não aguentavam mais aquilo. Os primeiros dias foram muito difíceis pra todos. Uma vez, eu estava assistindo a um filme e, quando as pessoas morreram numa emboscada, me deu uma crise que me fez chegar a um nível de baixo astral que parecia estar escutando gritos de horror no meu ouvido. O Paulo estava lá em casa e ficou apavorado porque, cada grito que eu ouvia, eu gritava também. Só me lembro dele tremendo todo com uma Bíblia na mão, orando. Ele me ajudou muito nos primeiros dias. O Paulo foi muito meu amigo nessa época; aliás, tenho sorte com homens, porque eles sempre têm muita paciência comigo. É por isso que, quando ele precisou que eu fosse forte, nunca esmoreci diante dos problemas, e sempre fiquei ao lado dele. Quando eu precisei que ele fosse meu amigo e me ajudasse, ele me estendeu as mãos e junto, com outra pessoa, salvou a minha vida.

A partir dali, minha vida mudou muito. Toda aquela inconsequência de antes foi embora com o Nem. Apesar da nossa pouca idade e de passar o dia inteiro pulando, dançando e jogando água em quem passava na rua, estávamos mais maduros. No entanto, toda essa zoação durava pouco, pois eu sentia uma tristeza que não passava; ainda estava sem razão pra viver. O Paulo também estava um pouco sem rumo na vida, sem saber como recomeçar. Ele tinha uma família muito complicada. O pai tinha ficado na cadeia sete anos, ele foi abandonado numa favela em São Paulo, enfim, foi criado num ambiente que não fazia bem a nenhuma criança. Porém, ele parecia diferente, era muito inteligente e não queria mais estar naquele meio. Na época que se envolveu no tráfico tinha abandonado o Cefet pra ficar vagabundando pela rua e, com isso, não poderia voltar. No fundo, tanto eu quanto ele já estávamos machucados por termos nos envolvidos no mundo do tráfico, e existia uma vontade de mudar de vida em ambos; só não sabíamos como.

Mas é muito bom lembrar da primeira vez que nós realmente ficamos juntos; coisa de segundos... A gente brincando de passar bala um pra boca do outro e, de repente, me deu um "frio na barriga". Foi como voltar aos doze anos de idade. Nossa! Parecia que dessa vez não tinha escapatória; tinha chegado mesmo a nossa hora. Parece brincadeira, né. Depois de tantos encontros e desencontros, estávamos ali. Lembro que, na nossa primeira noite juntos, fui tomar banho e ele ficou esperando. Eu fiquei no banheiro pensando: "Meu Deus! Nem sei como dar pro Paulo...

Ele é meu amigo". E ele lá, deitado, desesperado, pensando: "Não acredito que eu vou comer a Bibi". Ele me falou isso depois (risos).

Muito engraçado esse dia. Eu saí do banheiro com uma camisa dele xadrez, de manga comprida, me lembro até hoje. Estava tocando no rádio uma música do Exaltasamba, tudo ali conspirando mesmo pra gente se juntar. Essa foi a nossa primeira música: "Luz do desejo" – Exaltasamba. Nem eu acreditei que a gente teve coragem de fazer aquilo. Não sei explicar, não teve aquela coisa de tesão descabido. Era como se fosse uma coisa que tivesse que acontecer mesmo contra a nossa vontade. Como diria o Chicó, do filme *O auto da compadecida*: "Não sei... Só sei que foi assim" (risos). Mas foi muito bom. A gente fez de uma forma, uma calma que parecia que esperamos anos e anos pra então concretizar o que já estava escrito no livro da vida. No escuro eu deitei ao lado dele. Fico nervosa só de lembrar. Eu me recordo que ele estava tremendo também. Gente, não sei por que isso, eu já não era mais moça, e ele já tinha comido muita mulher por aí, mas parecia que nós dois éramos virgens. A gente dormiu e já acordou casado, pois ele já morava lá em casa mesmo e, depois disso, não nos desgrudamos mais.

A gente começou assim, fazíamos cestas de café da manhã pra vender, eu vendia calcinhas e, de alguma maneira, tentávamos nos manter longe de coisas erradas.

Estava, porém, muitíssimo recente a partida do Nem e eu não me sentia nem um pouco curada. Não tinha ânimo pra continuar. Era como uma depressão. Eu sonhava com o Nem ali, do meu lado, e detalhe, nos meus sonhos, ele falava comigo como espírito desencarnado mesmo.

Até um dia que ele veio no meu sonho muito aborrecido e eu tentei me livrar dele porque ele estava cheirando mal, e com o rosto um pouco deformado, ficava me puxando, me segurando.

Eu acordava muito mal e ia pro cemitério chorar. O Paulo ainda aceitava porque sabia que estava sendo difícil pra mim. Isso tudo num curto espaço de tempo. Eu não queria mais viver.

Parecia que meus anjos da guarda estavam se esforçando pra me manter ali, até o Paulo eles anteciparam na minha vida, mas ainda não era o suficiente. O melhor, porém, estava por vir – e eu não sabia. Aquele que me salvaria de toda tristeza do mundo, me devolveria a vontade de viver. O presente com que eu tanto sonhei, que eu tanto quis estava ali. Na verdade, ele estava ali pra me salvar e salvar o Paulo, que também estava numa fase sem rumo da vida. Seria por ele que as nossas vidas mudariam por completo. Tudo que a gente precisava pra mudar de vida e seguir juntos em frente se resumiu em um nome: Celso.

7

Quando penso nessas coisas, começo a acreditar que existe algo acima da gente que faz as coisas acontecerem. Eu sempre brincava com o Paulo, falando que eu era um espírito mais iluminado que o dele, porque eu, com doze anos, era *louca* por ele e ele não me quis. Eu tive que passar por tudo aquilo primeiro pra depois reencontrá-lo. Assim começou a nossa vida juntos.

Mesmo grávida eu trabalhava numa cantina em Madureira, continuei revendendo roupas femininas e fazendo cestas de café da manhã. O Paulo fazia a entrega. Ele estava procurando emprego e fazendo concursos. Assim, ele fez concurso pros Correios e para o Corpo de Bombeiros do Rio de Janeiro.

O Celso chegou iluminando as nossas vidas, dando sentido pra tudo. Nossas atenções estavam voltadas só para o trabalho, pro bem-estar da nossa família.

Ainda tive que passar por um susto quando ele nasceu, pois eu já estava com 43 semanas e nada de ele nascer. Minha bolsa já tinha rachado, ele estava sem proteção na barriga – e eu não sabia. Com isso, ele ficou vinte e três dias na UTI do hospital. Todos os dias eu ia pra lá e ficava de seis horas da manhã até dezoito horas, sentada, tomando conta dele e amamentando. Ainda chegava em casa, ia tirar leite e congelar. Nossa!

Fiquei com muito medo de ele morrer. Não tive resguardo, praticamente. Mas valeu a pena.

Tudo começou a entrar no eixo, o Paulo foi chamado primeiro pros Correios, voltou a estudar numa escola técnica à noite, e eu voltei a estudar também. A nossa vida estava bem organizadinha, eu e ele éramos muito afinados, muito amigos. A gente namorava muito, saía bastante, curtia muito a vida de casal. Realmente, parecia que éramos almas gêmeas. Nessa época, minha sogra e meu cunhado de oito anos vieram morar na nossa casa. No começo, era tranquilo, mas, depois de um tempo, as coisas foram ficando complicadas. Quando o nosso primeiro filho estava com dois anos, resolvemos ter outro. Dessa vez, era a Dalila. Ela teve que ser muito bem programada pra nascer nas minhas férias, pois eu estava no primeiro ano do Ensino Médio.

A minha gravidez foi muito conturbada. Eu estava estudando pra ser professora e trabalhava fazendo salgadinho de um buffet, onde também era copeira. O Paulo trabalhava nos Correios e fazia o Ensino Médio à noite. Apesar de trabalhar tanto, o dinheiro não dava pra nada, pois, além de sermos eu, ele e o Celso, ainda havia a mãe dele e o irmão. Foi muito complicado porque a mãe dele não contribuía financeiramente com nada, ao contrário, era viciada em bingo e jogo do bicho, largava o filho de oito anos pra eu ou a minha mãe tomar conta. E, pior, ela, a vida inteira, viveu de golpes, pois ela e o pai dele eram "171 profissionais" e, por isso, viviam bem. Ao contrário de como eu fui criada, pois meus pais, a vida inteira, trabalharam e construíram, com muito esforço, um prédio de três andares, que seria um andar pra cada filho. Eu fui criada em cima de tijolo e saco de cimento. Então, a família dele tinha costumes de gente com dinheiro, mas, por outro lado, conseguiam as coisas por meio de golpes.

Coitado dele, trabalhando como um camelo e não conseguia fazer a mãe dele entender que ele não tinha dinheiro, não tinha luxo. Nossas comidas não podiam ser de marcas famosas, nossas coisas eram contadas, programadas, organizadas. Eu tentava sempre arrumar algo pra ganhar um trocado pra conseguir comprar o enxoval da minha bebê, que estava a caminho. Até consegui arrumar uns cosméticos em consignação pra vender e, muito ingênua, pensei em oferecer pra minha sogra pra ela poder arrumar um trocado; assim, ela teria um dinheiro. Ela, sem dó nem piedade, vendia as coisas, torrava o dinheiro no bingo e, na hora de fazer as contas, falava, na maior cara de pau, que já me havia dado o dinheiro. Nossa! Eu chorava horas de desespero de ver tanta covardia. Eu, com uma barriga enorme de sete meses, nem o enxoval tinha comprado, e ela fazendo aquilo. Minha gravidez foi um verdadeiro inferno, que culminou mesmo quando comecei a perceber que o leite em pó do meu filho de dois anos sempre acabava antes do tempo programado pela gente. Até que ele ficou duas semanas tomando mamadeira de água com farinha de milho. Na verdade, eu e o meu marido já estávamos no ritmo que não tem essa de ficar pedindo as coisas pra ninguém. A gente tinha a nossa organização e pronto. Foi quando eu percebi que o leite estava acabando porque a minha sogra fazia copos e mais copos de achocolatados pro meu cunhado e isso nos estava desfalcando. Eu não quis me envolver nisso porque já estava percebendo que ela possuía uma distorção muito grande do que era a vida. Então, o coitado do meu marido foi tentar explicar pra mãe que o bebê só tinha dois anos e precisava da mamadeira, e que o irmão era grande, já comia bastante comida, inclusive comia tudo que a gente comia, sem diferenças. E que seria melhor, então, ela, em vez de gastar tudo no bingo, comprar um engradado de leite e deixar só pro achocolatado dele, pois o neném estava há duas semanas sem leite por isso. Ela foi incapaz de entender isso e, dali, "destampou" numa briga com ele, e simplesmente rogou praga, falando que ainda ia vê-lo passando fome. Caralho! Quando ela falou isso, eu entrei em parafuso. Ver aquela mulher rogando praga dentro da minha casa. Que pena me deu ver o meu marido ali, tentando resolver o problema, e ainda tendo que ouvir isso. Logicamente, ela teve que sair de lá no mesmo dia. Não tinha como ela continuar morando com a gente. Isso foi apenas uma das milhares de coisas "sem noção" que ela fez.

Isso ocorreu quando eu estava indo pro oitavo mês. Foi o restinho de gravidez em que consegui ter paz. De coração, não sei como a menina não nasceu doente, pois eu tinha muitos aborrecimentos. Só aí consegui comprar as primeiras roupinhas dela, porque até então...

Nasceu uma verdadeira boneca! O cabelo era pretinho, olhos cinza, gordinha. A minha primeira noite com ela foi muito boa. Ficamos só eu e ela no quarto do hospital. Esse momento eu não tive com o Celso, então eu quis aproveitar bastante.

A Dalila chegou pra tornar nossa família completa.

8

A gente continuou lutando, passando pelas dificuldades normais de uma família, mas a vida estava relativamente tranquila e organizada. Tudo que uma família normal faz, a gente fazia: festinhas das crianças, viagens de férias, idas ao cinema, ao baile, mas tudo organizado e moderado. Com o passar do tempo, terminamos o Ensino Médio e começamos a cursar a faculdade. As coisas "apertaram" ainda mais. A minha mãe ajudava, a gente não pagava aluguel, mas, mesmo assim, eram muitos gastos: faculdade, escola das crianças, alguém pra olhá-los na hora em que estávamos estudando e trabalhando.

O Paulo, coitado, trabalhava o dia inteiro no sol com aquela bolsa pesada de cartas, estudava à noite, e ainda fazia "bico", recolhendo doações pra uma ONG de velhinhos cegos. Em época de provas, ele comprava guaraná em pó e ficava a noite toda acordado estudando, e ia trabalhar pernoitado. Todo esse nosso esforço era pra conseguir um padrão de vida melhor. Eu me formaria em Serviço Social e, ele, em Matemática. Com isso, se passaram uns dez anos que estávamos casados, e nossos objetivos profissionais estavam por um "fio de cabelo" pra se concretizarem. Hoje, acredito que as pessoas realmente têm que estudar na hora certa, ter filhos depois que já estão organizadas profissionalmente. A gente foi fazer tudo ao mesmo tempo: casar, ter dois filhos, estudar, trabalhar – e o dinheiro realmente não dava pra isso. Sempre demos muito valor aos estudos, tanto o nosso quanto o das crianças, e isso cada vez pesava mais no nosso orçamento. Apesar de ele ser carteiro, o dinheiro não dava porque eles dão muito vale-refeição, mas dinheiro mesmo é pouco.

Foi quando dois fatos deram início ao que eu posso chamar de "o começo do nosso fim": o primeiro foi o Fernandinho Beira-Mar que, não sei como, conseguiu o telefone lá de casa e ligou pra ele. Pra quem não sabe, o Beira-Mar ficou sete anos preso com o pai do Paulo, e era muito amigo da família dele. Eu lembro que ele ligava da mata onde estava escondido, antes de ser preso. Era tipo uma transferência, cuja ligação era feita por uma mulher com sotaque estranho, que depois passava a ligação pra ele. E o outro fato foi um amigo de infância do Paulo que saiu da cadeia e foi procurá-lo. Ali começou uma "campanha do diabo" pra destruir a gente. Sabem aquela coisa de "Ah, arruma um dinheirinho pelas beiradas", apresentar um pro outro e assim ganhar um qualquer. Foi nesse ritmo que o Paulo acabou na situação em que se encontra hoje. Achou que podia ganhar um dinheirinho sem ter que meter a mão em nada. Doce ilusão essa que arremata muita gente boa por aí. E ele começou cada vez mais a estar ausente. Era pra cima e pra baixo com aquele amigo dele. A minha mãe, como sempre, percebia e sempre me perguntava: "Fabianaaaa, o que o Paulo anda fazendo que agora a gente não consegue mais falar com ele? Só vive falando no celular...".

E eu já ia logo com "dez pedras", falando: "Ihhhh, ele não está fazendo nada não, pô".

Mas, no fundo, o que me incomodava mais era ele estar começando a fazer coisas que não faziam parte do nosso casamento, tipo chegar de madrugada em casa, estar em lugares que eu desconhecia, viajar sem eu estar junto. Em dez anos de casamento, isso nunca havia acontecido. Ele ficava tão desesperado pra eu não começar a "embarreirar" o negócio dele por causa das saídas que ele tinha fazer, que começou a incentivar que eu começasse a me distrair. Os homens têm essa mania feia e arriscada: mandam a mulher viajar sozinha, passear sozinha etc. e tal.

Eu, então, comecei a "dançar conforme a valsa" que ele estava tocando. Mas, no fundo, eu e ele só queríamos mesmo pagar as contas. Ali, o diabo começava a cobrar suaves prestações do dinheiro que ele estava começando a arrumar. Dinheiro errado sempre é amaldiçoado, seja muito ou pouco. Hoje, cheguei, a duras penas, à conclusão de que, seja o que for, comprar um celular roubado ou traficar uma tonelada de cocaína, o resultado é sempre o mesmo: maldição. Nosso casamento começou a atravessar uma crise ali, pois, ao me adaptar ao novo modelo de casamento, também não aceitava quando ele questionava algumas atitudes minhas tipo ir pra onde eu queria. Essa abertura que ele mesmo me deu pra poder se ver livre de mim ali, ligando, monitorando, brigando, também desencadeou uma liberdade que antes eu não usufruía. Assim, o mal entrou na nossa casa, exatamente por essa brecha. Pior é quando ficam no seu ouvido falando: "Deixa de ser boba. Ele está pra cima e pra baixo e você aí de bobeira". Sabe aquelas mulheres invejosas, disfarçadas de amigas que ficam insinuando que o seu marido pode estar sendo assediado por outras e você não perceber? No começo, me mandar ir pro baile da Matinha ou do Salgueiro, pra ele era uma estratégia, mas depois ele começou a ver que não era só eu que o estava perdendo de vista, não. Eu sempre gostei muito de baile, muito mesmo. Assumo que sou funkeira mesmo. E, depois de ficar tanto tempo reclusa, eu não queria outra coisa. E ele vivia numa vida dupla difícil de entender. Quando estava com o amigo dele, que era dono de uma favelinha em Santa Tereza, ficava nos bailes e nos pagodes, sempre com a mesma desculpa: "Eu não estou curtindo, estou trabalhando!". As festas de aniversário dele eram um baile na rua onde a gente morava. Quer dizer, eu, que era a funkeira, e ele, o "certinho", mas as festas com paredão de som eram dele e não minhas. E, na hora de ir comigo, ele não queria. Só queria ir pra restaurante etc. e tal. Depois de engordar trinta quilos na primeira gravidez, emagrecer e engordar trinta quilos na outra, eu tinha conseguido emagrecer, e a última coisa que eu queria era comer. Mas ele não entendia isso de jeito nenhum. Ele me fez agir de acordo com o que era mais cômodo pra ele e, depois, queria me limitar. Aí fodeu! Foi a nossa primeira crise séria, porque falei pra ele que não queria sair sozinha, mas com ele, que tinha que ficar viajando com o amiguinho dele. E falei que eu não era um porco que só come, eu queria dançar, mas, isso, junto com ele. Ficou ofendidíssimo com isso, falou que não queria ir e que não gostava de baile, e que, então, a gente ia separar. Eu falei pra ele que eu não queria me separar, mas, se ele também não cedesse, então era melhor separar mesmo. Pronto, aí estava a nossa crise dos sete anos, que se atrasou e chegou, mas chegou. Claro que a nossa separação não durou vinte e quatro horas. Ele foi trabalhar passando mal, desmaiou e foi parar no hospital. E eu passei o dia inteiro de cama, chorando. À noite, já estávamos agarrados, fazendo amor desesperadamente.

Até hoje, acho que ele me magoou tanto depois, pra se vingar da agulhada que ele ganhou no hospital naquele dia... Mas isso vocês vão entender mais pra frente.

Então, mais que rapidamente seguimos nossos planos de sair do Rio Comprido, pois sabíamos que aquele lugar estava fazendo mal a nós dois. Nosso sonho era mudar do Rio Comprido, porque nem eu nem ele queríamos que nossos filhos crescessem assistindo a divisões de roubos na nossa porta, homens armados pra lá e pra cá, e muito menos fumando maconha aqui e ali. Esse era o nosso sonho. Então, dividimos nossa casa em vários quartos e os alugamos pra juntar dinheiro pra alugar uma casa na Tijuca. Ficamos morando em um quarto com banheiro. A gente tinha que morar uns três meses assim pra poder juntar o dinheiro pra alugar a casa em outro lugar.

No dia 3 de junho, o amigo dele foi buscá-lo de moto no trabalho e sofreram um acidente na Av. Presidente Vargas. O tal amigo dele morreu na hora. O meu marido perdeu o movimento da mão direita. Foi um trauma pra ele ver o amigo morrer, mesmo sem que ele tivesse tido culpa, pois quem estava pilotando a moto era o próprio rapaz. Eu fiquei em estado de choque, pois naquele momento eu percebi que não suportaria perdê-lo também. Aquele dia eu vi que não existia a menor possibilidade de viver sem ele, mas Deus não trabalha à toa. Hoje, vejo que o pior estava por vir, e eu precisava tomar um choque pra ver como eu amava aquele homem, pois teria que ser forte pra aguentar o que ainda estava reservado pra mim e pra ele.

Nessa época, eu já o defendia "com unhas e dentes", pois as pessoas ficavam falando um monte de besteiras, lá onde a gente morava. Todos aqueles amiguinhos dele falavam que era ele quem estava pilotando a moto que matou o cara, que o dinheiro do cara estava com ele. Porra, eu ficava "pra morrer" com tanta história que os próprios amigos dele inventavam. E o defendia mesmo. Queria mexer comigo, bastava falar mal dele.

Foi complicada essa época. Eu estava no sétimo período de Serviço Social da UFRJ, e acabei perdendo o semestre no último mês, pois eu tinha que ficar com ele o dia todo. Até balançar o bilau dele na hora de fazer xixi eu que tinha que fazer, pois ele sentia muita dor, e estava com ferros no braço.

Uma semana antes de completar um mês do acidente, conseguimos alugar uma casa numa vila na Tijuca e, enfim, iríamos realizar nosso sonho. Mas este virou pesadelo da noite pro dia. Chegamos com a mudança à noite na vila, jantamos num restaurante pra comemorar, e dormimos ali, no chão mesmo. Os quatro, eu, ele, o Celso e a Dalila. Havia muita felicidade aquele dia. A gente não imaginava que a nossa vida daria uma guinada brusca pra uma direção oposta à que planejamos. Ele foi comprar parafusos e, quando voltava, foi abordado por dois policiais, que logo lhe deram voz de prisão. Ao contrário do que uma certa inspetora de polícia, metida a delegada, divulgou na mídia pra ganhar *status*, ele foi preso em casa, sem nenhuma droga, e muito menos sem estar no horário de trabalho, pois estava há um mês pelo auxílio-doença. Quando ele chegou em casa com os policiais, eu mal acreditei no que estava acontecendo. Ele foi levado sem, ao menos, saber o motivo da prisão. Eles só falavam que era sigilo de justiça. Eu passei a noite inteira sentada no carro, esperando a hora de visitá-lo pra saber o que estava acontecendo. Até tentei achar um amigo dele, cuja esposa é advogada, mas ele não se deu o trabalho de ir lá na Polinter saber, afinal, eu não tinha um centavo. Fiquei calada e não contei pra ninguém, pois, no fundo, achava que não era nada de mais. Fui até a porta da Polinter chorando e pedi ao carcereiro para perguntar se ele estava bem. O cara até fez essa gentileza e voltou com a resposta de que estava bem e que era pra eu chegar cedo lá, no dia seguinte. Eu passei a noite acordada. Quando amanheceu, uma prima minha me ajudou, pois o marido dela estava preso; assim, ela foi comigo. Eu não sabia como proceder lá, naquele momento. Fomos umas das primeiras a entrar na Polinter.

Fiquei lá sentada no canto, escorada na parede, quando eu o vi entrando de cabeça baixa. Mais uma vez, parecia tudo em câmera lenta. Eu olhando-o descalço, humilhado, arrasado. Nossa... A gente era uma família tão organizada, tão afinadinha.

O pior é que a gente não sabia o que estava acontecendo de verdade. Ninguém falava. Passamos a visita toda chorando, sem saber nem o que fazer, nem falar.

Aconteceu uma coisa engraçada na hora que, se não fosse trágica, seria cômica: o marido da minha prima estava preso e, quando ele viu meu marido chegando, abriu os braços, emocionado, achando que ele tinha ido visitá-lo. Na mesma hora, porém, ele percebeu que o Paulo estava descalço, fechou os braços e o sorriso, sem acreditar que ele estava era preso.

Nossa... Como eu vi meu marido frágil, acabado. Quando saí da visita, vi que lá estava cheio de repórteres, e eu *jamais* acharia que era pra falar do Paulo, e muito menos por ligação com um traficante que estava sendo muito procurado, o Bem-te-vi. Então, fui procurar o policial que tinha prendido meu marido pra pegar a carteira dele. E, chegando lá em cima, ele me pediu pra esperar numa saleta, porque aconteceria uma apresentação ali. Eu, "fofoqueira que só", fiquei lá, olhando tudo, mas, rapidinho, vi que havia uma balança com um uniforme dos correios em cima.

Logo me lembrei de que, quando ele foi preso em casa, o policial perguntou se eu sabia onde estava o uniforme dele dos Correios e eu, na ansiedade de provar que ele realmente trabalhava, abri uma das caixas, achei e entreguei o uniforme. Pois é, foi o que eles usaram pra enfeitar o pavão...

Aí eu chamei o policial novamente e perguntei de quem era aquela roupa do correio em cima de uma balança.

Ele me olhou com aquela cara de "Desculpe, mas eu vou foder a sua vida" e falou a seguinte frase: "Fabiana, sinto muito, mas eu não posso fazer nada pelo Paulo agora".

E eu, chorando, perguntei por quê. O homem se restringiu a responder: "Politica, Fabiana. Política".

Nossa... A minha "ficha" caiu na hora! Eles estavam usando o Paulo pra prestar contas à sociedade... Apesar de ele estar fazendo algumas coisas erradas, não era isso tudo que eles tentaram forjar pra mídia.

A primeira coisa que veio na minha mente foi que eles iam botá-lo junto com o pessoal que tinha sido preso na Rocinha um dia depois da prisão dele. Enfim, eles o prenderam em casa, o guardaram na cadeia, prenderam um monte de gente no dia seguinte e os apresentaram como se fosse uma quadrilha comandada por ele. Eu pirei na hora, pois a Rocinha estava em plena guerra com o Comando Vermelho e a minha família inteira morava em área controlada pelo CV, o irmão dele estava preso no Bangu 3, junto com "geral" do Comando – e a Rocinha era ADA. Sem contar que, na cadeia, ele seria perseguido. Comecei a chorar e a gritar pro policial, perguntando por que não o tinham matado logo, quando o prenderam, então – porque ele ia morrer por causa disso. Rapidinho me jogaram lá fora porque a imprensa estava toda lá. A única coisa que eu consegui fazer foi ligar pra casa e pedir pra minha mãe não deixar as crianças assistirem mais à televisão porque iam passar coisas. Foi o tempo de eu chegar em casa.

Quando tocou aquela música do RJ TV 2ª edição, parecia que uma bomba estava caindo bem em cima da minha cabeça. Sentei na escada, tapei os ouvidos e comecei a chorar. Foi uma gritaria, as pessoas ficaram espantadas quando o viram algemado na televisão. Sabe o que é todo mundo sem entender nada, ligando, querendo saber o que estava acontecendo? A minha mãe chorando, passando mal. Um verdadeiro caos.

Logo chegou um recado pra mim, dos bandidos do CV, querendo saber que história era aquela do Paulo falando com o Bem-te-vi da Rocinha. A Rocinha estava em pé de guerra com o CV e tinha acabado de virar ADA. Lembra quando eu falei que o Paulo me ajudou muito quando eu precisei e por isso eu teria que ser amiga dele até o fim? Foi assim que eu respirei fundo e comecei a minha luta pra protegê-lo de tudo e todos. Nunca imaginei que, em cinco meses, minha vida mudaria da água pro vinho novamente...

Às vezes, percebo que realmente a arte imita a vida. Sabe aquelas cenas de novela em que os personagens ficam olhando pro nada e se lembrando de alguns acontecimentos em flashes? Comigo foi exatamente assim que aconteceu. A partir daquele dia, vi que estava sozinha. Os que se diziam amigos dele simplesmente corriam de mim pra não se comprometerem. O detalhe é que *todos* que andavam com ele sabiam que ele falava com o Bem-te-vi. Só me restou a minha família mesmo, que *nunca* me abandonou. Nunca! Eu e o Paulo jamais deixamos de ser um casal de namorados. Sempre estávamos juntos, namorando, dando prioridade a nossa família. A gente estudava e trabalhava a semana toda e só sobravam o sábado e o domingo. Esses eram os dias que eu, ele e as crianças realmente vivíamos como se só existisse a gente no planeta.

Pode perguntar pra qualquer um que acompanhou nossos primeiros dez anos de casados: nossa família era perfeita. Lógico que o pau comia de vez em quando (risos). Eu tinha muito ciúme dele, e ele até tinha de mim, mas se controlava mais. Era até engraçado porque eu ia à escola dele, na rua em que ele entregava carta, e ficava na tocaia. Muito engraçado mesmo. Uma vez, eu, com o Celso pequeno no colo, fui lá fazer uma ronda. E tive a surpresa de chegar na hora que um porteiro estava mostrando uma mulher pra ele e rindo. Porra, quando ele acabou de olhar, deu de cara comigo (risos). Ficou pálido na hora! Eu, já com o diabo no corpo, falei alto: "Bonito, né, Paulo! É assim que você entrega cartas aqui, né!". Peguei o Celso e saí andando igual a um furacão. Mas, daquela vez, minha vingança foi financeira. Eu estava com uns duzentos reais pra pagar contas. Pensei: "O quê? Eu, aqui, andando com esse menino gordo no colo!". Fiz logo sinal pra um táxi, almocei fora, ihhhh, fiz a festa (risos).

Os amigos dele morriam de rir porque eu sempre aparecia igual ninja, do nada. Ele até acha que era cena, mas eu tinha mesmo ciúme dele. Até demais da conta.

Lembranças como essas passaram rapidamente diante dos meus olhos. A gente não era daquele meio ali, não tinha nada a ver, nossa vida era totalmente diferente da vida que bandidos levam. Mal sabíamos o carnaval que iam fazer com a prisão dele e como ficaríamos sozinhos.

A dificuldade de prender o Bem-te-vi, na época, fazia com que precisassem de uma prestação de serviço do tipo: "DESARTICULAMOS A QUADRILHA DO TRAFICANTE!". Apesar de ele ter errado, ele não era o que foi noticiado, e isso pesou muito na hora de o juiz decidir pelos dezoito anos de cadeia, inicialmente em regime fechado. Como pode, gente, um rapaz, com residência fixa, oficialmente casado há nove anos, concursado nos Correios há oito anos, pai de dois filhos, estudante do 5º período de Matemática da Universidade Estácio de Sá, preso por escutas telefônicas, ser condenado a dezoito anos de prisão? Eles pegaram um *nada* e transformaram verdadeiramente num *tudo* a fim de ganhar a confiança da sociedade e, posteriormente, entrar pra política.

Tudo isso me deixava tão desnorteada que a minha vontade era correr pra Polinter pra ficar com ele. Eu não gostava dessa ideia de ele ficar lá sozinho e eu em casa. Mas eu não tive tempo pra ficar de fricotes. Logo tinha que estar pronta pro que viesse na minha direção – e realmente veio. Como eu disse, logo fui chamada a dar explicação sobre esse envolvimento dele com a Rocinha. Então, eu tive que calçar a cara e subir uns morros pra dar satisfação, pois a minha família inteira morava em áreas controladas pelo Comando Vermelho, a casa que meus pais tinham me dado era nesse local, enfim, não podia deixar isso afetar outras pessoas.

Alguns amigos do Paulo, que gostavam bastante de ficar metidos nesse meio e ganhavam dinheiro junto com ele, tiraram o time de campo pra não se comprometerem, e me deixaram sozinha pra encarar os caras. De todos, tinha um de quem eu tinha mais medo. Ele era daqueles bipolares, que poderia estar sorrindo e, de repente, se estressava. Esse era o único de quem eu realmente tinha medo. Então, tomei coragem e fui até o Turano. Lá, eu conversei com o cara que estava de frente e, por acaso, ele, anos atrás, tinha sido amigo do meu marido. Ele me atendeu bem, perguntou o que estava acontecendo, e eu menti, é claro. Mas o mais legal de tudo foi que ele me falou que, por ele, estaria tranquilo, mas que tinha gente que era chegada ao meu marido que estava conspirando sobre ele. Adivinhem... O irmão do cara que tinha morrido no acidente de moto com o Paulo foi o primeiro a falar contra. E detalhe: o falecido irmão dele vivia com o Paulo fazendo contato na Rocinha – e ele sabia disso. Na hora, eu fiquei "de cara quente" de raiva, porque ele seria o último que poderia se manifestar contra. Enfim, eu tinha que ser rápida pra não dar problema pro Paulo. De lá, segui pro Morro do Fallet. Lá, sim, fui tremendo. Que medo eu tinha do cara que era frente lá. Eu, desde novinha, o conhecia e sabia do temperamento difícil. Tinha que ter "sangue de barata" pra lidar com ele – mas eu fui. Ele é daqueles bonitos, cheio de marra, que chama atenção; eu não sabia nem pra onde olhava. Mas, pra minha surpresa, ele me tratou bem e me deixou argumentar. Eu desenrolei com ele sem gaguejar com o mesmo discurso, que as gravações eram antigas, da época que a Rocinha era Comando Vermelho. Mesmo sabendo do risco de algum deles cismar de comprar da polícia a cópia da escuta ou apenas pegar uma cópia do processo e verificar as datas, eu blefei e deu certo. Aparentemente, eles engoliram. Mas eu não pude ir olhar bem na cara do Judas que estava falando do meu marido, quando o rabo do irmão dele também estava sujo, e uma única palavra faria perder aquele "morreco" dele, pois o dono do Morro do Fallet os odiava e era doido pra expulsá-los de vez de lá. Mas, enfim, deixei o próprio destino castigá-lo, pois, no futuro, esse mesmo estaria implorando perdão do Paulo na Rocinha. Naquele momento, o destino de várias pessoas estava dependendo do papo que eu ia dar; eu não podia fracassar.

Mas meus problemas não se resumiam apenas nisso: eu tinha a minha universidade, a escola das crianças, meus vizinhos que me conheciam há vinte e quatro horas.

Eu não sabia o que falar pras crianças. Eles foram criados até ali, longe de qualquer envolvimento. Meu filho, quando ganhava armas de brinquedo nos aniversários dele, sempre fazia acordo de jogar fora e a gente comprar outra coisa pra ele. Como eu ia explicar isso tudo? Pensei: "Pô, tenho que ir pra casa dar continuidade à vida das crianças". Nesse meio-tempo, advogados de tudo que é espécie foram à Polinter tontear o Paulo. Eles achavam que ele tinha dinheiro por estar com o nome associado ao do Bem-te-vi. Teve uma a quem o Paulo explicou que não tinha nada, que era carteiro, que poderia pagar parcelado. Sabe o que a desgraçada falou? "A sua esposa não tem os conjugados no Rio Comprido? Manda ela vender". Vê se pode! Um patrimônio que meus pais construíram em vinte anos, com muito trabalho mesmo. Eles cavaram com as próprias mãos as fundações.

Além de todos os problemas aqui fora, ainda tinha que me preocupar com o Paulo, que estava lá numa cela que servia de triagem pros presos que chegavam. Os policiais não sabiam o que faziam com ele, se o botavam em celas do CV ou de ADA.

E pior, ele estava com o braço operado, com ferros, e sentia muita dor. Naquele cubículo saía muita briga, pois, lá, acabava que, por alguns minutos ou horas, as facções se misturavam. Alguns presos se colocavam na frente dele na hora das brigas pra protegerem o braço machucado. Confesso que aprendi a me reerguer muito rápido nas situações difíceis. No dia seguinte, já estava lá, firme e forte, na visita. Lembro que, quando eu entrava, parecia que só havia nós dois ali. Era uma falação, mas a gente se abraçava e ficava conversando, chorando, falando mesmo um no ouvido do outro. Lembro que cantei no ouvido dele uma música que retratava bem aquele momento que eu estava vivendo. "No meu olhar", do Pique Novo.

Na verdade, a prisão dele era provisória de trinta dias, e isso nos dava uma esperança muito grande de que aquele inferno acabaria. Mas não foi o que aconteceu. O Paulo não teve nem chance de parar. Aquela coisa de ganhar pelas beiradas uma merreca que servia pra pagar as contas simplesmente começou a sair muito mais caro do que ele poderia imaginar.

Três dias depois da prisão, o correio o demitiu por justa causa, pois uma "certa" inspetora insistiu em falar à imprensa que ele usava moto dos correios pra transportar drogas, o que era uma *mentira*. Ele nunca tocou numa moto da empresa. Ele era carteiro a pé, até queria ser motoqueiro porque ganhava mais, mas nunca teve a oportunidade. E, na investigação, não existia nenhum tipo de citação da empresa enquanto ferramenta pro tráfico. Tudo o que ela falou pra enfeitar a prisão e dar mérito a ela só prejudicou três pessoas: eu e as crianças. Mas imagina que uma mulher mentirosa, ambiciosa, pensaria na família de um "borra-botas" como o Paulo?

Na época, meu filho fazia tratamento pra TDA** e, da noite pro dia, perdemos o plano, os ticket alimentação, o salário. Fiquei sem nada e com um aluguel de setecentos reais pra pagar, além da escola das crianças. Minha mãe me ajudou muito mesmo, porque ela mandava leite, pão, arroz, etc., enquanto eu tentava me organizar. Mas imaginem, eu, com o marido inutilizado na cadeia, tendo que me virar em dinheiro pra

....

** Transtorno do Déficit de Atenção.

pagar as contas, afinal ninguém tinha nada a ver com o nosso problema. Eu tinha que pagar as contas. Nessa época, meu primo Roberto me ajudava muito. Ele esteve ao meu lado, sem medo de nada. E assim eu me fortalecia pra encarar tudo aquilo.

Até que, uns cinco dias depois da prisão do Paulo, eu estava em casa, à noite, lavando a área e terminando de desencaixotar a minha mudança, as crianças brincando, quando tocaram a campainha.

Quando abri, vi policiais de uma delegacia próxima à minha casa, em posição de confronto, apontando fuzis pra mim. Eu olhei pras janelas dos vizinhos e vi que estava todo mundo olhando. Me deu tanta raiva! Eu falei: "Moço! Entra logo, né! Pô, meus vizinhos aí tudo olhando!".

Eles entraram e falaram que queriam olhar a casa. Eu permaneci tentando manter a calma e não deixar as crianças perceberem meu nervosismo. Enquanto eles olhavam, um deles veio e me deu um celular. Eu atendi e a pessoa que estava do outro lado me falou que eu teria que comparecer na delegacia. Eu, lógico, perguntei o motivo – e ele falou que eu sabia. Tive que responder que não sabia mesmo. Então ele falou assim: "Você sabe, sim, o que é, e vou te dar um conselho: é melhor vir, sem criar problema, que vai ser melhor pra você".

O cara tinha uma voz medonha... Logo eles pegaram o celular e foram embora. Eu esperei uns minutos, joguei as crianças no carro e saí voada pra minha mãe. Pois é, eles queriam me extorquir; me ameaçaram dizendo que havia denúncias de que eu estava controlando uma quadrilha de menores na Tijuca, que eu distribuía drogas na redondeza. Queriam dez mil reais. Eu "surtei" na hora. Muito desaforo aquilo. Eu já estava ali me desdobrando pra tentar acalmar os ânimos de tudo que era lado – e vem uma notícia dessas. Falei pra eles com todas as letras: "NÃO TENHO DINHEIRO! NÃO VOU DAR DINHEIRO! NÃO VOU PEDIR DINHEIRO A NINGUÉM!". Virei as costas e fui embora. Graças a Deus, eles desistiram dessa ideia idiota. Mas eu sei bem o que eles queriam, porque o advogado veio me dizer, veio com o papo de: "Você não acha melhor pedir pro

Bem-te-vi?". Vê se pode! Eu nem conhecia o Bem-te-vi. Respondi um "não redondo" pra ele. Não satisfeito, ele foi à Polinter aterrorizar o meu marido, falando que era melhor pagar porque eles poderiam me prender. Sabe quando você tem absoluta certeza de que não fez nada de errado e que, em hipótese alguma, terão como provar o que estão falando? Era assim que eu me sentia. E falei que, se quisessem forjar, iam ter que jogar droga pelo meu muro e pronto. Assim eles desistiram.

Coitadinhos dos meus filhos, gente. Eles eram tão inocentes, tão educados, eram dois bebês. Na semana que começaram a estudar, as mães se reuniram pra fazer abaixo-assinado pra eles saírem da escola onde estavam desde o Jardim, mas a diretora não permitiu que as mães fizessem isso. Foi uma pessoa muito profissional.

Meus vizinhos também fizeram abaixo-assinado com a administradora que alugou a casa. Lembro até hoje que o administrador era bem velhinho, mas muito sábio e religioso. Ele viu meu desespero naquele momento, então me falou assim: "Minha filha, não se preocupe, não se abale, mostre pros vizinhos quem você é, e eles mudarão de ideia. Tudo vai se resolver". Ele me deu um folhetinho de São Judas Tadeu e falou pra eu ter fé. E foi isso que eu fiz: conquistei os vizinhos. Daí pra frente eles até me ajudavam a olhar as crianças e a cachorra.

Eu sentia tanta saudade do Paulo... Nossa! Eu nunca tinha ficado longe dele por mais de 24 horas. Eu chorava à noite, na hora de dormir, mas sempre tinha que disfarçar pra que as crianças não ficassem tristes e percebessem que as coisas não estavam indo bem. Continuei a minha maratona, sempre tentando apagar os incêndios, mas era apagar um que aparecia outro. Lá na Polinter, fui avisada de que os presos estavam passando abaixo-assinado para o meu marido ser colocado na cela com eles, e que estaria tudo bem. Mas, na surdina, também fui avisada de que era uma armadilha, que iam botá-lo no miolo pra explicar tudinho. Eu entrei em parafuso com essa notícia. Deus me livre se acontecesse alguma coisa com o Paulo na cadeia. Foi aí que eu, mais uma vez, enchi o pulmão de ar e resolvi ir à Rocinha.

Naquela noite, eu entrei no morro e fui levada até aquele que verdadeiramente a polícia queria, o Bem-te-vi. Eu precisava arrumar dinheiro pra pagar pro meu marido ser transferido pra outra delegacia e ficar numa cela especial. Assim, ele não teria que dar explicações a ninguém. Quando eu entrei na Rocinha, tudo era estranho e novo pra mim. Ali realmente era diferente de tudo que eu já tinha visto na vida. Muita gente na rua, muito lixo nas vielas, gente cheirando pelos becos, muita gente bêbada. Acabei indo tarde da noite, tive a sensação de que ali era um inferninho, mas depois tive a oportunidade de ver que ali não era isso que eu achei antes. Fui me aproximando e fiquei um pouco sem saber nem com quem falar, sem contar a vergonha de ter que perguntar. Aí, parei numa barraquinha de canjica e perguntei à senhora que estava ali como eu fazia pra falar com o Bem-te-vi. Isso eu falei baixinho pra ninguém escutar. Ela me respondeu bem alto (risos): "Ali, minha filha! Vai naquele moço ali que ele te leva no homem! Pode ir... Ele é um menino bom, minha filha. Vai lá que ele vai te levar".

Eu quase caí dura, né, porque ela falou altão. Então, olhei pro outro lado da rua e vi um homem, magrelo, alto, de havaianas e camisa do Flamengo; foi a primeira vez que vi o Play. Eu olhei, tentando chamar a atenção dele com a força do pensamento. Aí, ele me olhou e eu fiz um gesto com a mão do tipo "vem aqui". Ele me olhou com um bico gigante e fez com a cabeça pra eu ir até ele. Fiz tipo sinal de "por favor", com a mão, como se estivesse rezando. Acho que ele percebeu que eu não conseguia me mexer dali de nervoso. Ele veio e falei que precisava falar com o Bem-te-vi. Ele até tentou saber o que era, mas eu não falei; disse que era particular. Seguimos pra onde estava o mafuá de bandidos e, lá, rapidamente eu deparei com aquela figura dourada, com um cordão que tinha um cifrão gigante, muitas pulseiras douradas, anéis, arma dourada e uma taça na mão. Parei e fiquei olhando aquelas alegorias todas. Ele demorou a me atender e, enquanto isso, eu fiquei ali, com uma dor no coração, olhando aquilo tudo, enquanto a minha vida estava num buraco. Confesso que, num primeiro momento, me deu um pouco de raiva de vê-lo ali, bebendo, fazendo pose pra foto com um grupo de pagode, enquanto a minha vida estava se afundando e o meu marido estava lá, sofrendo naquele buraco, à mercê dos outros. Não consegui segurar e comecei a chorar, mas não fiz show, não, só rolaram umas lágrimas mesmo, mas ele viu e ficou me olhando. Percebi que ele estava curioso pra saber quem era eu, e ficou tentando se desvencilhar das pessoas, vindo, aos poucos, pra perto de mim. A partir daí, a Rocinha entrou de vez na minha vida e da minha família, e eu nem imaginava o quanto eu ainda sofreria por causa dessa virada que a minha vida deu.

"Sou o dono do mundo
Meu tempo é dinheiro, eu quero investir
Nessa ciranda onde a grana fala alto
Lá no céu tô perdoado, já paguei sem refletir!
Mas a realidade da desigualdade
Me faz despertar
Não quero essa falsa alegria
Chega de hipocrisia, pois a vida é muito mais
A felicidade não tem preço
Hoje reconheço que a riqueza se desfaz!
Eu quero é viver, a vida gozar! Saber ser feliz e aproveitar
Rocinha encanta e mostra a verdade
Dinheiro não compra a felicidade"

Esse samba simplesmente é a cara do Bem-te-vi, aliás acho que essa composição era dele. Eu nunca tinha visto um bandido tão presepeiro igual a ele. Ele levava muito a sério essa coisa de cantar e compor. Nas épocas de competição de samba-enredo, ele compunha e botava outro pra concorrer e assim ganhava o dinheiro. Detalhe: ele pagava uma galera pra ir pra quadra da escola pra torcer pelo samba dele (risos). Esse desfile aconteceu uns quatro ou cinco meses após a morte dele, mas, se vocês repararem, uma das últimas alas era um cemitério com várias viúvas. Todo mundo falou que a escola iria ganhar, mas a chuva forte que caiu atrapalhou muito e assim ficou o boato na Rocinha de que aquilo foram lágrimas do Bem-te-vi na hora do desfile. Coisas da Rocinha...

9

Não tem como eu contar a minha história sem falar do cara que eu fui obrigada pelas circunstâncias a conhecer.

A primeira vez que o vi, juro que fiquei chocada com a figura dele. Achei ele feio, com aquele cabelo moicano loiro, alto, cabeçudo, com anéis em todos os dedos, braceletes nos dois braços, uma figura muito esquisita mesmo. Mas, logo que comecei a falar com ele, vi um outro lado que só quem tinha contato de verdade com ele poderia ver. Ele me atendeu, lamentou muito a prisão do Paulo e falou que o que eu precisasse eu poderia pedir a ele. De verdade eu estava um pouco desconcertada e nervosa, mas me foquei nele e destravei a conversar, explicando toda a situação pra ele. Pedi o dinheiro pra poder transferir meu marido pra uma outra delegacia e pra pagar a especial pra ele, pois onde ele estava não dava pra continuar devido a incompatibilidade de facções. Falei tudo isso aos prantos, porque eu realmente estava num momento da minha vida que eu precisava ser corajosa e cara de pau ao mesmo tempo. Ele me perguntou como eu iria pagar o advogado e se além desse dinheiro eu estava precisando de alguma coisa. Gente, eu fiquei com muita vergonha nessa hora, porque a gente era tão independente e de repente eu estava ali, de pedinte. O Bem-te-vi foi muito cauteloso e mandou advogados irem lá perguntar pro Paulo se ele me autorizava a ficar de conversa com ele. Na verdade não sei o que ele pensou quando fez isso, mas de qualquer maneira passou uma coisa de respeito. Ele então recebeu a autorização e me mandou ir buscar nas mãos dele R$4 mil pra pagar a transferência.

Meu primo sempre ia comigo, pois eu tinha muito medo de entrar e sair da Rocinha sozinha. Na época o morro ficava cercado de caveirões e isso me deixava apavorada. Então fui buscar o dinheiro.

Com a ajuda dele, consegui transferir o Paulo pra um lugar mais confortável e seguro, mas isso me trouxe outro problema. Uma das culpas que carrego foi a de ter contribuído pra ele ganhar um *status* na cadeia que não era condizente com a nossa real situação. Quando consegui aquele dinheiro, passei uma imagem que tinha dinheiro, mas na verdade não tinha nem um centavo.

E, com isso, eu virei escrava da situação. Eu tive que dar meu jeito pra montar praticamente uma casa lá pra ele. Videogame, aquecedor, fogão elétrico, vasilhas de tudo que era tamanho, várias bugigangas que me custavam muita coisa. Na ocasião o Bem-te-vi se propôs a dar duzentos reais por semana pra pagar a estadia dele em uma cela especial, selecionada, com ar-condicionado e poucos presos. Logo, eu não ganhava nada, a não ser o dinheiro pra pagar esse conforto pro meu maridão.

E eu simplesmente não tinha dinheiro nenhum e ainda tinha o aluguel, a escola das crianças, plano de saúde, que tive que começar a pagar, entre outras milhares de contas. E baixou em mim um espírito tão grande de proteção com o Paulo que eu não aceitava nem por um segundo que ele passasse por algum tipo de humilhação além da de estar preso. Eu fiz dele o "cara" na cadeia, enquanto em casa eu tinha que contar com ajuda da minha mãe, dos meus primos, da minha madrasta, do meu pai.

Eu me lembro como se fosse ontem que a minha mãe mandava sempre um litro de leite, carne moída, um saco de macarrão, cebola e um quilo de batata. E pagava uma pessoa pra olhar as crianças pra eu poder ir *todos* os dias passar o dia com ele na 20ª DP.

Mas mantê-lo numa cela especial significava ter que ter dinheiro pra arcar com outras contas que surgiriam, afinal ele estava numa posição de alguém com dinheiro. Sempre que eu chegava para a visita, meu marido me falava que algum preso tinha mandado bilhete pra ele pedindo ajuda.

Coisas muito fortes mesmo do tipo: "Pelo amor de Deus, me ajude! Eu estou descalço, sem cobertas, minha família não tem o que comer em casa". Mas na verdade eu, em casa, também não tinha o que comer direito. Eu não tinha dinheiro nenhum, não podia trabalhar naquele momento por causa dele, que não abria mão de eu estar todo dia visitando-o, e as contas continuavam. Mas eu não queria perturbá-lo com isso, e não levava esses problemas – e sim tentava a todo custo resolver os dele. E eu acabava pegando pra mim aquela causa. Ele me pedia comidas, biscoitos, coisas que nem as crianças tinham em casa, mas eu ficava com pena pelo que ele estava passando, por ele estar ali preso, pelos sonhos dele que foram destruídos.

Teve uma vez que o meu gás acabou, então peguei o botijão e comecei a rodar na Tijuca e acabei parando dentro do Morro do Salgueiro. Por causa de três reais, a mulher não quis me vender. Eu voltei pra casa chorando e distraí as crianças fazendo coisas no micro-ondas mesmo até comprar outro. Todo esse contexto problemático acabava me empurrando pra um único lugar. Rocinha...

Eu ficava entre a cruz e a espada e tive que me render e me acostumar com aquela rotina. Ia até o Bem-te-vi e ele, na mesma hora, se prontificava a ajudar. Lembro que eu vinha andando e já o avistava de longe, por causa do Cifrão gigante, e ele largava todo mundo e vinha falar comigo na mesma hora. Eu achava até estranho ele ter umas preocupações do tipo me perguntar se tinha coisas em casa pra comer, se eu estava precisando de dinheiro pra pagar alguma coisa. Na verdade eu estava precisando muito, mas ficava com vergonha e me limitava a só pegar os duzentos reais da especial mesmo. Mas o Paulo ficava inventado mil coisas pra comprar e isso me deixava desesperada.

Numa dessas visitas à Rocinha, conheci um rapaz que trabalhava pro meu marido. Ele carregava as coisas de um lugar para o outro. Era o que conhecemos como "Mula" do tráfico. E logo conversei com ele. O rapaz tinha sido preso trazendo drogas pro meu marido em um ônibus, do Paraguai. E nessa época tinha acabado de sair da cadeia. Fiquei muito amiga dele.

Ele era divertido, alegre, *viado*, e sempre que eu ia ao morro me encontrava pra ficar junto comigo. Outro fato começou a surgir. Ele me pedia pra ir cobrar algumas pessoas que deviam a ele, tipo setecentos reais de um, trezentos de outro, e queria que eu resgatasse em alguns lugares coisas dele que tinham ficado guardadas.

Eu não queria, não gostava, mas aos poucos essas coisas estavam entrando na minha vida sem que eu percebesse. Passei a viver em função do Paulo.

O primeiro problema que eu tive foi com trinta quilos de maconha dele que estavam enterrados no Morro do Fogueteiro. Eu tive que procurar o rapaz que tinha enterrado pra ele lá e pedir que desenterrasse tudo. Quando consegui localizar essa pessoa e dei a notícia que estava lá pra saber das coisas que ele estava guardando, ele tentou me enrolar, falando que havia acontecido um desabamento e tinha perdido tudo. Porra, não era isso que eu queria, não era isso que eu estava buscando na minha vida, mas, sem que eu percebesse, estava me envolvendo em coisas que eu não queria. No entanto, quando vi aquele cara ali querendo dar uma volta no meu marido, entrou uma coisa ruim em mim e eu já mudei o tom com ele. Não pensei duas vezes em colocar pra fora o meu lado ruim. Botei-o na parede e perguntei se ele estava pensando que porque o meu marido estava preso ele iria dar uma volta dessa nele. Dei vinte minutos pra ele colocar no meu pé a droga que ele estava tentando roubar. Certamente fiz uma cara muito feia, porque rapidinho ele apareceu com a maconha. Mas meu problema começou aí... Imagina o que eu ia fazer com aquilo. Eu que não ia carregar. Não tinha um centavo no bolso e tinha que fazer aquilo chegar à Rocinha, pois só o Bem-te-vi mesmo que faria a boa ação de comprar aquela droga toda mofada e estragada. Ele faria aquilo mais pra me ajudar do que outra coisa.

Então o meu amigo, que antes trabalhava pro meu marido, falou que levaria de graça mesmo, que eu não precisava me preocupar. Eu então pensei numa forma de disfarçar aquilo; assim, arrumei uma caixa de papelão de copos descartáveis vazia, botei a droga dentro e amarrei um saco de pão de hambúrguer em cima, como se ele tivesse comprado aquilo. Caso alguém perguntasse, ele falaria que era dono de birosca.

Nossa, como fiquei tensa e com medo de algo dar errado. Eu não conseguia respirar, esperei ele entrar no ônibus e, sem que ele me visse, e fui seguindo com o carro, rezando o tempo todo. Depois parei num posto de gasolina e fiquei esperando ele me ligar pra dizer que já estava no morro. Nossa, o tempo parecia que não passava. Eu estava morrendo de medo de ele ser preso e eu não ter dinheiro nem pra dar boa tarde pra um advogado. Deus me livre uma pessoa ir presa e eu não ter como fazer nada. Mas ele chegou bem e logo eu segui pro morro. A droga estava estragada, mofada, uma merda, e, quando eu entreguei pra pessoa que guardaria pro Bem-te-vi, ela falou que não ia pegar porque estava muito ruim, mesmo eu falando que ele iria pegar assim mesmo. Pois o cara convenceu o Bem-te-vi a não comprar enquanto eu não estava perto e mandaram me entregar aquela bosta. Mais uma vez eu estava com a batata quente nas mãos. Eu ligava pro meu marido e ele só me respondia uma coisa: "Pô, o cara quer o dinheiro desse negócio, tenta resolver".

Que angústia aquilo! Eu tentei de tudo que era forma, mas não consegui e tomei as rédeas porque o inútil do meu marido não resolvia porra nenhuma ainda e me deixava em apuros. Pedi o celular do cara que tinha vendido aquilo pra ele. Ele era de Santos; por isso, tinha que falar por celular mesmo. Aí liguei pra ele e usei uma estratégia que faria ele pegar de volta a mercadoria, porém me envolveria mais e mais. Falei que era pra ele pegar aquela mercadoria que estava ruim de volta, morrer a dívida e, em troca, eu poderia botar as coisas dele na Rocinha, já que estava em contato direto com o Bem-te-vi. Deu certo, ele cresceu o olho e pegou de volta. A princípio me livrei daquele problema. Mas o meu digníssimo esposo estava com celular na cadeia e lá arrumou novos contatos. Antes ele tinha graduação em maconha, agora estava se especializando em cocaína. Na cadeia ele conhecia pessoas que estavam lá por serem especialistas em pó. Ele não parava de fazer contatos e, no fim da história, sobrava pra mim. E pior que eu, pra desempenhar esse papel, era obrigada a deixar meus filhos em casa. Não conseguia fazer tudo ao mesmo tempo – visitar, tomar conta das crianças e ainda me virar pra resolver as pendengas do meu marido. Muitas vezes a minha mãe ligava lá pra casa e ficava contando história pras crianças enquanto eu não chegava pra distraí-las. Nossa, como eu me arrependo de ter deixado meus filhos muitas vezes sozinhos em casa pra fazer as coisas e consequentemente dar boa vida pro meu marido na cadeia. Eu confundi que, por ele ter sido um bom marido, eu teria que fazer o que fosse pra retribuir isso.

10

Com essa coisa toda, cada vez eu era obrigada a ficar enfiada na Rocinha, e essa posição de pedinte não era comigo. Eu tinha que na verdade resolver tudo, a vida do meu marido, a vida dos meus filhos etc. e com isso fui ficando cada vez mais amiga do Bem-te-vi e cada vez mais envolvida. Ele ficava me chamando pra ir pros pagodes, pras festas, pros bailes, e eu não vou mentir aqui não, tudo aquilo era muito sedutor. Eu passava o dia naquela correria de cadeia e a noite chegava na Rocinha, todos ali numa alegria, música tocando, todo mundo bem arrumado, aquilo realmente era muito difícil de resistir. Muitas vezes, de coração, eu ficava sem graça de pegar dinheiro e ir embora. O Bem-te-vi era do tipo festeiro, queria festa o tempo todo. Acho que seria uma desfeita quando ele falava: "Fica aí, pô! Vai ter baile aqui". O baile que ele fazia no valão na época eram umas caixas de som pequenas e cerveja liberada. Eu ficava muito preocupada porque algumas vezes não tive com quem deixar as crianças e elas ficavam sozinhas mesmo. Eu falava: "Olha, se acontecer qualquer coisa, vocês vão pra área e chamam os vizinhos". Quando eu chegava à Rocinha, passava igual uma bala e o Bem-te-vi já vinha logo me atender. Na verdade as pessoas não sabiam direito quem era eu, e o que eu tanto falava com ele. E pior: ele tirava dinheiro do bolso e me dava. Até falaram que eu era uma das amantes dele (risos). Ele, em vez de falar que eu era mulher de outro, não, parecia que gostava da fofoca. Aos poucos eu fui me enturmando, mas demorou um pouco. Até teve uma vez que a polícia ameaçou entrar no valão na hora que eu estava lá, e eu não sabia pra onde correr e nem com quem correr. Adivinhem com quem eu corri? Quando soltava os fogos na entrada do morro, era um Deus nos acuda e, na época dele, estavam ocorrendo alguns confrontos entre polícia e bandidos, mesmo à noite. Quando veio aquele monte de gente correndo, ele olhou pra minha cara e deve ter visto que eu fiquei pálida na hora, aí me pegou pelo braço, botou minha mão no bolso da calça dele e entrou correndo pra dentro do beco. E eu lógico correndo juntinho tremendo toda, né. Ele botou minha mão presa no bolso dele pra não precisar segurar em mim, e ficar com as mãos livres pra segurar as armas. Mas graças a Deus sempre era alarme falso e logo voltava tudo ao normal.

A minha rotina começou a ficar só aquilo mesmo: ir pra delegacia passar o dia lá, pagando dobras e dobras de visita, porque naquela época na delegacia até pra dar bom dia tinha que pagar, ficar em casa e ir pra Rocinha. Às vezes eu ia ao Rio Comprido levar as crianças pra casa da minha mãe e ia pra São Conrado igual uma bala. De tanto ele me chamar pro pagode do sobradinho e pro baile eu acabei indo mesmo. E ali eu percebia como ele era uma figura. Ele pegava o microfone e começava a cantar e não parava mais. Quando o microfone sem fio falhava, ele atravessava o baile, subia no palco e cantava a noite toda. Tem duas músicas que quando eu escuto só vem ele à mente: Boca Loca – "Duas Paixões" e Swing e Simpatia – "Me redimir".

A Rocinha era um lugar altamente atrativo, e, se não vigiasse, eu ia acabar ficando só na diversão mesmo. E o meu objetivo lá não era esse. Até que mais uma vez eu tive que me virar em dinheiro e não tive outra opção a não ser pedir. Os ferros que estavam no braço do meu marido já tinham passado da época de serem retirados e ele ficava falando que ia ficar aleijado, com o braço torto, lamentação em cima de lamentação e pior: ele não queria ir num hospital público. Ele queria ir à clínica que ele havia operado quando ainda tinha plano de saúde. Eu, como sempre, corri pra resolver. Arrumei o dinheiro pra ele ser levado clandestinamente no hospital pra retirar o ferro.

Os dias foram passando e um evento importante chegou. Foi nesse dia que a ficha da gente começou de verdade a cair. Era aniversário do meu filho, o primeiro da vida dele que o pai não estava ali presente. Ficou aquela dúvida, comemorar ou não? Fazer festa ou não? E eu pensei: "Poxa, ele não pode ser mais penalizado do que já está sendo. Desde um ano que eles sempre tiveram festa". Então resolvi fazer um bolinho pra ele.

A minha família estava sempre junto tentando amenizar ao máximo, mas na hora do parabéns que a gente se posicionou atrás do bolo, eu, Celso e Dalila e eu vi a cara de tristeza dele com os olhos cheios de lágrimas, não consegui segurar e acabou que a festa inteira chorou. Eu abraçada com eles dois chorando e todo mundo em pé cantando parabéns chorando também.

Todos ali amavam o Paulo e era muito difícil não ter ele ali naquela hora. Aquilo foi o começo do sofrimento pras crianças. A partir dali o Paulo sempre falava pro Celso que ele agora era o homem da casa e que ele tinha que ser forte e tomar conta da gente. Imagina! Meu filho estava completando nove anos, era um bebê ainda. Mas teve que amadurecer à força.

Nessas alturas do campeonato eu não conseguia mais frequentar a universidade. Quando ele foi preso, eu já estava fazendo o trabalho de conclusão, estava indo pro 8º período. Já havia concluído toda a carga horária de estágio e estava a um passo de me formar. Por incrível que pareça, meu estágio inteiro foi no SEAP – Secretaria Estadual de Administração Penitenciária. Praticamente já estava contratada, mas não pude dar continuidade àquele projeto que eu fazia com tanto gosto. Não me senti à vontade de trabalhar num presídio, sabendo que meu marido estava preso. Certamente seria alvo de perseguição dos agentes. Eu amava tanto meu trabalho lá. Eu tinha vários projetos em andamento e de repente tudo foi cortado. Parece uma coisa do destino mesmo, desde quando eu entrei na universidade, me preparei pra trabalhar lá. Fiz diversos cursos sobre uso e abuso de drogas. Participei de vários seminários e congressos e realmente me dedicava àquilo. Meu projeto era pesquisar sobre o impacto gerado na família por causa da prisão do seu provedor, no caso o pai. Olha que coisa! Parei de ir, mas sempre fazia a inscrição pela internet com aquela esperança de que eu poderia continuar. Eu tive também muitos problemas em relação ao trabalho dele. Quando ele foi preso, estava pelo INSS, devido ao acidente que tinha acontecido na saída do trabalho. Só que a Previdência estava em greve e ele não conseguiu fazer a perícia. Nesse meio-tempo, ele foi preso e demitido. Quando anunciou o fim da greve, eu fui simplesmente a primeira da fila do posto da Marechal Floriano. Nesse dia eu quase fui presa pela polícia federal porque, quando fui atendida, o pessoal do posto do INSS me informou que dentro do Correio tinha um setor lá só pra INSS e que o processo dele estava lá. Eu tinha deixado meu amigo lá na fila a noite toda e havia ficado com as crianças. Quando amanheceu, voltei pra fila. Quando cheguei aos Correios, na Presidente Vargas, o chefe da seção me fez de otária, me mandou voltar pro outro posto e lá mandaram de volta. Eu fiz isso duas vezes, quando chegou na terceira, eu estava esgotada física e emocionalmente. E o cara fazendo aquela cara de filho da puta pra mim. Depois de eu me plantar lá e falar que queria a carteira de trabalho dele, ele me respondeu que não poderia dar porque ele tinha que consultar a polícia. Mentira! Era porque a empresa mandou ele embora sem provas de nada. Eu, já esgotada, encostei no vidro e falei: "Moço, pelo amor de Deus, você não tem família, não? Esse benefício é pra mim e pros filhos dele... Por que você está fazendo isso com a gente?". Pois ele não se comoveu, virou as costas e me ignorou. Não quis mais nem me atender. Nossa, meu sangue começou a ferver, eu fui lá na porta, liguei pro Paulo e falei: "Olha, manda o advogado vir pra cá agora porque eu vou quebrar essa porra toda hoje! Essas vidraças dos Correios vão pro chão hoje". Aí o Paulo desesperado ficou falando para eu me acalmar, porque ele viu como eu estava nervosa. Eu desliguei, falei pro meu amigo: "Sai de perto de mim porque, senão, você vai preso também". Então, entrei de novo. Quando cheguei lá, o Paulo estava ao telefone com o cara implorando pra ele entregar a carteira de trabalho. Ele sabia o número daquele setor já e entrou em pânico com medo de eu ser presa. Mas o cara estava com o diabo no corpo. Ele desligou do Paulo e continuou ao telefone, mas eu não sabia com quem ele falava. Peguei um vaso de planta que estava lá, chamei-o e falei: "Não vai olhar não, é?". Quando eu ia jogar, percebi a presença de um homem de terno ao meu lado. Polícia Federal! Eu respirei fundo, botei o vaso na mesa e saí. Olhando aquele maldito. Eu saí chorando muito... Sabe quando você realmente quer matar a pessoa? Eu vim fazendo planos de matá-lo mesmo. Mandar descobrir onde ele morava e mandar matar, de tão grande que era o ódio de vê-lo com aquele sorrisinho no canto da boca, se prevalecendo de que o policial estava ali. Nossa, antes de o policial chegar, ele não estava falando comigo; quando o cara chegou, ele me olhou e falou assim: "Vai, taca!". Eu queria me desvencilhar de coisas erradas, fiz planos com o auxílio-doença, mas o diabo parecia me empurrar cada vez mais pro buraco. Mas eu continuava ali, firme. Não deixava nada me abater, não. Estava lá firme e forte nas visitas diárias.

Lá, o Paulo, que era um grão de areia bem pequeno, fez um intensivão de como se tornar uma enorme pedra no sapato da sociedade. Lá ele conheceu pessoas que ampliaram os conhecimentos dele e, cada dia mais, tornando-o o que ele é hoje.

Foram meses difíceis... O Bem-te-vi continuava cada vez mais procurado e a sociedade cobrando cada vez mais da polícia e das autoridades. A época de eleição estava chegando, né, e algo tinha que ser feito. E ele era tão *pop star* que pagava alguém pra olhar o jornal todo dia, pra ver se o nome dele tinha saído. Quando saía, ele mostrava pra todo mundo. Parecia que não tinha noção das coisas. Teve uma vez que um cara foi levar um celular que ele tinha mandado trocar a linha. Quando ele pegou o aparelho, tinha um número já discado. Aí ele perguntou pro cara: "Tu ligou pra alguém?". Aí o cara falou: "Liguei pra testar...".

Caracaaaaa, eu fiquei sem saber até onde enfiar a cara.

Ele pegou o celular e deu uma telefonada na orelha do cara. E falou: "Porra, seu filho da puta! Você ligou pro 190 pra testar meu aparelho?".

O cara começou a gaguejar, vermelho. Ele deu um chute na bunda do cara e mandou ele embora. Eu levei um susto pensei que ele ia matar o cara ali mesmo.

A Rocinha ficou supercalma de repente. A polícia não estava mais vindo, uma clima aparentemente calmo. E não é querendo dar uma de vidente não, mas eu senti que ele estava nos últimos dias de vida. Estava um pouco triste, sozinho. Aparecia sem os seguranças. Estava estranho. Uma das últimas vezes que eu falei com ele foi até engraçado, porque nós estávamos encostados no final do valão falando assuntos sem importância e de repente um mendigo que estava dormindo atrás da gente levantou a cabeça e perguntou a hora pra ele. Ele olhou o relógio, olhou pra minha cara, olhou pra cara do homem e deu um chute no carrinho de papelão que estava parado e começou a reclamar com os seguranças: "Ou! Ou! Ou! Ninguém está vendo esse mandado aqui não?". Aí rapidinho veio um monte correndo e tirou o cara. Quando eles saíram, ele vira pra mim e fala: "Mandadão vem me perguntar que horas são meia-noite em ponto!". Eu fui pra casa rindo sozinha daquilo. Estava chegando ao fim da era Bem-te-vi e ninguém imaginava isso. No dia que ele morreu, por questão de vinte minutos eu estaria ao lado dele, mas meu anjo da guarda naquele dia me protegeu legal. Eu já estava indo na direção de onde ele estava e uma conhecida falou assim: "Vem aqui, menina! Tem um aniversário aqui!". Eu não gostava de perder tempo, e tinha que ir logo embora pra casa. Mas nesse dia eu olhei pra onde ele estava e resolvi descontrair um pouco. Nossa, foi questão de vinte minutos mesmo. Deu uma explosão e a luz do valão apagou toda. Eu nem imaginava o que estava acontecendo.

Pensei que era comemoração de alguma coisa. Mas deu muito tiro e parou de repente. Eu fiquei trancada com umas trinta pessoas num quarto, sem saber o que tinha acontecido. As pessoas começaram a brigar, discutir, quando alguém entrou chorando e falou: "Mataram o Bil! Mataram o Bil! A polícia tá no morro!". Eu liguei pro Paulo e falei: "Paulo, acho que mataram o Bem-te-vi e eu tô presa aqui dentro do morro!". Aí ele falou: "Desliga os celulares e dá um jeito de sair daí". Olha, aquele dia, a energia desse morro chegou num nível tão cabuloso que as pessoas começaram a brigar pela rua. Uma coisa estranha demais. Parecia um inferninho. Eu e o meu amigo *viado* saímos no escuro com um medo do caralho de dar de cara com algum Bope e fomos pra Via Ápia. Lá estava uma multidão de pessoas chorando, sem entender o que tinha acontecido, porque foi uma ação muito rápida da polícia. Eles atiraram na cabeça dele e na mesma hora saíram com o corpo do morro. Naquele mesmo momento o Soul falou pelo rádio que estava com um cara na rua: "Quem está no comando do morro agora sou eu! Sobe todo mundo".

Ninguém entendeu nada, né...

Naquele dia eu fui pra casa muito arrasada. Minha cabeça ficou a mil por hora de imaginar que eu tinha sido salva pelo acaso. Eu só pensava nos meus filhos. Cheguei em casa, fiquei olhando eles dormindo, chorei horas e horas de pensar que eu poderia não ter voltado pra casa. Foi um dia muito triste, em que eu pensei muito em tudo o que estava acontecendo na minha vida, com os meus filhos, com o Paulo. Eu não queria isso pra mim e tinha uma coisa que me jogava lá o tempo todo. E não parou por aí... O tráfico de drogas tem uma atmosfera tão envolvente que passamos a viver somente aquela realidade. É como se parássemos no tempo e ficássemos ali, vivendo só aquilo. É alegria de sobra e tristeza extrema. E ali parece que vivemos entorpecidos em sentimentos contraditórios, que parecem só aumentar o nosso envolvimento.

Lembro ter jurado não querer saber de ninguém que estivesse envolvido com coisas erradas. Essa seria minha melhor armadura contra sofrimentos futuros. Até que meu raciocínio estava indo numa linha certa, mas algo deu errado. Parecia um efeito borboleta, e eu estava ali, novamente. As coisas tomando rumos que eu não planejei e, ao mesmo tempo, um instinto vindo sabe-se lá de onde, me deixando cega e imparcial ao que é certo, me transformando numa alienada.

Fui criada no Rio Comprido, perdi muitos amigos e conhecidos por morte violenta, enterrei um companheiro, e queria estar completamente afastada disso. Não fazia mais parte da minha vida esse tipo de acontecimento.

E a morte do Bem-te-vi mexeu muito com os meus neurônios. Fiquei muito abalada e me sentindo muito desamparada num momento que, na minha cabeça, eu estava sozinha e contra o mundo. Hoje, vejo que, muitas vezes, erramos e, quando passamos pelo crivo da sociedade, em vez de mudar nosso procedimento, nos afundamos mais e mais, numa espécie de enfrentamento suicida.

Queria dizer a vocês que me perdoem se tenho uma maneira romântica de falar de pessoas tão erradas do ponto de vista social, mas também peço que entendam que essa era a minha realidade naquele momento, e eles faziam parte da minha vida.

11

Voltei no morro no dia seguinte da morte do Bem-te-vi e fiquei junto com um monte de gente, ali, parada no valão, olhando aquele cenário de guerra, estatelada, sem saber o que aconteceria dali pra frente.

Estava tudo destruído, poste caído, fio arrebentado, sangue no chão, janelas quebradas, o bar onde ele costumava ficar na porta, totalmente destruído.

Ali ficamos todos paralisados. Eu, pensando o que faria da vida, com o Paulo dependendo de mim na cadeia, e a população da Rocinha amedrontada, com medo de futuras guerras, pois tinha pouquíssimo tempo que a favela havia passado por situações difíceis. O morro tinha passado por uma guerra entre o Lulu e o Dudu, e pessoas inocentes morreram, tanto dentro do morro quanto fora dele. Como todos devem se lembrar do skatista e da professora que morreram na Niemeyer. Essa disputa resultou na troca de facção. Enfim, os moradores estavam com muito medo do que aconteceria dali pra frente. Eu só conseguia pensar numa coisa: "Pronto! Tô fodida! Como eu vou, no meio de uma situação dessas, ter que ir falar com um cara com quem nem tenho intimidade?". Detalhe, quando meu marido foi preso, o policial falou pra ele que tinha escutas do Soul tramando contra o Bem-te-vi e fui forçada a contar isso pra ele pelo meu digníssimo esposo. Imaginem eu falando isso olhando pra um lado e pra outro, com tanto medo de alguém escutar. Enfiei a boca dentro do ouvido dele pra ninguém ouvir. Na ocasião ele ficou confuso, sem querer acreditar, mas de qualquer maneira ele fez uma carta e deixou pra caso acontecesse algo com ele. Então pensa na situação de eu ter que ir falar com o mesmo cara com que eu fui falar que estava tramando contra o Bem-te-vi. Porra, fiquei com muito medo! Meu marido só me botava em furada!

Quando cheguei na visita, foi um chororô danado. Eu chorei e o meu marido chorou pela morte do Bem-te-vi. E, naquele clima de um consolar o outro, a batata quente ficou mesmo em minhas mãos. Eu teria que calçar a cara mais uma vez e ir falar com quem ficasse no lugar dele. Afinal, eu tinha uma conta imensa diária pra pagar.

Tenho um amigo na Rocinha, que é muito engraçado, e, desde quando o Paulo foi preso, ele está junto comigo, aos trancos e barrancos. Lembro dele falando: "Ainnnnn, Bibiiiiii, o que a gente vai fazer agora?" (risos). Ele é homossexual e fala de um jeito que não tem como não rir. Ficamos horas ensaiando como falar...

Mas, antes que tivéssemos chegado lá, recebemos a notícia de que ele não estaria mais no poder de nada no morro, e que agora teríamos que falar com outra pessoa.

Nessa hora entrou na minha vida aquele que eu tinha por acaso conhecido na primeira vez que fui à Rocinha. Aquele magrelo de camisa do Flamengo e havaianas.

Então respirei fundo e fui atrás de quem tinha que ir. Chegando no morro, deparo com quem teria herdado o morro. Mais uma vez, estava eu tremendo toda, com dor no estômago por estar em plena boca de fumo, falando com alguém que eu *não* sabia como reagiria.

Dessa vez, não foi um espanto tão grande quanto o que eu tive com o Bem-te-vi, mas o Play também tinha um jeito diferente. Alto, extremamente magro, com os olhos arregalados e um bico enorme na boca. Era o mesmo cara que eu vi quando pisei na Rocinha, mas com quem, da outra vez, tive pouco contato. Quando cheguei perto, ele rapidamente falou comigo. Lembro que ele, com jeito meio tímido, falou assim: "Oi, pode falar".

Eu não consegui falar quase nada, travei na hora e só saiu a seguinte frase: "Eu queria saber como vai ficar a situação do Paulo". Aí, ele me perguntou qual era a situação do Paulo, num tom de quem não sabia de nada mesmo. Na hora veio na minha mente a imagem do Bem-te-vi, sempre tirando do bolso o dinheiro. Ele nunca me mandou pegar com mais ninguém. Automaticamente, pensei: "Fodeu! O Bem-te-vi dava do bolso dele e não contabilizava esse dinheiro como gasto com preso". Em segundos pensei em mil coisas...

Falei que o Bem-te-vi ajudava meu marido com os gastos que ele tinha na cadeia e contei toda a situação problemática que envolvia o Paulo. Então ele falou: "Tudo bem. Você vem toda semana e pega diretamente comigo o dinheiro que gasta a semana toda lá com ele. Pega na minha mão".

Pronto: lá estava eu novamente presa a uma única pessoa do morro. Dessa vez, o Play.

Quando me lembro dessa época, sinto uma dor no coração de remorso, porque hoje posso perceber que deixei muito meus filhos pra ficar nessa busca incansável pelo bem-estar do Paulo. Como fui idiota de achar que, porque ele estava preso, era a pessoa que mais precisava de mim; me enganei e lamento muito por isso. Quantas e quantas vezes minha mãe ligava pra minha casa e ficava contando histórias pra eles pelo telefone mesmo, pra distraí-los enquanto eu não chegava em casa... Ela fazia isso pra eles não se sentirem sozinhos e não sentirem medo. Isso me dói muito hoje; me dói pensar que eu fiz isso com eles.

Meus filhos estavam ali, fortes, pacientes, compreensivos com tudo e nem eu e nem o Paulo percebemos que eles eram as pessoinhas que mais precisavam de atenção naquele momento. Às vezes, achamos que as crianças não precisam de tanta atenção somente porque elas levam a vida brincando, mas na verdade tudo está sendo registrado na mente e no coraçãozinho delas. Eu me culpo por ter começado a falhar com meus filhos aí...

Acabei fazendo da Rocinha o meu lazer, meu ganha-pão. Eu só tinha três direções na vida: Rocinha, casa e cadeia. Estava começando na Rocinha uma nova era, uma imitação do que foi a favela no período em que o Lulu estava controlando o tráfico de drogas.

Lembro bem o primeiro baile que aconteceu no morro. Todos ainda estavam um pouco traumatizados pelos últimos acontecimentos e precisavam de lazer pra descontrair. Eu, lógico, deixei as crianças com a minha mãe e vim. E confesso que foi muito bom quando tocou uma música com a batida de funk que parecia querer acalmar todo mundo e passar a mensagem de que o morro estava em paz. Eu fui uma que pulei horrores cantando isso. A música que dizia: "Bem-te-vi deu o papo, eu vou divulgar também. Soul é o caralho, a Rocinha é J e l. Tá tudo bem! Tá tudo bem! A Rocinha é J e l".

Como eu era visita, pois não morava na favela, sempre era bem tratada, e o Play me chamava pra ficar perto dele, e eu, que já estava me acostumando a estar toda semana com ele, ficava mesmo. Ali, a gente ficava até de manhã, bebendo e dançando muito. Eu saía do baile de braço dado com ele, descalça. A gente ainda descia e ia comer.

Quem acompanhou o começo dele como chefe sabe muito bem como o jeito dele mudou de lá pra cá. Ele não tinha aquela soberba, nem aqueles protocolos com os outros mortais. No começo, ele estava ali, completamente tonto, e levava a vida sem aquela palhaçada toda que, no fim, havia em torno dele. Eu sempre percebi que ele parecia não ter muita segurança nas decisões dele. Era como se sempre precisasse de alguém pra aconselhá-lo. Isso é a minha opinião! Não sei a dos outros, mas eu sempre o percebi muito inseguro. Mas sempre muito simples, sem grandes ostentações. Parecia que nem ele sabia ainda o que fazia com tanto poder nas mãos. Eu continuava naquela correria e, pior, cada vez mais apareciam situações que me colocavam em apuros, e meu marido apenas me mandava resolver porque ele estava preso e não poderia fazer nada. As coisas pareciam acontecer propositalmente pra me afundar numa lama. Tinha um fornecedor de munição que a entregava ao Bem-te-vi; porém, com a morte repentina dele, o cara ficou com medo de entrar no morro pra fazer as entregas. O meu marido, com os mil contatos dele de dentro da cadeia, se comunicava com essa cara, e não pestanejou em me envolver nessa história. Ele me ligou e falou que era pra ir pro Rio Comprido, que um homem estaria me esperando lá. Quando eu cheguei, o cara me mandou parar o carro ao lado do dele, começou a desparafusar o porta-malas, e de repente começou a botar um monte de caixinhas na mala do meu carro. Eu olhei e falei: "Ué, mas você tem que entregar isso na Rocinha. O que é que eu vou fazer com isso?".

Aí, ele só respondia que não, que não iria mais entrar na Rocinha, que a Rocinha estava muito perigosa, que o Bem-te-vi tinha morrido, e ele poderia estar do lado. Com isso, ele deixou a batata quente na minha mão e foi embora. Fiquei lá encostada no carro, pensando no que iria fazer com milhares de munições. O meu carro estava arriado por causa do peso e eu sem saber o que fazer. Pior que nem falar pelo celular eu poderia. Aí, arrumei uma garagem por lá e deixei o carro pra dar tempo de eu ver o que iria fazer. Quando fui pra visita, meu marido falou que eu tinha que dar um jeito de aquilo chegar à Rocinha. E eu expliquei pra ele que eu não tinha dinheiro pra pagar ninguém, que seriam muitas viagens, e que era muito pesado. Mas ele, sei lá, tinha dias que parecia que estava retardado, que não conseguia entender o que eu estava falando. E logo começava a reclamar como se fosse má vontade minha.

Então eu pensei: "Ah, quer saber, vou tentar vender isso por aqui pra diminuir o peso". Assim fui eu pro Fallet e Prazeres. Até vendi algumas caixas, mas alguns queriam fiado, e fiado eu não iria vender *nem morta*. Teve um que me pediu uma caixa de munição, botou no pente da pistola e falou: "Aí, depois tu pega comigo, já é?".

Pra quê! Eu dei um pulo, e o fiz tirar bala por bala e me devolver. É mole! Eu passando o maior aperto, o preso sugando tudo que era dinheiro, e ainda vem um malandro querendo me dar volta. Negativo...

Nesse meio-tempo, um bandido do Morro dos Prazeres me ajudou, sem ganhar nada e, detalhe, nem meu conhecido ele era. Como eu precisava do carro pra ir até a Rocinha, tive que tirar tudo da mala do carro. Ele guardou pra mim sem ganhar nada. Acho que ele ficou com pena de ver o meu pânico de não ter onde enfiar aquilo tudo. Mas não teve jeito, porque o meu marido ficou me pressionando que as coisas teriam que chegar logo na Rocinha porque o cara queria receber o dinheiro. Ele ficou me enchendo a paciência e eu vi que não tinha jeito. Eu mesma teria que fazer isso. Gente, quando eu me lembro de como eu me arrisquei a troco de nada... Fico muito triste comigo mesma. Prendi as bicicletas das crianças no porta-malas pra dificultar uma possível revista policial, botei as crianças, a moça que a minha mãe pagava pra ficar com eles e a cachorra dentro do carro, mirei a Rocinha e fui... Nossa, eu fui muito rápido do Rio Comprido até a Rocinha. Sabe o que é nem respirar? Eu só olhava pra frente, sem pensar em nada. Só queria ver a entrada da Via Ápia na minha frente. Quando saí do Túnel e vi a Rocinha meu coração já não estava nem batendo direito. Eu me joguei com carro e tudo dentro do morro. Nossa, que inconsequência! Mas, graças a Deus, não deu nada errado. Deixei as crianças brincando e fui chamar os caras pra carregarem aquele peso. Eu ficava tão estressada que, quando acabava, parecia que tinha tirado umas duas toneladas dos meus ombros. Mas essas coisas são assim, quanto mais você faz, mais aparecem coisas pra você se envolver mais e mais.

O Paulo cada vez mais exigia de mim. Os pedidos eram cada vez maiores, as compras cada vez mais caras, ele passou a me ligar à noite pra comprar Lanches do McDonald's, e final de semana que não tinha visita, eu levava coisas pra eles comerem também. Ele estava numa especial que só tinha Playboy maconheiro. Imagina... Comiam dia e noite! Eu até cheguei a reclamar porque, poxa, eu me desdobrando pra arrumar dinheiro, mandando comidas que nem em casa tinha e eles devorando tudo em minutos. Mas o meu marido não queria perder a pose de patrão na cadeia e eu que me fodia aqui fora. Ele muitas vezes me incentivava a ficar no morro, numa espécie de politicagem, e isso fez com que, cada vez mais, eu ficasse mesmo. Às vezes, eu chegava nove horas da noite, pra pegar o dinheiro pra pagar a especial e saía às duas horas da manhã. Isso me deixava enervada porque cada vez que tinha que sair do morro era uma tensão. Sempre havia viaturas da polícia em volta parando quem saía do morro pra fazer aquela velha pergunta: "Tá vindo de onde e indo pra onde?".

Esse foi um dos motivos que muitas vezes me levou a ficar nos bailes da vida até amanhecer, pra evitar essa parada obrigatória. Eu odeio ter que dar desculpa esfarrapada ou não ter como responder uma coisa e, naquele momento, eu conhecia três pessoas que não eram da boca, mas o resto era só bandido mesmo. Resumindo: não tinha nem desculpas pra dar na saída.

Eu sentia muita falta de ter um marido perto de mim, pra me ajudar. Depois da prisão do Paulo, fiquei na dependência do meu irmão e dos meus primos pra me ajudarem nas coisas que precisam de força. Como a vida dá voltas, né... Eu, que tinha a vida toda organizadinha, de repente vira tudo de pernas pro ar. Minha casa já não tinha mais horários pras coisas acontecerem e eu, que não queria envolvimento com bandido, já passava as noites com o "dono do Morro da Rocinha". Puta que o pariu! Só um palavrão bem grande como esse pra expressar toda a minha indignação com a vida. Essa rotina foi me afastando cada vez mais da minha antiga. Pior que tudo, era o Paulo que estava lá na faculdade do crime aprendendo a teoria de tudo que ele colocaria em prática no futuro e, estando preso, chegou a me colocar em situações difíceis. Parecia que eu estava em uma bola de neve e, cada vez, ela crescia e me fazia rolar ribanceira abaixo sem forças pra freá-la.

Lembro que, antes de o Paulo fugir da cadeia, tive duas situações que me fizeram chorar por dois dias seguidos. A partir desse dia percebi que já estava visada no morro. Nesse maldito dia eu não tinha com quem deixar as crianças e tinha que receber um dinheiro. Sempre que eu ia lá, deixava meu carro estacionado na Via Ápia e ia ao encontro do Play. Eu levei as bicicletas dos meus filhos, deixei o *viado* com eles na pracinha e fui buscar o dinheiro. Nesse dia, o Play parecia que estava adivinhando porque fez muito corpo mole. Quando eu estava saindo do morro, percebi que havia uma viatura parada, mas segui, assim mesmo. Essa viatura logo veio atrás de mim e parou no sinal sem fazer qualquer movimento que indicasse que queriam me parar. Eu falei pras crianças não responderem nada, caso eles parassem a gente. Qualquer pergunta era pra falar: "Pergunta pra minha mãe".

Eles esperaram que eu me afastasse do morro pra me parar. Nisso, eu desci do carro com as crianças e eles começaram a revistar o carro, tipo procurando mesmo alguma coisa. Ficaram perguntando de onde eu estava vindo e eu falei que era de uma festa. Pior, que a minha filha era bem pequena. Ela estava com um copo de açaí na mão, a boca toda suja, vinha perto de mim e falava assim: "Mãe! E se eles acharem?" (risos). Dei uma olhada bem pra cara dela, e ela saiu rapidinho de perto de mim. Ter segredo com criança é um perigo... Quando já estavam quase liberando a gente, eles olharam o que estava faltando, a bolsa. Aí, pronto! Eu fiquei gelada na hora. Ele achou o dinheiro e já soltou logo um sonoro: Bingo! Ele me olhou e falou: "Olha só! De quem é esse dinheiro?". Eu falei: "Moço, eu vendi uma moto, vim receber o dinheiro e acabei ficando numa festa". Aí, ele fez a gente entrar no carro e um dos PMs foi dirigindo o meu até próximo ao jóquei. Chegando lá, ele queria porque queria saber de quem era o dinheiro. E eu, falando que era de uma moto. O Paulo estava me ligando o tempo todo, mas antes de achar o dinheiro eles não deixaram eu atender. Nisso, o policial me chamou atrás do carro e falou assim: "Esse dinheiro é do Paulo!". Aí, eu vi que já tinham me dado. Eu não tive reação a não ser a de responder: "É". Nisso, o Paulo ligou de novo e, dessa vez, o policial pegou o celular da minha mão e atendeu já falando: "Olha, tô com a tua família aqui, com cinco mil reais ilícitos, saindo da favela essa hora. Vou levar geral pra DP". O Paulo, na mesma hora, falou pra ele pegar o dinheiro e deixar a gente ir embora. Lógico que foi o que eles fizeram. Mas prenderam meu celular até a entrada do Túnel Rebouças, depois pararam ao lado do meu carro, jogaram o celular e falaram: "Vai com cuidado, hein!". Nossa, fui chorando até a casa, pensando de onde eu ia tirar essa porra desse dinheiro. No dia seguinte, estava eu na visita, acabada, cheia de olheiras, um caco. A partir daí, comecei a não ir mais de carro até dentro da favela, pois sabia que ali no meio dos bandido tinha alguém que já estava ligado que eu pegava dinheiro lá. Mas não demorou muito tempo e o meu marido me botou numa situação ainda pior.

Um belo dia, ele me fala, na visita, que era pra avisar pro Play que outro preso lá conhecia uns policiais que tinham quatro fuzis pra vender. E na parte da tarde ele iria levar lá. Eu fui, né, sem noção!

Quando cheguei lá tinha uns trinta bandidos, *todos* ansiosos pelas armas. Até porque tinha muito tempo que não chegava arma no morro. Nisso, o cara liga e fala que está na entrada do morro, mas que teria que mandar o dinheiro. Se não me falha a memória, daria R$120 mil. Eu falei que não, que era pra ele levar até lá que não teria problema nenhum. Ele então falou: "Manda alguém daí vir aqui confirmar que existe mesmo". Nisso, desce o *viado* pra olhar. Os caras o levaram em Ramos e realmente ele viu na mala de outro carro lá. Estavam no saco bolha ainda. Mas mesmo assim eu falei que não. O dinheiro não ia. E todo mundo ali desesperado pra pegar a arma... Sabe como é a ansiedade! Mas eu, que estava em casa com meus filhos, quieta no meu canto, fui envolvida nesse rolo e não estava nessa ansiedade toda. Nem ia ganhar nada. Era só meu marido querendo fazer média mesmo. Como ele viu que não estava conseguindo o dinheiro todo, virou pra mim e falou assim: "Então, vamos fazer um negócio: vou mandar um dos meus pra ficar aí e você manda alguém trazer R$45 mil. Aí o carro sobe com as peças e ele desce com o resto do dinheiro". Eu voltei do orelhão e falei pro Play o que ele tinha me falado e disse: "Agora é com você". Ele pensou, pensou, e me falou: "Pô, se ele tá mandando alguém ficar aqui, né...". Detalhe: o cara que entrou no morro era irmão do outro que estava preso com o meu marido e que ofereceu essas armas. Nisso, o cara sobe todo sorridente, todo alegre, apertando a mão de todo mundo e tal. Quando o *viado* desceu com o dinheiro pra entregar pros policiais, eles ficaram lá tudo conversando e eu tensa porque ele não voltava, estava demorando muito. Aí de repente meu marido me liga e fala assim: "Bibi, liga pro *viado*, que ele me ligou, mas eu não entendi nada que ele falou". Eu fui novamente ao orelhão e liguei pro *viado*. Gente! Ele estava transtornado gritando: "Bibiiiiii, eles roubaram o dinheiro! Eles foram embora e levaram o dinheiro! Eu vou embora pra Recife!". O *viado* estava apavorado.

Puta que o pariu! Minha pressão baixou na hora. Eu, falando com ele e olhando o cara lá no meio dos bandidos com um sorriso na cara. Cheguei perto dele e falei: "Vem cá, esses caras que estão com você têm alguma rixa contigo? Você tacou pedra neles quando era criança, ou comeu a mulher dele?".

Aí todo mundo parou de falar e já olhou, né. Ele virou pra mim e falou que não. Não tinha problema, não, que eles cresceram juntos. Nossa como eu estava nervosa. Eu gritei com ele: "Porra, seu desgraçado, eles te deixaram aqui pra morrer e meteram o pé!". Ele, na maior calma, me respondeu que não, que isso nem tinha como acontecer. Nem ele mesmo estava acreditando. Eu olhei bem nos olhos dele e falei: "Amigo, liga pra eles, pra mulher deles, pra mãe deles e manda eles voltarem com esse dinheiro agora!". O Play, coitado, nessas alturas já estava coçando a cabeça pensando nos R$45 mil dele. Aí, liguei pro Paulo, já uma pilha de nervos, gritando no telefone: "Porra, Pauloooooo, manda esse filho da puta que está aí ligar pra alguém, porque os caras mandaram o irmão dele pra morrer, caralhooooooooooooo. Olha no que você me meteu, Paulo!".

Nisso foi um liga pra lá, liga pra cá, o cara já chorando, quando não teve jeito. Eles não voltaram mesmo. Aí meu marido amado me liga e me fala as seguintes palavras: "Bibi, resolve aí, da melhor forma, que eu resolvo daqui". Gente, eu estava em casa com meus filhos, e esse homem me manda pra uma furada dessas. E, pior, no fim, me manda dar meu jeito pra resolver. Eu falei pra ele: "Paulo, eu vou ter que matar esse desgraçado, esse maldito!". E ele só me respondia: "Resolve aí, Bibi...". Eu voltei no cara já ciente de que, se fosse o caso, eu que teria que tomar uma atitude contra ele, porque eu que fui lá de bucha dar esse maldito recado. Aí falei pra ele: "Ohhhh, seu filho da puta! Como que você dá a sua vida de garantia por uns caras que te odeiam, hein, seu maldito! Filho da puta, liga pra alguém e manda trazer o dinheiro de volta agora!".

Aí ele me pega o celular e, em vez de falar que era pra alguém ir à casa da mãe do cara, não, ele pega e tenta falar que estava na Rocinha. Porra, até eu fiquei com vontade de dar um tapão na cara daquele idiota. Nisso o Play foi tomar banho e deixou a gente lá tomando conta do cara. Eu já entregando minha alma pro diabo, né, porque eu que ia ter que cobrar. Mas, graças a Deus, o Play falou pro cara assim: "Oh, rapá, aqui ninguém quer tirar a vida de ninguém assim não. Eu só quero meu dinheiro".

O cara então ligou pra família dele e pediu que eles trouxessem o dinheiro. Enquanto ninguém chegava, a gente foi pro baile, e o morto-vivo junto. Detalhe, o cara bebeu uísque, tomou balinha, chorou, abraçou o Play, beijou, falou que, a partir dali, ele era irmão dele. E eu toda séria, puta da vida, olhando aquela cena toda. Estava com cólica, menstruada, minha roupa tinha sujado de menstruação. Uma merda! O próprio Play mandou comprar absorvente e arrumou um casaco pra eu amarrar na cintura.

Mas a parte que mais me doeu o coração foi na hora que os irmãos dele chegaram, porque um deles era policial. Nossa, eu me emociono quando me lembro daquele homem. Ele veio pra salvar o vacilão do irmão, chegou no meio de todos os bandidos chorando e falou pra gente assim: "Eu só estou aqui porque não poderia deixar meu irmão morrer, mas está aqui a foto dos meus filhos e a minha carteira de polícia". Ele estava tremendo, chorando, com a foto dos filhos nas mãos.

Eu me senti tão mal vendo aquilo. Mas na verdade quem gerou aquela confusão toda foram os dois irmãos dele que se meteram com quem não prestava. Nisso eles deixaram um carro que não valia sete mil, uma televisão velha e um cordão. O Play os liberou, graças a Deus. Depois desse dia, vi que eu estava ultrapassando os limites e que estava perdendo o controle de tudo. Eu fiquei uns dias de cara virada na visita porque tudo que eu me recusava a fazer parecia que era por má vontade. Todo preso tem mania de achar que na rua tudo são mil flores e que as esposas são escravas modernas. Uns dias depois ele recebeu umas visitas de uns policiais que fizeram umas ameaças, e isso fez com que ele começasse a achar que nunca mais iria sair da cadeia. Até que, um belo dia, estou dormindo quando o telefone toca de madrugada, mas ninguém fala nada. Por incrível que pareça, eu senti que era ele e senti que ele queria me dizer alguma coisa com aquela ligação. Mas continuei dormindo. Por volta de cinco horas da manhã o advogado dele me liga e fala: "Mulher, cadê teu marido?". Eu respondi na hora que ele estava na cadeia. Aí ele falou que ele tinha fugido e me pediu pra mandá-lo voltar. Eu falei que não sabia onde ele estava. Desliguei o telefone e já saí correndo de casa. Saí com a roupa do corpo e não voltei mais, pois sabia que os policiais ficariam atrás de mim. Ele tirou o ar-condicionado e fugiu direto pro Morro dos Macacos. Ele conseguiu fugir da carceragem da Polinter, bem debaixo do bigode da mesma inspetora que inventou tanta mentira nos jornais. Isso ela não fala, né...

De lá o levaram pra Rocinha. Fui correndo pra lá... Cheguei, ele estava lá, todo deslocado num canto. Minha mãe ficou com as crianças, faltavam três dias pro Natal, e eu não queria sacrificá-los mais. Foram dias difíceis, porque ele não tinha tanta intimidade com ninguém. Me lembro bem de que passamos o dia e a noite na rua. Ele estava cansado e eu mais ainda, porém não tínhamos onde dormir. Então, eu falei pra ele não se preocupar com isso, que a gente ficava ali sentado até amanhecer pra daí procurar uma casa. Ficamos lá sentados no valão até amanhecer. A partir desse dia, minha vida mudou muito porque, com a ida dele pra Rocinha, estava declarada de vez a guerra da gente com os morros do CV e por isso fui proibida de pisar onde eu fui nascida e criada. Mas naquele momento eu não queria saber disso. Queria estar ao lado do meu marido. Ao mesmo tempo em que foi um alívio pra mim ele fugir, pois agora eu não teria que estar no meio dos bandidos pra garanti-lo na cadeia, essa fuga foi o começo do nosso fim. O fim do nosso casamento começou com essa fuga... Minha vida estava num rumo que parecia não existir outra opção. Eu realmente mergulhei naquela situação e esqueci que fora do morro existia um mundo. Meu mundo virou Rocinha. Os primeiros dias foram difíceis. Eu e ele não tínhamos pra onde ir, e eu fiquei com pena dele porque realmente ele não era nada naquele morro. Nós passamos a noite sentados no muro do Valão. E eu falei pra ele ficar tranquilo, que eu ficaria numa boa acordada com ele. Depois disso o meu amigo *viado* levou a gente pra dormir na casa de uma amiga dele. E depois na casa de outra, até que o Play então levou a gente pra dormir na casa onde ele iria dormir. Era a casa de uma das esposas dele. Assim passou o Natal. Então, ele arrumou um apartamento de quarto e sala que antes era alugado pelo Play. Nossa, quando cheguei lá foi um alívio. Eu e o Paulo deitamos no chão da casa numa alegria porque eu já não aguentava mais ficar com a mesma roupa três dias. O apartamento estava bem bonitinho, pintadinho, porém era bem pequeno, não tinha área, era só quarto, sala, cozinha e banheiro. Mas vou te falar, pra mim parecia um castelo naquela hora.

Na mesma hora, liguei pra minha mãe trazer as crianças e a minha cachorra. Eu tinha uma labradora que dei pro meu filho no tal aniversário que o Paulo não estava mais conosco em casa. Então Deus me livre tirar essa cachorra deles.

Essa foi a primeira vez que eu não pude fazer minha mudança. Meus primos, minha mãe, minha madrinha e meu irmão fizeram a arrumação da casa da Tijuca pra mandar pra Rocinha. A partir daí eu perdi total controle das minhas coisas. Eu até encarno neles, falando que eles são da equipe de mudanças urgentes (risos) mais eficiente que a Granero!

Eu fiz o que tinha que fazer: fui em uma escola particular na Gávea, pedi bolsa de estudos pras crianças. Lógico que eu menti e falei que criava sozinha meus filhos, e que o pai não dava pensão. Como que eu iria falar que estava escondida na Rocinha e que o pai era foragida da justiça? Não dava... Tive que mentir!

E começamos a tentar levar uma vida normal dentro do morro. A segurança que tínhamos na Rocinha era quase 100% porque o meu marido tinha rádios de frequência que informavam a aproximação de policiais. Nessa época eu já não saía do morro pra nada, minha vida era ali. Lembro que uma vez encontrei o Leão, que na época eu chamava de Pateta, e ele me falou assim: "Agora teu marido chegou! Pode indo pra casa lavar louça que o cara esta aí! (risos)". Confesso que fiquei puta por ele me falar isso. Como se eu fosse descartável, como se eu tivesse sido usada.

Até que a gente teve uns poucos tempos de paz. Até um advogado eu procurei, no morro, pra ver a situação dos Correios, mas ele me falou que o meu marido teria que comparecer no tribunal. Como ele era foragido, eu desisti. Mas, no fundo, eu relutava pra aceitar aquela situação de foragido, escondido etc. e tal.

Eu sempre tentava manter a nossa harmonia em casa, afinal a gente estava ali por um propósito: ele se esconder. Eu fazia jantares especiais pra ele, inventando de tudo!

12

Nessa época, a gente também fazia encontros de quinze em quinze dias, como se eu fosse prostituta, e ia pra um quartinho na Rua 2. Eu marcava a hora que ele vinha me buscar de moto, na Estrada da Gávea. Eu ia de macacão vermelho colado, peruca loira, toda maquiada e uma garrafa de uísque na mão. Ele morria de vergonha, mas ia *taradão*... Ele tentava desviar dos amigos e subia a Rua 1 e descia por dentro do morro. Eu com uma sandália altíssima, maior cara de piranha. Quando a gente encontrava com os amigos dele, era muito engraçado, eles apertando a mão dele e olhando com cara de interrogação. Tipo: "Quem é essa Loira que está com ele?".

Confesso que eu não estava nem aí pra nada. Me iludi legal e achei que dava pra viver daquele jeito. Na minha cabeça, pras crianças, só o fato de elas estarem estudando já resolvia tudo. Me tornei uma alienada, sem pensar no amanhã, vivendo um dia após o outro. O Paulo também era diferente de todos. Ele ficava em casa, não ficava misturado com os bandidos, mas, pra sobreviver, ele tinha que ser diferente, tendo em vista que ele não era cria da Rocinha. Ele não queria viver na aba do Play, viver de doação, e resolveu usar tudo que aprendeu pra mostrar que era diferente de todos ali.

Na época, ninguém conhecia a gente, mas o próprio envolvimento exige da gente, tipo correr em dias de operação etc. Mas eu e o Paulo, não. A gente era diferente e tentava a todo custo levar uma vida normal. Ele tinha uns contatos e usava isso pra ganhar dinheiro. Mas cada vez mais era exigido que ele participasse das coisas do morro, afinal ele precisava se esconder lá dentro. Mas a nossa alegria durou pouco.

Foi um curto período de muita alegria – bailes, shows. Nossa, a Rocinha era o *fervo*! Estava tudo muito bom pra ser verdade.

As crianças estudavam em escola particular, a gente estava tranquilo em casa e se divertia bastante. Eu, ele, alguns poucos amigos se aventuravam em ir pra Rocinha curtir baile com a gente. Mas foi uma época aparentemente tranquila.

Era como se estivéssemos adiando nosso problema. A gente só saía junto pros shows. Sorriso Maroto, Exaltasamba, Alcione, Calipso, Pique Novo, Jeito Moleque, entre outros.

Mas, ao mesmo tempo em que nós levávamos uma vida anônima, ele tinha que estar ao lado do Play e isso o comprometia na favela. Rapidinho, os X-9 estavam de olho.

O Paulo me pegava de moto e a gente ficava subindo e descendo conversando. Nós éramos acima de tudo muito cúmplices e amigos.

Mas, na verdade, hoje percebo que a gente estava vivendo uma ilusão, como duas crianças querendo fugir do problema.

Ele ficava em casa e fingia que era trabalhador pros vizinhos, mas rapidinho deram nossa casa e, a partir daí, nosso pesadelo começou de verdade.

Um belo dia estávamos em casa dormindo quando soltaram fogos. Ele deu um pulo da cama e pegou o rádio pra saber o que estava acontecendo. Eu levantei e fiquei com ele na porta olhando lá pra baixo. O tempo todo a gente escutava fogos e os meninos falando no radiotransmissor que a polícia estava subindo o morro. Até que um vizinho amigo, Cobel, subiu carregando entulho e fez sinal de que havia sujeira. Foi o tempo de ver vários policiais subindo.

Ele, que já estava com a mochila, saiu correndo, e eu tive que ter sangue-frio pra fechar a porta e sentar na cama. Foi coisa de um segundo. Eu só os escutei falando assim: "É essa porta aqui mesmo... Os santinhos!".

A gente colava santinhos na porta, e foi exatamente isso que fez com que eles localizassem a gente.

Foi um dia muito ruim porque meus filhos estavam dormindo e eles arrombaram a porta e colocaram o fuzil na cara do meu filho.

Chega a me doer o coração só de lembrar: o meu filho sendo acordado no susto. Ele perdeu o ar quando acordou com aquele monte de policiais dentro de casa. A Dalila era bem pequena e estava dormindo de calcinha e a última coisa que eu imaginava era que eles fossem lá. Nossa, quando ela acordou, começou a gritar: "Saiiiiii, eu tô de calcinha!".

Eles ficaram sem graça e a acalmaram. Revistaram a casa toda, me botaram sentada no sofá e ali eu vi pela primeira vez as minhas coisas sendo levadas, sem que eu pudesse falar nada. Eles ficaram falando: "Ué, você não sabe que ele é foragido?". E eu respondia na maior da paciência: "Moço, eu sei que ele fugiu, mas o que eu posso fazer... Vou abandonar meu marido?".

O que realmente me doeu, depois que eles foram embora, foi saber que eles tinham pegado uma caixinha em que eu guardava os primeiros dentes das crianças. Eu juntava pra quem sabe um dia colocar num pingente de ouro.

De coração, a partir daí, eu perdi totalmente o apego às coisas que eu comprava. Nada mais tinha valor pra mim, porque coisas pequenas de que eu realmente gostava se perderam.

A partir daquele dia, não cobrei mais que ele ficasse ali durante o dia, pois eu mesma tinha muito medo de o pegarem dentro de casa de novo. Ele começou a andar com seguranças. Inclusive eles ficavam na porta lá de casa fortemente armados enquanto ele estava lá. Mas nesse meio-tempo uma coisa ruim parece ter entrado mesmo na nossa casa. O mal cada vez mais parecia se apossar das nossas vidas aos poucos, mas eu sei bem a partir de quando ele entrou mesmo. Mulher tem disso de pressentir as coisas, mas muitas vezes não tem forças pra lutar. Um dia, eu estava mexendo no meu computador e percebi que alguém entrou lá com um nome diferente. Eu liguei pro meu marido e perguntei se era dele. Ele negou, claro! Então percebi que tinha um Orkut e que só tinha uma mulher adicionada. Eu li tudo, e adicionei o e-mail da tal mulher no meu MSN. Não dormi naquele dia esperando ela entrar... Quando ela entrou, eu perguntei onde ela morava e ela me falou que morava na Rocinha e que trabalhava num salão próximo a Via Ápia. Pronto, ali meu coração já disparou... Eu sabia que era o mesmo salão onde ele cortava o cabelo. Na mesma hora eu liguei pra ele já gritando: "Filho da putaaaaaaa! Esse Orkut é seu! *Viado*! Safado! Etc. etc.". Ele, cara de pau que só, falou que não era dele e que ele ia me mostrar que ele não estava mentindo. Eu estava muito nervosa perguntando de quem era e ele não falava. Até que ele falou que não podia falar por telefone de quem era. Ah, pra quê! Eu fiquei berrando: "De quem éééééé?! Do Neeeeeeem?! É do Neeeeeeeeem, porraaaaaa!!? Por que você não pode falar, caralho?".

Ele na verdade queria ganhar tempo. E enfim mandou um bucha pra assumir a culpa. Quando o cara chegou lá em casa, eu estava transtornada, mas tenho uma coisa comigo, quando estou nervosa e preciso fazer alguma coisa, sei fingir bem que estou calminha, mas isso com o demônio no corpo. Ele vira pra mim e fala assim: "Bibi, não é o Pinga, não! Ela é minha piranha". Eu tinha falado com a mina e vi que ela não sabia quem era ele, pois ele usava um anônimo pra fazer um joguinho misterioso bem idiota. Então eu falei que já que era ele o dono daquele Orkut anônimo, ele ia descer comigo e falar na cara da mina que era dele. Então ele me respondeu na maior calma do mundo: "Ah, Bibi, não vou, não!". Eu falei: "Ah, é?". Quando ele achou que já estava tudo bem resolvido, eu saí de fininho, peguei uma garrafa de gasolina que tinha lá em casa, subi correndo, vi a moto desse rapaz parada e pensei: "Aí, vai se foder geral!".

Peguei a gasolina e taquei na moto dele todinha. Gente, sabe aqueles filmes de suspense que você risca o fósforo, ele não acende e só tem um na caixa? Foi isso que aconteceu! Eu fiquei louca com aquilo. Xinguei muito o fósforo.

E deu tempo de ele sentir minha falta lá e vir correndo atrás. Ficou em pânico quando viu que eu ia queimar a moto. Então, tentou me segurar. Nossa, bati muito nele, joguei-o longe, mas ele conseguiu subir na moto e sair fugido dali. Eu desci e pensei: "Filho da puta! Vai se foder agora!". Desci pro salão pra tacar fogo em tudo lá. Quando cheguei lá, já havia umas dez pessoas me esperando na porta porque me viram descendo e falaram pra ele no rádio. Eu já cheguei jogando gasolina pra tudo que é lado. A dona do salão, desesperada, tentou me acalmar. Nisso, já ligaram pro meu marido e botaram o celular na minha mão. Nossa, como eu xinguei: "Filho da puta! Desgraçado! Vai dar o cu pra pagar outro salão pra mulher!". Ele, tentando me acalmar, mandou o bucha dele ir lá falar na frente de geral que era ele que ficava de graça com a mulher.

Pior, a mina era noiva... Uma confusão. Mas eu, como toda corna que se preze, acreditei nele. Logicamente, fiquei em sentinela, mas deixei essa história pra lá. Nessa época, sempre que ele chegava e dormia, eu aproveitava pra tirar fotos com as armas. Era engraçado porque eu ia até os seguranças e tirava várias fotos. Ficava horas tirando fotos. Depois, morria de medo de cair nas mãos da polícia...

13

Continuei ali, tentando fazer com que a nossa vida tivesse uma normalidade. Nessa época, tinha baile, show e a gente não tinha muito pra onde ir, a não ser a esses eventos. Ele, nos bailes, sempre ficava só perto de mim e fugia dos amigos. Acho que foi isso que começou a incomodar algumas pessoas. Ele não tinha por que esconder que tinha esposa. A gente dançava, se beijava etc. e tal.

Era a hora em que eu realmente me esquecia da vida. Bebia todas, dançava muito. Na hora de vir embora, eu sempre saía descalça (risos).

Nessa época, ele começou a pagar uma equipe famosa pra fazer o baile porque, além de ser muito bom, chamava muita gente pro morro. Mas ele exigia que me filmassem pra aparecer na televisão. As pessoas falam que eu é que sou presepeira, mas essa graça foi ele que fez. Ele chamava os caras e falava: "Filma a minha mulher aí!".

Mas acho que isso mexeu com o brio de umas e outras do morro, e rapidinho começaram a se incomodar. A gente, nessa época, já tinha dinheiro pra fazer camarotes e tal, mas nós nunca gostamos dessa coisa de camarote, porque teria que limitar as pessoas que entrariam lá. Eu odiava isso! Eu *nunca* ficaria na porta de um camarote barrando um e outro, como já vi muito acontecer aqui no morro. Eu preferia ficar no meio do povão mesmo. E acho que algumas pessoas que estavam disputando poder no morro não gostaram, e começaram a prender o cinegrafista nos camarotes da vida...

Resultado: ele não me viu num dos programas e parou de contratar aquela equipe. Falou que, quem quisesse aparecer, que metesse a mão no bolso (risos). Adorei!

Era muita farra nessa época. A curva do S lotava de pessoas do morro e de fora dele. Mas, com toda alegria, algo me incomodava. O fato de ele não poder ir mais em casa durante o dia era um desconforto. Tentei muito suprir essa falta com outras coisas. Nessa época, a gente se fazia declarações de amor o tempo todo. Eu mandei colocar faixas no valão, porém, na época, não podia escrever o nome, pois temia que as pessoas descobrissem a verdadeira identidade dele.

Pintei o muro da curva do S, e joguei pétalas do helicóptero pra ele. Ele, por sua vez, mandava muitas flores, cartas e presentes pra mim. Era como se fizéssemos um esforço sobre-humano pra não perder aquela essência que tínhamos antes. Mas, nessa vida, é muito difícil viver como as pessoas que não convivem nesse meio. Uma vez, subimos na laje da nossa obra e bebemos uma garrafa de Green Label. Depois, lógico, não conseguimos descer, e ele teve que chamar socorro pelo rádio. Ali, passamos a noite conversando e olhando o morro, numa espécie de fuga da realidade que estávamos vivendo.

Nossa casa própria, enfim, estava pronta, e mudamos pra lá em dezembro de 2006. Lá havia conforto, mas foi uma das piores épocas da minha vida. Ele estava muito visado pela polícia e, de jeito nenhum, podia ficar em casa durante o dia. Eu tinha muito medo e preferi deixar que ele ficasse sabe lá onde durante o dia. Passei por cima do meu ciúme e não quis saber, por medo de ser pega na rua e obrigada a falar onde ele estava. Fiz isso pela própria segurança dele, mas ele abusou disso e traiu a minha confiança. Essa época ele parecia querer mesmo ficar sozinho no morro e me empurrava pra outra favela. Arrumava bailes pra eu ir na Vila dos Pinheiros e mandava o cara que era frente de lá tomar conta de mim. Era o Mocotó. Como pode um homem mandar sua esposa pra outra favela, nas mãos de outro vagabundo, com o intuito de arrumar outras mulheres na favela? Ele queria ter certeza de que eu não estaria no morro. Sempre antes de sair eu perguntava pra ele se ele não preferia que eu ficasse e ele falava: "Não, Bibi. Eu vou dormir. Vai lá pra vocês se divertirem". E, assim, ele já mandava o uísque, o carro lavado, dinheiro – tudo pra se livrar de mim. Se dependesse de amigos, ele seria muito corno, porque eu fui assediada lá. Acredito que essa pessoa pensava: "Ah, se ele não quer, eu quero". Mas eu era tão gamada e cega que ficava ali, vidrada nele. Burra, né?

Foram épocas difíceis pra mim. Ao mesmo tempo em que eu tinha muito dinheiro, nada mais me fazia sentir prazer. Eu só comprava roupa quando tinha algum show e bebia. Só! Tentava suprir meus filhos com muito dinheiro. Todo dia, se deixasse, mandava o motorista levá-los ao cinema. Sempre com muitos amigos junto. Eu já não andava muito na rua com as crianças. O pai do meu filho, coitado, passou a ser o motorista. Esse, sim, lhe dava atenção. Jogava videogame, ficava de conversa fiada.

Era complicado estar com o Paulo nessa época. Ele entrava em casa por volta de meia-noite e saía às sete horas da manhã. Isso eu não posso negar. Ele ia *todos* os dias! Mas, pra mim e pras crianças, era muito cansativo porque, pra estar com ele, não podíamos dormir à noite e, durante o dia, tínhamos uma vida normal. Eu já estava como um zumbi nessa época.

Sempre quando ele saía, eu ia pra varanda e ficava lá, olhando-o ir embora no meio dos seguranças. Era triste aquilo... E ele, *sempre* na hora que chegava ao biongo onde dormia, batia rádio pra falar que já estava dentro de casa. Nossa, como eu já chorei pelo rádio. Eu chorava muito, falando que não aguentava mais aquilo, que eu estava muito sozinha. E ele só me falava assim: "Aguenta só mais um pouco, Bibi. Aguenta só mais um pouco!". Uma vez, fiquei tão esgotada com isso tudo, que peguei o carro e fiquei quatro dias escondida num motel, sozinha, chorando. Ele me ligava e eu não atendia. Uma espécie de depressão. Mas eu não tinha ninguém que entendesse o que eu estava sentindo. Voltei ao morro e peguei as crianças escondido dele, e tentei fugir. Estava 60% disposta a ir embora, pois não aguentava mais aquela vida.

Quando desci, a polícia me parou na saída da favela. Estava chovendo, frio, eu com o carro cheio de roupa, a cara inchada de chorar. Os policiais me perguntaram pra onde eu estava indo. Eu, *muito* nervosa, comecei a chorar e gritar: "EU ESTOU BRIGANDO COM O MEU MARIDO! SERÁ QUE NEM ISSO EU POSSO?".

O policial até me mandou ir embora (risos). Na hora, ele me ligou e implorou pra eu voltar pra conversar, pra eu não deixá-lo ali sozinho, que ele só tinha a gente e tal. Eu, idiota, apaixonada, corna, voltei... Ele me falou que ia se esforçar pra tudo ser como antes. Mas isso era impossível. Nunca mais seríamos como antes, pois ele era um foragido da justiça. Começamos, porém, a planejar nossa saída do morro. Ele colocou uma meta e, a partir dali, começamos a trabalhar essa saída. Nessa casa, eu fazia do nosso quarto um verdadeiro motel. Tinha hidro, jogo de luz, globo e, lá, eu tentava fazer com que ele ficasse feliz, pois sabia que, por outro lado, pra ele também não era nada fácil ter a cabeça a prêmio o tempo todo. E ele sempre seria alguém de fora que havia ido para a Rocinha, por isso tinha que ser diferente e mostrar que era necessário ali. Nessa altura, a polícia já escutava todos os meus celulares, rádios, me seguia, seguia minha família. Por falar em família... Nossa, como a minha família e amigos da minha mãe foram firmes comigo e com o Paulo. Eles protegiam a gente o tempo todo. Disso eu não posso reclamar. Todos estavam ali torcendo pra gente. Eu então comecei a colocar toda a minha atenção na nossa partida. Pura ingenuidade minha achar que teria como vivermos escondidos, foragidos, com duas crianças, mas tudo aquilo foi tão forçado na nossa vida que a gente tentava o tempo todo resgatar o que tínhamos perdido. Eu perguntei pra ele o que ele preferia: roça ou praia. E ele, logicamente, respondeu praia.

Lembro que sentia muita pena dele, pois já tinha quase dois anos que ele não saía do morro. A gente ficava da laje olhando a praia. Ele sofria muito com isso. Não poder ir à praia... Chorava e tudo.

Então, comecei a pesquisar onde eu iria comprar uma casa. Isso muito antes de irmos embora... Enquanto todos estavam ali, ligados no morro, eu estava planejando e agindo a nossa saída. Era isso que me dava forças. Muitas vezes cheguei de carro na garagem e fiquei lá chorando por horas. Era uma agonia que eu não sei explicar. Aquilo não me fazia desistir, mas era muita dor na alma que eu sentia. Pra quem estava de fora, tudo parecia muito maravilhoso, a gente tinha dois carros, um castelo, bebidas e mais bebidas, roupas e mais roupas, mas éramos extremamente tristes por dentro. Eu bebia mesmo no baile e me esquecia de tudo. Ele já não bebia. Ficava ali me aturando até de manhã.

Eu percebia que algumas pessoas olhavam com aquele jeito de: "Nossaaaaaa, como eu queria ser eles!", mas mal sabiam o que a gente estava passando. Era como um ácido corroendo a gente aos poucos. Mas o diabo é poderoso. Ele faz coisas feias e assustadoras parecerem coisas aparentemente belas e legais. Foi quando eu decidi viajar pro nordeste a primeira vez. Fui lá sondar e ver as possibilidades de realmente a gente ir. Ele estava planejando ir em dezembro de 2007. Então, eu tinha que correr. Já era fevereiro... Eu, ingenuamente, comecei a sonhar de novo. Hoje eu posso dizer que acredito em Deus e no Diabo na mesma proporção, porque do mesmo jeito que vi vários livramentos divinos na minha vida, também vi o diabo se enfurecer e agir naquilo que até então era a base da nossa força, da nossa união, o nosso amor...

Quando me reporto ao passado, vejo que, apesar de todos os problemas que tive, um fato não posso negar, meu marido, Paulo, sempre foi o melhor de todos. Ele *nunca*, em tempo algum, me deu motivos pra deixar de acreditar nele. Era um homem daqueles difíceis de achar por aí, carinhoso, comprometido, amigo, companheiro e, acima de tudo, uma pessoa boa; não fazia mal a ninguém. Acho até que eu tenha uma índole mais perversa que a dele.

Muito novo, ele também teve que assumir uma família, assumir um trabalho. Não foi fácil ele vestir aquele uniforme dos Correios e botar a cara na rua. Mas ele fez isso com tanta resignação, eu tinha orgulho dele, e acreditava que nada poderia destruir a gente. Como pai, ele era maravilhoso também.

Lembro que ele cuidava mais do Celso do que eu mesma. Andava com aquele garoto gordo no canguru pra cima e pra baixo. Quando a Dalila acordava de madrugada pra mamar, era ele que levantava pra fazer tudo.

Quando ele ganhava a caixinha de Natal no correio, vinha correndo pra casa pra gente abrir junto os envelopes e de lá comprávamos tudo pra casa.

Na Rocinha, já na condição de foragido e traficante, ele continuava com a mesma essência, porém, aos poucos, o poder foi corrompendo o caráter dele. Era nitidamente um marido bom, daqueles que causam inveja. Eu não precisava me preocupar com nada. Acordava e via que ele já tinha mandado comprar café da manhã em padarias caras. *Todo* dia, ao sair, ele deixava mais de quinhentos reais pra mim. No último mês, eu não estava gastando mais; então, eu mandava depositar o que sobrava. Em um mês, juntei oito mil reais. E foi um dinheiro que ajudou muito a gente quando fomos embora. Isso, sem fazer economia...

Eu sempre escutava as outras mulheres falando que pegavam escondido dinheiro nas mochilas dos maridos lá no morro. Eu *nunca* precisei de tal coisa. Ele não media esforços quanto a isso. Mas tudo tem preço, ainda mais quando é um dinheiro que gera sofrimento a outras pessoas. Eu tinha tudo, mas o estava perdendo.

Nessa mesma época, ainda tentei continuar a faculdade, mas, cada vez mais, ele estava visado pela polícia; alguns até o ameaçavam, dizendo que me prenderiam; já que ele estava protegido dentro do morro, eu seria o alvo fácil na rua.

Decidi então alugar uma lojinha e abrir alguma coisa, pois já não aguentava mais aquela falta do que fazer constante. Peguei o dinheiro que ele me dava, juntei com mais outro dele e fui a São Paulo comprar mercadorias. Abri uma lojinha de essências, material para artesanato. Ficou linda a minha loja. Eu e o meu amigo Márcio (*viado*, que eu sempre cito) pintamos a loja e arrumamos tudo.

Lembro que algumas mulheres de bandidos passavam de moto e davam gargalhada ao ver a gente cheio de tinta. O *viado* falava: "Liga não, monaaaaa! A gente arrasa nos empreendimentos (risos)".

Esse meu amigo é muito inteligente. Ele é de Recife, e veio pro Rio de Janeiro muito novo, com um sonho na cabeça: morar na Rocinha. Hoje ele se arrepende muito porque a Rocinha também não fez bem a ele. Mas, enfim, ele chegou a morar na Europa, chiquérrimo! Eu o conheci em 2005. Foi ele que ficou na fila do INSS pra mim, como eu contei lá no início desta história. Eu me tornei amiga dele e sempre o aconselhava a não fazer mais coisas que pudessem prejudicá-lo – afinal, ele já havia ficado preso, passando perrengue na cadeia. Eu tinha dinheiro e, por isso, ele não precisava arcar com nada ao andar vinte e quatro horas comigo. Eu não queria que acontecesse nada de ruim com ele. Minha mãe o chamava de "dama de companhia", pois ele ficava o tempo todo comigo.

Manter uma rotina de marido e mulher era muito complicado. Eu acabava consumida pela rotina de ficar acordada a noite toda. Na parte da manhã e da tarde, eu era um zumbi. Lembro que havia um rapaz que me pediu pra trabalhar lá em casa. Era engraçado porque ele era Mc e passava o dia todo cantando lá na cozinha. Ele não sabia cozinhar, mas me pediu muito, pois estava passando aperto com a esposa e as filhas. Então, eu o contratei pra ser meu cozinheiro e era muito engraçado porque, na maioria das vezes, eu estava dormindo e ele me acordava pra experimentar a comida dele, ou pra levar uma bebida que eu estava tomando pra emagrecer. Nessa época, eu já tinha adotado a minha filha mais velha. Ela também cuidava *muito* de mim. Sempre no dia seguinte dos bailes, lógico, eu estava de ressaca. Ela arrumava as crianças e fazia de tudo pra eles não me acordarem. E trazia café, água e remédio pra dor de cabeça. Sabem como posso definir esse trio formado pela Jéssica, pelo Márcio e pelo Batata? Meus anjos da guarda. Eles me protegiam muito. Ali se formou meu clã. Nós íamos pro baile, pros shows, e isso incomodava muita gente. Eu tenho total consciência de que eles aturaram muito desaforo, porque muita gente debochava deles e falava que eles eram meus buchas ou puxa-sacos. Mal sabiam que a gente era uma grande família. Ali o que menos me importava eram o dinheiro e o *status*. A gente se ajudava. Eu sempre gostei muito da internet. Adorava meu Orkut, ficava horas e horas escolhendo quais seriam as minhas doze fotos e tal. Na época, começou uma moda de anônimos e eu, por ter todas essas coisas, era alvo tanto dos anônimos quanto de mulheres da Rocinha que não me suportavam, aliás, não me suportam até hoje.

Eles me xingavam muito e elas espalhavam pra todo mundo que era eu. Chegou a ponto de uma vez eu estar no baile com o meu marido e um grupinho e, quando chegamos, por volta de nove horas da manhã, um anônimo havia passado a noite xingando todo mundo. Essas mulheres ficaram iguais uns demônios repetindo sem parar que era eu. Eu era muito xingada pelos anônimos.

Demorei muito a cair na real de que a minha vida havia mudado, que eu estava no foco e, por mais que eu achasse que ninguém me conhecia, na verdade eu estava sendo vigiada e olhada por vários ângulos.

Mesmo com todos esses problemas corriqueiros, eu e o meu marido ainda tínhamos uma ligação muito forte. E eu sei que ele ainda tinha respeito pela família dele. Até aquele momento, ele sabia por que estava ali, mas, uma vez ou outra, acabava cedendo aos costumes dos outros. Uma vez, foi uma confusão muito grande no final de um show a que nós fomos.

Nos divertimos muito no show nesse dia. Quando estava amanhecendo, ele falou pra gente ir embora. Como o céu já estava claro, ele falou que ia direto se entocar e falou pra eu subir pra casa com meu filho. Só que, por questão de cinco minutos, meu filho entrou em casa, trancou a porta e apagou dormindo e eu fiquei do lado de fora, sem saber se ele estava lá ou não. Decidi descer então pra procurá-lo. Nessa hora, eu estava na maior das boas intenções. Peguei uma moto e desci. Quando chego ao valão, dou de cara com quem, sentado com uma garrafa de uísque na mão, junto com uns bandidos? Meu marido!

Pior que o mototáxi que eu peguei estava com o olho roxo, coitado, já tinha apanhado naquela noite.

Eu parei a moto, mas me controlei. Eu o chamei e falei: "Oh, Paulo, cadê o Celso?". Ele falou: "Sei lá, ué...".

Nisso, meu sangue na verdade já começou a borbulhar de raiva, pois ele estava ali bebendo. Porque, se ele podia ficar na rua de manhã, então, podia ter ido pra casa, né?

Então, não resisti e falei: "Vem cá, tu vai ficar bebendo aí e eu na rua sem chave? Não vai lá nem que seja pra arrombar a porta?". Ele, meio bêbado, ficou corajoso e me respondeu: "Não vou, não!". E saiu andando. Porra, eu passei com a moto e tentei dar logo um socão nas costas dele, mas não alcancei. Aí, ficaram os amigos dele tudo rindo, dando gargalhadas da palhaçada dele.

Eu fui até a metade do caminho, pensei bem e falei pro mototáxi voltar. O coitado já voltou quase chorando porque sabia que ia dar k.o.***

Quando voltei, desci da moto e ainda dei uma chance a ele: chamei pra ir embora. Ele insistiu na graça e falou que não tinha mais mulher... (risos).

Ah, peguei as latas de energéticos que estavam lá, joguei uma por uma na cara dele. Nisso, eles, todos bêbados, começaram a se segurar um no outro, e eu tentando chegar nele pra bater.

....

*** Também grafado como "caô", gíria que significa encrenca, problema.

Nisso, veio um, entrou na minha frente e ficou tipo fazendo paredinha pro meu marido fugir. Eu agarrei bem no peito dele e dei uma mordida daquelas de arrancar pedaço... E, na verdade, eles não podiam me bater, então entraram numa roubada mesmo. Nesse meio-tempo, o Paulo saiu correndo pelos becos, deixou a arma cair, pente de pistola, rádio, ele estava muito bêbado, não era acostumado a beber. Subi atrás igual o diabo, mas não o achei. Fui pra casa injuriada batendo rádio pra ele e mandando ele aparecer. E nada de ele botar a cara na rua. Então, fui em casa, peguei meu carro, desci calmamente, atravessei ele bem no meio da Estrada da Gávea. Sabe o que é trancar a ignição, botar trava na marcha e sair de dentro do carro muito rápido? Foi questão de três minutos pra embaralhar o trânsito todo (risos).

Fui pra casa dormir. Pensei: "Não aparece por bem, vai aparecer por mal". Quando eu estava quase dormindo, chegou um rapaz lá pedindo a chave, porque estava tudo parado. Eu, então, informei que só entregaria nas mãos do meu marido. Ele me olhou espantado e falou: "Você é maluca, mulher?! Ele não vai sair, não! A gente vai ter que tirar no muque o carro do lugar". Eu respondi um sonoro "foda-se" pra ele e fui dormir. Depois de uns contatos por rádio e total certeza de que eu já estava calma, ele apareceu e contou um monte de lorotas. Falou que não subiu comigo porque ficou com raiva porque eu cheguei de moto, de saia e todo mundo viu a minha calcinha. História dele pra se limpar, mas acabou tudo bem no final. No entanto, nossas brigas foram se tornando cada vez mais frequentes. Ele não estava dando conta de tanta coisa pra pensar e fazer, e eu não aceitava o rumo que estávamos tomando.

Na mesma época, meu pai estava lutando contra um câncer e ficava sempre aquela tensão de acontecer algo com ele. A prisão do Paulo, a fuga e todos esses problemas deixaram meu pai muito triste. Ele muitas vezes ficava debilitado, esquecia as coisas, mas de mim e do Paulo ele não esquecia, chorava quando se lembrava da gente.

Eu comecei a me concentrar na nossa saída. Minhas viagens eram cansativas, pois eu tinha que sair escondido de todo mundo, viajava sempre de madrugada. Isso foi quando comprei a primeira casa em Alagoas. Na época, não tínhamos ainda o dinheiro que desse pra comprar uma casa enorme, mas dava pra ser aquela e, do jeito que as coisas estavam, a gente precisava ter um local seguro pra se esconder. Eu fui, tirei fotos, comprei a casa, porém não botei no meu nome. Deixei apenas documento de compra e venda. Eu não tinha ninguém pra botar como laranja e não tinha documentos falsos ainda.

Nessa mesma época, uma mulher muito da entrona que tem lá no morro não sossegou enquanto não descobriu pra onde eu viajava. Eu sempre falava o nome de algum outro lugar pras crianças, caso alguém perguntasse, e esse fofoqueira realmente perguntou. Mas ela não ficou satisfeita. Um belo dia, eu tinha chegado de viagem e a Dalila resolveu fazer o batizado da boneca dela. E essa entrona foi! Ela pediu pra ir ao meu banheiro, no meu quarto, e lá ela pegou uma embalagem de alguma coisa que tinha o nome do hotel onde eu havia me hospedado: Areias Belas, Maragogi... era esse o nome. Ela leu e falou: "Ah, então é aqui que ela vai, é...".

Porra, eu e o meu marido entramos em parafuso... A gente não sabia o que fazer com aquela desgraçada! Então, achamos melhor deixar quieto, porque senão teríamos é que matá-la e, como ele não era muito disso, deixou a assunto cair no esquecimento.

14

As nossas festas muitas vezes tinham que ser fora do morro por causa de alguns familiares que tinham medo de ir lá. No meu aniversário, meu marido mandou carro de som e eu sempre sofri muito por ele não estar presente. Era como se ficasse um vazio ali.

Mas parecia que o diabo realmente não estava satisfeito com toda destruição que já tinha causado na nossa vida e de outras pessoas ligadas a nós. Eu estava cada vez mais sozinha e, por mais que o meu marido tentasse se manter no propósito traçado por ele, sempre vinha alguma coisa pra estragar tudo.

Houve uma época em que eu estava me sentindo tão só que eu pegava meus dois rádios e ficava conversando comigo mesma ou falando com os policiais que eu sabia que estavam no grampo do meu celular. Falava: "Oi, gente! Eu sei que vocês estão aí! Olha, às vezes eu falo as coisas, mas é brincando, tá... (risos)".

Assim era a minha conversa de doida. Hoje eu até posso lembrar sem grandes sofrimentos, mas na época era horrível sentir e passar por essas coisas. Minha mãe, então, resolveu se mudar pra Rocinha, alugou uma casa em frente à minha. Assim ela poderia me ajudar. Mãe é *foda*! Sempre percebe quando os filhos estão em apuros. Com ela sempre foi assim... Minha mãe sempre esteve por perto, pronta pra ajudar. Ela sempre protegeu a gente sem medo do que iriam falar. Eu devo ter puxado isso dela.

E ela não errava no que falava. Lógico que eu esperneava, relutava e não admitia. Ela rapidinho percebeu que ele estava agindo como turista em casa. Lembro que ela sempre falava assim: "Fabianaaaaa, o Paulo está se perdendo e está ficando cada vez mais difícil falar com ele. Ele já chega com pressa ou falando no telefone".

Aquilo me dava um nervoso... Eu falava que ela estava era doida. Que ele tinha que trabalhar, pois como ia arcar com aqueles milhões de gastos. Mas, por dentro, sabia que era a mais pura verdade. Até nessa época a minha filha cantou pra ele uma música que eu sempre colocava nos meus vídeos e, no final, escrevia que só duas coisas poderiam me separar dele: a morte ou ele mesmo. Ela cantou pra ele em uma das noites que ele estava lá, numa espécie de pedido de socorro. Nossa, como eu chorei assistindo ao vídeo depois. Nesse tempo, o nome do Paulo estava saindo direto no jornal. Praticamente de quinze em quinze saía alguma coisa. As coisas não são da forma que pensam por aí. Ele não foi pra mídia por minha causa, não. Eu é que fiquei "pichada" por causa dele, isso sim. Muito antes de sair a minha foto, a dele aparecia já.

Foi quando as broncas dele em relação a mulheres começaram a estourar. No dia que me falaram que ele me traía, eu, a princípio, quis ouvir dele e apurar direitinho os fatos. Até porque ninguém havia me apontado um local em que eu o pegasse na infração.

Ele, mais que esperto, armou todo um circo pra me enrolar. Foram horas de tortura pra mim... Eu fiquei esperando ele chegar em casa pra tirar a limpo essa história. Eu não tinha forças pra me levantar do chão, pensando mil coisas ao mesmo tempo. Eu me descabelei, gritei com um por um que morava lá em casa pra saber se eles estavam sabendo de alguma coisa. Foi até engraçado. Eu: "Jééééésssicaaaaaaaa! Você estava sabendo e não me falou?!". Ela começou a chorar falando: "Não, Bibi! Não, Bibi! Eu juro por Deus que eu não sabia!".

Eu continuei: "Márciooooooooooooooooooo, você estava sabendo?". Ele também falou que não. Nossa, eu me sentei no chão do banheiro e lá fiquei até *Judas* chegar.

Agora, tem uma coisa: poucas vezes o vi tão humilhado. Sabe o que é um homem de cabeça baixa... Na verdade, a fofoca toda foi feita por uma garota de quinze anos que ficava no valão caçando pra qual bandido ela ia dar. E o que no momento dava mais *status* pra ela era o meu marido. Como que pode uma pessoa entrar na vida de uma família e causar tanto estrago? Como pode alguém transar pelos becos com um homem casado e ir pra esquina espalhar isso? Hoje eu vejo que uma mulher dessa, que tira a moral de um homem perante a família dele, *jamais* tem amor. O que ela teve foi cobiça pelo que não era dela. Mas, enfim, eu olhei bem pra ele e perguntei: "Isso tudo é mentira? Foi um mal-entendido, Paulo?". Ele me respondeu que sim.

Sabe, naquele momento eu não estava preocupada com mais ninguém que estava em volta. E olha que quem estava ali em pé vendo aquilo eram os filhos dele, a minha mãe, os meus vizinhos.

Mas nada me importava. Eu queria olhar só nos olhos dele e acreditar no que *ele* estava me falando.

Então eu falei aos prantos: "Paulo, a gente não é daqui, a gente está aqui pra sua proteção, não faz isso comigo, não! Me protege, pelo amor de Deus. Eu vou acreditar em você, porque você que é meu marido aqui. E é em você que eu tenho que acreditar...".

Ele manteve a palavra de que todas as mulheres que estavam falando que ele saía mentiam. Até garota de programa que trabalhava na Barra e dava de graça pros bandidos estava na história.

Nós subimos pra casa. Ele chorou, jurou que era mentira...

E eu pensei: "Poxa, meu marido nunca me deu motivos quanto a isso. Sempre foi um excelente homem, excelente pai. Ele merece esse voto de confiança".

Nessa época teve a festa de aniversário de sessenta anos do meu pai. Eu fui, claro. Lembro que, na hora do parabéns, a minha madrasta me abraçou chorando muito, porque ele estava doente, e aquela luta dela estava muito difícil. Mas me lembro de que parecia que eu estava pressentindo que aquilo era uma despedida. Ela me abraçando, e eu chorando, falando que estava chegando a hora, que estava chegando a hora. E realmente foi...

Assim ficou essa mancha no meu coração, mas as coisas pareciam estar indo bem. Coisa de uma semana depois, chegou o Dia dos Namorados. Eu me arrumei toda. Comprei fantasias, velas, essências pra banheira. Até um êxtase eu tomei naquele dia. Eu tinha mandado pintar o muro de presente de Dia dos Namorados pra ele e estava planejando uma noite bem legal. Mas eu esperei mesmo com uma balinha na ideia, até meia-noite. E nada de ele aparecer... Quando deu meia-noite e um, eu me arrumei e desci, porque o rádio com o qual eu me comunicava com ele estava desligado. Cheguei lá embaixo com a voz mais calma do mundo e pedi a um rapaz da boca para ligar pra ele porque o meu celular estava descarregado. E, pra minha surpresa, ele atendeu com uma voz de quem estava dormindo. Eu só consegui perguntar se o Dia dos Namorados tinha sido bom. Nada mais saiu... Eu estava muito nervosa, com muita raiva daquilo tudo. Ele pediu pra eu subir que ele estava subindo também. Eu fiquei sentada na cama esperando, já sem forças pra brigar mais uma vez. Era como se ele estivesse me matando aos poucos.

Ele entrou e pediu perdão porque tinha pegado no sono, que ele estava há vários dias sem dormir e acabou dormindo mais que devia.

E só consegui jogar todos os óleos, todas as fantasias na cara dele e descer correndo com a chave do carro.

Peguei o carro, fui no Extra 24 Horas da Barra, comprei uma lata de tinta preta e vim com a intenção de escrever no muro, embaixo do nome dele: viado, filho da puta, canalha, mentiroso, covarde.

Eu parei o carro e fiquei uns segundos pensando, mas desisti em respeito às crianças, às pessoas de bem que passariam por ali. Então tive a ideia de pagar um menor pra cobrir o nome dele com tinta preta. Afinal, ele não era merecedor de tal homenagem. O menino pintou mesmo, mas foi interceptado pelos bandidos, porém, eu o instruí a falar que o próprio Robinho tinha pedido pra apagar.

Não passaram dois minutos, ele me bateu um rádio e falou: "Poxa, Bibi, você mandou apagar meu nome lá, né...". E pediu pra ir em casa conversar melhor. Eu não tinha forças pra botar um ponto final. O amor por ele estava maior que o meu amor-próprio. Isso é terrível quando acontece. A gente passa a ser nada. E acabou tudo em pizza.

Do dia 12 de junho ao dia 17 de junho foi uma espécie de paz que antecederia uma verdadeira turbulência na minha vida.

Dia 17 de junho foi o dia que o mundo começou novamente a desabar na minha cabeça. Sem aviso prévio, minha partida foi decretada à força pelos acontecimentos. As pessoas que estavam verdadeiramente empenhadas em nos destruir enquanto família, enquanto casal, não tinham desistido. Estavam feito um demônio se rastejando pelos cantos, a fim de causar o caos no nosso lar. E a sociedade por fora também veio cobrar... Hoje, quando me lembro de tudo o que aconteceu na minha vida, tenho consciência de que muitas vezes poderia ter mudado o curso dessa história, mas não fiz. O que eu sei é que a vida muitas vezes nos dá a oportunidade de escolher, e escolhas, muitas vezes, querem dizer abdicar de algo, seja de um amor, seja de objetos, seja do que for. Eu fui tão movida pelo sentimento de enfrentamento que acabei cometendo erros que hoje estão aqui no meu presente. O principal deles foi não ter colocado meus filhos em primeiro lugar. O que me consola é que na verdade eu estava tentando "salvar" a família deles. Mas, mesmo que a minha intenção tenha sido boa, eu os prejudiquei quando deixei o amor por um homem me cegar, mesmo que esse homem seja o pai deles.

É muito confuso porque eu também sei que o Paulo não é uma pessoa má, foi ingênuo, não teve chance alguma. Eu o conheço na alma, e sei que ele é bom, sei que ele sonhava em ser um professor, sei que ele sonhava em mudar aquele estigma que a família dele carregava de geração em geração. Lembro que, quando ele já estava na universidade, ficou muito feliz ao estagiar em uma escola pública e me lembro também de que ele me contou que quase chorou na frente dos alunos quando um adolescente o chamou de professor.

Talvez, hoje, as pessoas só consigam olhar o que restou daquele homem, mas eu sei o esforço que ele fez.

Uma das pessoas que mais torceram por nós foi uma amiga da minha mãe, diretora da escola onde estudamos a vida toda. Ela engajou o Paulo em projetos com os alunos, pra dar aulas de reforço aos sábados. Sabe quando uma pessoa realmente acredita que o outro tem talento? Era a Ana Cabeça com a gente. Foi uma das pessoas que ficou ao nosso lado sem medo dos julgamentos das pessoas. Mas, quando levamos uma vida digna, não existe plateia, nem pessoas pra ficar levantando nossa autoestima. Ele se esforçou muito pra se desvincular daquela maldição familiar, foi trabalhar num emprego braçal, tentou de tudo que era forma conciliar os estudos com o trabalho, com a família. Poucos foram aqueles que aplaudiram e realmente torceram pelo sucesso dele. Uma amiga da minha mãe, que tinha sido minha professora e do Paulo no ginásio, moradora de São Conrado, rica, religiosa, estava sempre muito preocupada com a gente aqui no morro, Dona Clélia, minha professora de Artes Cênicas. Ela sempre mandava água benta, falava na gente nas missas que frequentava, até veio com a minha mãe me visitar uma vez. São pessoas realmente boas que nos conheceram ainda adolescentes e sabiam que de fato foi um destino meio que trágico que aconteceu com a gente.

Mas, na condição de bandido e traficante, ele tinha um verdadeiro fã-clube. O mundo do tráfico é muito perverso pra *todos* que se envolvem nele. As pessoas se aproximam, enchem a sua bola, fazem você se sentir o máximo dos máximos, se penduram em você, tiram proveito, seja com dinheiro, com bebidas, com presentes ou seja apenas pra matar aquela vontade de estar no meio da bandidagem sem precisar meter a mão numa arma e, depois, quando o caldo entorna, fingem que nem te conhecem pra não se comprometerem.

Lembro uma vez em que um jogador de futebol famoso estava aqui num show desfrutando as mordomias do tráfico, e meu filho foi lá e pediu pra tirar foto com ele. Meu filho era uma criança na época, tinha acho que onze anos. Simplesmente, ele se RE-CU-SOU. Meu filho voltou chateado, lógico, e o pai perguntou o que tinha acontecido. Quando ele falou, meu marido, que não ficava perto dos outros comparsas dele em shows e bailes, mandou os seguranças irem lá chamá-lo (cena hilária). Quando ele chegou, ficou *muito* sem gracinha porque meu marido falou logo: "Ué, por que não quis tirar foto com o moleque?". O cara ficou muito sem graça, gaguejando, se fazendo de bêbado, falando que não viu. Adivinhem...

Ele tirou foto não só com o meu filho, mas também com o meu marido armado até os dentes e todos os seguranças do lado com um sorriso estampado na cara. Não estou aqui pra julgar ninguém não, mas aquele cara não estava no show simplesmente isento de nada, apenas assistindo. Ele estava ali junto e misturado com os caras. Então, o que eu estou questionando aqui é que, muitas vezes, até mesmo os traficantes são usados por pessoas tidas como de bem na sociedade, mas isso é uma coisa que ninguém quer falar. Julgam as mães, as mulheres e os filhos de bandidos, mas preferem tampar o sol com a peneira quando a navalha é na própria carne. Já vou logo adiantando, não adianta me perguntar quem é o tal jogador porque eu *não* vou falar. O que eu quero é que as pessoas percebam a gravidade de tudo isso, não apenas quando o bando desce pra rua, porque muitas vezes a própria sociedade subiu o morro com a cara mais lavada, fez "amizadezinha", "pactozinhos" e isso ficou por décadas encoberto pela hipocrisia.

Mas enfim eu lamento muito por tudo isso, por todos. O mundo não precisava disso...

Eu sempre sonhei em morar numa casa grande, com quintal pros meus filhos brincarem, pra eles poderem ter um cachorro, e cada vez mais isso estava se distanciando. Acho que foi por isso que agarrei com unhas e dentes à possibilidade de ir embora. Ainda me dei o luxo de sonhar, mesmo sabendo que uma pessoa que deve à justiça *jamais* consegue viver em paz, jamais consegue se esconder pra sempre. É como ficar devendo ao vizinho. É viver com medo, se escondendo pra sempre e, mesmo que passem mil anos, um dia ele se lembra de você e te cobra na frente de todo mundo. Assim é pra quem deve à justiça.

Mas na época eu não tive a sabedoria de perceber isso. Estava tão desesperada e esgotada com tudo, que queria ir nem que fosse pra uma ilha deserta com meu marido e meus filhos. Nossa, lembro quando fui a Maceió comprar a minha casa. Que lugar lindo! Que sensação boa que eu senti naquele momento. Eu simplesmente me apaixonei por Alagoas. Aquele mar que chega a ser fluorescente, água morninha e rasa. Um paraíso.

Eu não conhecia ninguém lá e tinha que me virar pra achar uma casa em dois dias. Foi um pânico sair do Rio de Janeiro com noventa mil na bolsa. Eu nem respirava até sair das redondezas do morro. Saía sempre num horário que não tinha ninguém na rua, pra nenhum vizinho saber que eu estava indo viajar. Eu sempre ia pro aeroporto de Recife, com medo de ser rastreada; assim confundia o meu paradeiro. Na estrada, ficava encantada com os coqueiros e o mar na beira da estrada.

Agora seria a segunda casa que compraríamos. A primeira era aquela, mais barata, que ficava num local onde não teria como a gente trabalhar e tal; então eu teria que comprar outra no Centro. Cheguei lá sem conhecer ninguém, nem lugar nenhum. Botei o dinheiro no cofre do quarto do hotel, chamei um táxi e perguntei quanto ele cobrava pra rodar comigo o dia todo. Dali, comecei uma verdadeira caçada. Eu não podia falhar de jeito nenhum, não podia dar espaço pro esgotamento físico. Fiz amizade com o taxista, falei que estava de mudança pra lá, e que o meu sogro era dono de uma rede de lojas de pneus e manutenção de automóveis e que haviam ameaçado sequestrar as crianças. Ah, falei que estava uma onda de sequestros, que a gente estava com muito medo e resolveu ir pra um lugar mais tranquilo. Estava ali, mas não podia ligar pra ninguém, pois tinha medo de ser rastreada. Fui pelas ruas anotando números, visitando casas que tinham placa de venda. As de que eu gostava eram caras e as que o meu dinheiro dava não eram como eu queria. Rodei, rodei, rodei; já na parte da tarde fui pra um bairro chamado Feitosa, e lá eu achei uma casa que estava à venda. Só que as crianças, filhas dos donos, estavam sozinhas em casa e não abriram a porta pra eu ver. Fui embora um pouco desanimada, mas não desisti, e liguei na parte da noite. Os proprietários me mandaram voltar pra ver a casa. Nossa, era a casa que eu queria e a que o meu dinheiro dava. Mas teve um fato que aconteceu naquela noite que nunca mais saiu da minha cabeça.

A mulher do dono da casa não queria vender e não queria se mudar. Ele queria, pra poder morar mais próximo à usina onde ele trabalhava. E, quando ela percebeu a minha alegria, e viu que eu ia comprar mesmo, no dia seguinte em dinheiro, coitada, a mulher correu aos prantos e se trancou no banheiro. Olha como são as coisas: eu ali, superfeliz, e outra mulher, supertriste.

E foi uma situação muito chata, porque ela ficou chorando alto no banheiro e a gente na porta batendo. Eu fiquei com muita pena dela, mas na verdade eu não tinha outra opção. E muitas vezes depois, quando eu estava morando lá e passando pelo pão que o diabo amassou, só vinha ela na minha cabeça. Foi como se as lágrimas dela tivessem pesado na minha vida. Mas na ocasião eu voltei pro Rio de Janeiro numa alegria que não cabia dentro de mim. Eu vim com as fotos da casa pra mostrar pro meu marido e ali no computador ficamos olhando e sonhando. Pelo menos eu estava sonhando com o dia de me mudar de vez pra lá.

Mas nosso últimos dias na Rocinha não estavam sendo nada fáceis. Parecia que o troço ruim tinha escutado os nossos planos e estava ali tentando de tudo que era jeito atrapalhar, infernizar, sei lá.

Tinha uma coisa ruim que realmente não se conformava de sempre, com toda briga e dificuldade, a gente permanecer junto. Aquelas brigas passaram, mas a pulga ficou atrás da minha orelha. E eu sempre falava pros meus amigos mais íntimos, em quem eu confiava, que moravam na minha casa: "Gente, por favor, vocês juram que nunca viram nada?". Principalmente meu amigo Márcio. Eu perguntava porque ele conhecia todo mundo e andava tudo no morro, então poderia ter visto algo.

Sabe aquela pessoa que dorme e acorda com você? Vê seus fundilhos, come no mesmo prato, mora na sua casa? Era e ainda é ele pra mim. E, por ser meu amigo, ele sofreu muito, foi usado pra me atingir e olha que, mesmo sendo *viado*, ele foi muito mais homem que muito homem, inclusive mais que o meu homem. Depois de toda aquela briga, uma menina veio e perguntou se ele conhecia as mulheres que saíam com o meu marido. Ele falou que não e ela então falou as que ficavam falando pelas esquinas que davam pra ele. E meu amigo, num ato muito digno e nobre, não me falou isso na hora, foi no meu marido e falou que algumas mulheres estavam espalhando isso, que era pra ele tomar uma providência porque isso ia acabar chegando aos meus ouvidos. Meu marido respondeu com indiferença, que aquelas mulheres eram malucas, e o deixou em pé falando sozinho. Gesto de vagabundo mesmo, que sai andando e deixa a pessoa em pé falando sozinha. Quer dizer, ele fez o papel de amigo, não somente meu, mas do casal, foi lá e falou pra ele tomar uma providência.

Até que um dia aquela mesma garota que foi na minha porta fazendo cara de bobinha não se contentou e resolveu mandar um recado pra mim. Falou pro meu amigo que ele não fechava nem com a fiel e nem com a amante porque, senão, o Pinga dava um tiro nele. E deu bastante gargalhada junto com as outras vadiazinhas que estavam com ela. O meu amigo me contou que ficou muito irritado com aquele deboche, com aquela falta de respeito para com ele mesmo, que era meu amigo, praticamente um irmão, e vem uma vagabundinha de esquina afrontar assim uma família. Disse que respondeu muito irritado, perguntando se ela estava louca. Que ele era *viado*, mas não gostava dessas coisas, não, e que quem ele conhecia como esposa e mãe dos filhos do Pinga era eu. E que elas sabiam que ele era meu amigo e falar isso pra ele era um abuso porque iria obrigá-lo a ser falso comigo.

Ele falou que ela ficou dando gargalhada e falando: "Ah, tá! Não pode se meter senão leva tiro". Nossa, o *viado* ficou injuriado com aquilo. E eu sempre implorava pra ele não me trair nisso, porque eu só poderia tomar uma atitude se tivesse realmente provas. Ele ficou tão esgotado em ver aquela afronta que resolveu me falar quem ficava espalhando com a própria boca.

Eu, que não aguentava mais aquela situação, estava no limite de tudo, peguei o caminho na hora e falei pro meu marido: "Vou te perguntar pela última vez. Você está saindo com alguém, Paulo? Se você estiver, me fala, pelo amor de Deus!".

Aí ele me perguntou por quê. E eu repeti: "Você saiu ou está saindo com alguém aqui neste morro, Paulo? Me fala a verdade". Ele respondeu com todas a letras: "Não!".

Aí eu destravei... Falei pra ele que então era para ele chamar as pessoas que estavam inventando aquelas coisas, e inclusive parando as pessoas que moravam na minha casa pra afrontar e inventar mentiras. E que, se ele era bandido pra ficar de fuzil na mão o dia todo, tinha que ser bandido pra tomar as atitudes também, e que dessa vez não ia ficar pelo disse-e-me-disse não, porque tinha a testemunha pra bater de frente.

Ele, então, falou que não ia fazer nada...

15

Gente, fui ao inferno e voltei. Implorei mais uma vez pra ele me proteger. Pedi muito pra ele, pelo amor de Deus que, mesmo que tivesse saído, era pra ele fazer essas pessoas me respeitarem. Mostrar pra elas que a família dele era intocável, que quem se mete com homem casado e bandido, ainda por cima, não pode ficar de fofoquinha infernizando a esposa e os filhos do cara.

Mas aquele que estava ali diante de mim realmente era o Robinho Pinga. Não era o meu marido, pai dos meus filhos, com quem eu me casei no cartório da Joaquim Palhares, que eu protegi como se eu fosse um colete à prova de balas. Aquele ali era um marginal sem honra.

Eu surtei na hora... Bati tanto, mas tanto, e os mototáxis não sabiam pra onde olhar. Aquele homem de fuzil levando soco sem reagir. E pior que ele começou a gritar que ia matar o *viado*. Pra quê! Aí que eu gritava: "O *viadoooooooo* não participou da tua orgia, não, filho da puta! Ele não gozou com você, nãooooo, desgraçado, covarde!".

Então ele subiu numa moto correndo e falou que ia matar o *viado*. Nisso, eu subi na moto, correndo também, e fui batendo um rádio pra casa, e o mandei sair de casa rápido sem me perguntar por quê. Mas a minha mãe atendeu e ficou horas pra entender o que eu estava falando e, assim, deu tempo de ele chegar em casa. Estavam em casa a minha mãe, meus filhos, meu sogro e o Márcio. Ele entrou em casa e já foi botando a arma na cabeça dele, gritando, só que eu cheguei uns segundos depois, o arranquei e entrei na frente.

Falei que ele teria que me matar junto. Nossa, foi uma confusão! As crianças chorando, minha mãe e meu sogro passando mal. A minha mãe e o pai dele ficaram implorando pra ele parar porque as crianças estavam vendo aquilo. Mesmo assim, ele ficou de fricote. Sabe o que a minha mãe falou? "Ah, é, então espera aí". Pegou meus filhos e botou enfileirado na minha frente e do meu amigo e falou: "Pronto, mata logo a família toda! Assim acaba logo com esse sofrimento".

Acho que nessa hora ele caiu na real, ficou com vergonha e guardou a arma, sentou no sofá e começou a chorar. E o pai dele falando: "Meu filho, respeita a tua família! Me fala quem é essa rapariga que eu vou lá dar uma surra nela".

A gente ficou batendo boca, e eu não sei o que ele me falou que me irritou mais ainda, que eu taquei um vaso de porcelana nele, só que ele se esquivou e acabou acertando no pai dele.

Na verdade, eu só queria que ele me respeitasse, me protegesse, me defendesse porque eu estava o tempo todo fazendo isso por ele. Mas ele parecia imacumbado, sei lá. De repente, no meio da confusão, meu filho entra no meio de todo mundo e fala assim: "Olha o que saiu no jornal!". Sabe aquele momento em que a Terra para de girar?

Estava lá, a minha foto na capa do jornal com a mão cheia de dinheiro. Essa foto tinha sido tirada por ele mesmo, que chegou lá enquanto eu tirava fotografias com meus perfumes e inventou: "Tira com o dinheiro, Bibi!". Sabe quando você faz as coisas na empolgação, Maria vai com as outras... E essa não tinha sido a primeira vez. Da outra vez, ele tirou foto de peruca e me mandou colocar num Orkut que eu tinha só pra falar com as pessoas do Rio Comprido. Ele queria marolar com a cara dos caras de lá, e quem ganhou a culpa fui eu, no final da história. Ele sempre inventava essas graças, mas eu que levei a fama. Um dia, ele chegou lá com uma mochila com seiscentos mil reais, e queria espalhar na cama pra eu tirar foto, só que meu anjo da guarda foi mais forte e eu pensei bem.

Depois, alguém me sequestrava por aí, querendo o dinheiro que não era meu, e muito menos dele. Então, resolvi não tirar.

A partir daí, foi um corre-corre, porque estava no jornal que a polícia estava atrás de mim. Ele subiu pro quarto e continuou afirmando que era mentira, que não sabia por que estavam fazendo isso, inventando essas histórias, e que era pra eu acreditar nele. Ele me mandou arrumar as minhas roupas que a gente ia ter que antecipar a minha partida, sendo que eu iria primeiro e ele, depois. Ele falou pra eu não ir direto pra Maceió; era pra ir pra São Paulo e esperar um sinal dele pra eu partir. Combinamos um MSN novo pra mim e pra ele, pra que nossa comunicação não fosse rastreada. Nessa madrugada o Play foi lá em casa se despedir de mim, eu o abracei fortão porque sabia que não voltaria tão cedo, ou até mesmo nem voltaria mais. Então ele falou assim pra mim enquanto estávamos abraçados: "Pode ir tranquila que eu vou mandar ele inteiro". Eu caí nas lágrimas mesmo, pedindo pra ele me prometer que ia cuidar do Paulo e que não ia deixar nada ruim acontecer, e nem nenhuma mulher abusar dele aqui no morro (ele riu nessa hora). Lembro bem que esse dia foi o único que o Paulo comprou cigarro pra mim. Até então, desde quando ele tinha sido preso, eu fumava cigarro, só que escondido. Nunca tinha fumado perto dele. Mas acho que ele ficou com pena de mim, viu como eu estava aflita.

Eu estava esgotada, fiquei ali sentada pensando o que ia fazer. Ele foi embora e mandou entregar café da manhã do Delírio Tropical pra mim, mas, antes que eu desse o primeiro gole, minha cara apareceu no primeiro jornal do dia. A minha mãe, coitada, correu e foi botando minhas roupas na mala e mandando levar pro meu carro. Eu estava tão em estado de choque pelos últimos acontecimentos que nem consegui me mexer. Fiquei ali por alguns minutos olhando a minha casa, minhas coisas e, no fundo, sabia que era novamente uma despedida. Morei apenas cinco meses na casa que eu mesma construí na Rocinha, enquanto os jornais espirravam que eu vivia no luxo e ainda ficava esbanjando. Vê se pode: em dois anos de Rocinha, eu morei cinco meses numa casa boa e, por sinal, foram cinco meses de pesadelo. Mais uma vez, eu teria que largar tudo e sair correndo. Nossa, não pude me despedir de ninguém. Meu pai estava doente, meus sobrinhos, meus irmãos, meus primos... Não pude me despedir de ninguém. Minha mãe pegou a minha filha dormindo de pijama e mandou levar pro carro, deu remédio pras minhas cachorras dormirem e mandou pro carro também e pediu pro motorista levar o carro até um lugar fora do morro pra ninguém saber que eu iria embora. Na hora eu deixei meu filho, porque faltava um mês e pouquinho para o aniversário dele e já estava pago, numa casa de festa na rua. Então não quis estragar a festinha dele. Eu sabia que minha mãe o mandaria em seguida pra mim. Mas a cena que não saiu da minha cabeça foi a do meu amigo que estava dentro da minha loja e me viu indo pro ponto da van. Quando ele me viu chorando no ponto sozinha, percebeu que eu estava indo embora e que não iria voltar. Aí, ficou do outro lado da rua chorando e olhando com cara de quem quer falar algo, mas não podia vir pra perto pra não chamar atenção. É uma sensação horrível você sair de um lugar e saber que não vai voltar. Eu fui na van olhando a Rocinha e parecia que eu era uma filmadora, querendo registrar aquelas imagens pra não esquecer. E eu ainda teria que dirigir por horas. Quando eu peguei o carro com a Dalila e as cachorras dentro, vi que estava muito cansada, tinha brigado a noite toda e chorado muito. A minha cabeça estava explodindo e meus olhos querendo fechar. E eu teria que dirigir por umas quatro horas ainda. Então, pedi pra minha filha ficar o tempo todo olhando pra mim, e, se ela percebesse que eu estava com os olhos parados num lugar só ou de olhos fechados, era pra me acordar. Comprei garrafas de água e café e fui. Toda hora que o sono pesava eu jogava uma garrafa de água na minha cabeça. O carro ficou cheio de água, mas era melhor que dormir ao volante. Mais uma vez, eu estava prejudicando as crianças, pois elas foram tiradas da escola, sem saber como voltariam a estudar. Fui eu pra Piquete, São Paulo, esperar a hora de ir pra Maceió. Lá eu me sentia muito só.

Imagine, estava no meio de uma crise conjugal, saio na capa do jornal e na televisão como a errada da história e tenho que me esconder. Parecia que a foragida era eu. Todos os dias eu entrava no MSN às vinte horas pra falar com o meu marido, e ele sempre me mandava músicas, fazia muitas juras de amor, falava que a gente ia conseguir, e sempre me pedia pra aguentar mais um pouco. Ele sempre falava do mesmo jeito: "Bibi, aguenta só mais um pouco". Em alguns dias parecia que eu ia enlouquecer porque eu não tinha tirado a limpo a história das mulheres, e isso me fazia sofrer muito, pois sabia que ele estava lá no morro ainda. Minha mãe resolveu antecipar a festa do meu filho pra um mês antes pra poder mandá-lo logo pra mim. Quando chegou mesmo o aniversário dele, foi muito triste porque eu o vi coberto até a cabeça chorando, porque queria estar com os amigos comemorando. Aquilo me partiu o coração... Ver que eles não podiam se comunicar com nenhum dos amigos.

Todo dia era uma tensão, pois a foto dele aparecia no jornal toda semana. Eu estava ali com as crianças, cachorras, de certa forma mudando a rotina da casa da minha tia. Eu pensava e repensava, me dava raiva, tristeza, agonia, tudo ao mesmo tempo, e não tinha como acabar com isso. Todo dia eu entrava em parafuso quando davam oito horas da noite. E, quando a lan house estava lotada, eu ficava desesperada. Vi que o tempo estava passando e que ele não saía do morro; então, falei pra ele então mandar o dinheiro pra eu comprar uma casa por lá e me organizar. Pensei bem e vi que eu estava lá escondida enquanto ele continuava no morro sempre falando a mesma coisa: "Eu tô aumentando o meu dinheiro pra gente ir embora".

Ele pegava o lucro e reinvestia. Ele colocou na cabeça que só sairia de lá com um milhão de reais. Mas o problema era que ele não estava só trabalhando na favela, estava se divertindo na minha ausência. Então decidi deixá-lo à vontade pra quando quisesse sair. Exigi que ele mandasse imediatamente dinheiro pra eu comprar uma casa e me instalar com as crianças e organizar minhas coisas enquanto ele brincava de ser bandido. Lógico, ele mandou. Quando a minha mãe me encontrou pela última vez pra me entregar o dinheiro, foi quando eu e as crianças nos despedimos e eu pedi muito pra ela nunca ficar curiosa sobre o meu paradeiro. Pra segurança dela mesmo no Rio de Janeiro. Foi muito triste me despedir e, pior, ver as crianças chorando falando pra ela não ir embora. Daí adivinhem pra onde eu voltei? Itajubá... Dessa vez, eu fui e ninguém no morro saberia onde eu estava comprando a casa. Botei as crianças no carro e me mudei pra um sítio. Eu queria ter certeza de que dessa vez não teria vizinha fofoqueira, nem rastros. Só eu e ele sabíamos em que local eu estava. Confesso que sentia muito medo nessa época, mas eu não podia passar insegurança pras crianças. Até que nos primeiros dias foi muito bom porque me desliguei dele e me ocupei com o sítio. Era até engraçado porque eu e as crianças ficávamos o dia todo lá, pintando a casa, arrumando e tal. Quando caía a noite a gente começava a ficar com medo de lobisomem, fantasma etc. etc. Caraca! A gente entrava correndo no carro e ia pra cidade dormir num hotel (risos). Assim foram os primeiros dias.

Como lá era afastado, não tinha muito como ter ajuda, e eu mesma tinha que fazer tudo. Era muito escuro, então instalei luz na parte de fora da casa até a porteira. Na verdade eu fazia tudo mesmo por lá. Apesar de me distrair bastante, eu tinha muito medo de morrer na estrada com as crianças e ninguém saber onde a gente estava. Mas eu tinha que aguentar e esperar. Como as crianças estavam ficando um pouco saturadas de ficar ali sem nada pra fazer, pois não tinha internet, não tinha telefone, muito mal uma parabólica, decidi comprar uns animais. Esse dia foi muito bom. Nós fomos num sítio em outra cidade e eu comprei uma vaca com um bezerro e um cavalo. Quando o caminhão chegou, soltou os animais dentro da porteira e foi embora... Imagina eu e as crianças correndo atrás da vaca e ela dando volta na casa. A gente não conseguia botá-la pro pasto de jeito nenhum. Foram horas e horas tentando subir com ela. O nome da vaca era Paloma e o do bezerro, Furacão. Eu ainda comprei duas porquinhas, um galo e umas cinco galinhas (risos). Ali estava instalado o caos (risos), mas tiramos de letra. A gente acordava cedo e saía botando ração pra um e pra outro. O cavalo chama-se Espírito e veio cheio de recomendações do dono. Ele dava era trabalho, porque eu dava banho nele, passava condicionador, penteava-o todo e, quando eu acabava, ele se jogava no chão e se sujava todo de barro. Eu ficava com cara de otária, olhando aquele bicho de 300kg rolando no chão depois de acabar de tomar banho... Sabe quando você fica longe de toda energia ruim, ali convivendo com os animais, era assim que eu estava. Apesar de sentir muito medo de estar ali sozinha com as crianças, no meio da roça, sujeita a alguns perigos, foi uma época de encontro comigo mesma. Eu chorava muito com saudades do Paulo, chorava toda hora na verdade. As crianças até hoje me imitam... Mas os dias foram passando e eu fui me acostumando.

Os donos dos sítios vizinhos ficavam sempre curiosos em ver uma mulher com duas crianças ali sozinha, subindo e descendo com a vaca, com as galinhas etc. Eles viam que eu não era da roça, porque ficava uma mistura de roceira com patricinha (risos), do tipo que vai à loja e compra todos os acessórios pra trabalhar na roça.

Até que um dia a vaca ficou um pouco abatida e deitou. Aí eu perguntei pro moço que vendia leite o que eu tinha que fazer e ele falou que ela ia morrer. Ah, pra quê, entrei em desespero... Comecei a procurar alguém pra me ajudar a fazê-la levantar. Ficava lá horas falando pra ela levantar, até injeção eu mesma dei. E ela se levantou mesmo. Pra me complicar mais ainda, as três cadelas entraram no cio e lá não tinha como prendê-las, era enorme. Tive que eu mesma aplicar injeção pra elas não ficarem prenhes. Sem contar os porcos que fugiam pra ficar junto com as cachorras e cismavam que eram cachorros também. Quando passava alguém na porteira, elas desciam correndo latindo, e as porcas iam junto latindo também... Sei lá, uma mistura de latido com ronc-ronc...

16

Eu fui percebendo que o Paulo estava demorando muito e as crianças começaram a me cobrar a escola, pois as aulas já tinham retornado. Então entreguei nas mãos de Deus e os matriculei numa escola que ficava em outra cidade, a vinte minutos de estrada. Nessa época a minha filha sonhava em poder ligar pra esses programas infantis pra participar de brincadeiras e todo dia ela me pedia. Era de cortar o coração ter que falar que não podia, porque não tinha como dar o nome e o endereço dela pra entrega do presente. Assim poderiam descobrir onde estávamos. Eu sentia muita peninha dela nessa época, em ver que ela estava sendo privada de uma coisa tão simples.

Eles ficaram muito felizes quando começaram a estudar. Assim comecei a ter contato de novo diariamente com o Paulo. Todos os dias a gente se falava às dezessete horas. *Todo* dia! E ele ficava ali renovando a cada dia o amor, me jurando que estava perto de acabar isso tudo, e que ele estava se organizando pra sair do morro. Ele me falou que sempre chorava na lan house quando via as crianças na webcam e eu chorava muito também olhando ele. Eu sempre falava: "Paulo, quando você vier, venha *sozinho*. Nem que você tenha que se vestir de andarilho. Pega o caminho e vem, porque ninguém sabe o endereço daqui, então não tem como dar errado".

Mas teve um dia que fez eu me estressar um pouco. Foi o Dia dos Pais. Eu fui à festa da escola das crianças e lá eu vi como meus filhos estavam sofrendo. Foi muito triste mesmo. O meu filho, na hora da apresentação, saiu e se escondeu, porque ele teria que simular o trabalho do pai. Imagina a cena... A Dalila participou de um teatrinho e logo fomos embora num silêncio mortal dentro do carro.

Então eu comecei a ficar muito deprimida, porque parecia que aquilo não parava de fazer mal à gente. Não tinha um único dia que eu não fazia as contas pra ver se ele já estava chegando. Eu sempre calculava, da hora que eu saía do MSN que estava falando com ele até a hora que falava no dia seguinte. Estava me enlouquecendo isso. Todos os carros que passavam na porteira eu já achava que era ele, e sempre tinha esperança de que ele não entraria no MSN porque já tinha saído do morro. Isso foi torturante pra mim. Ele estava no morro a todo vapor, pra daí uns dias juntar todo o dinheiro que ele foi repondo e ir embora, mas, como todo mundo sabe, o crime é maldito. Por que com o Paulo seria diferente? O laboratório dele explodiu e todo o pó produzido que estava lá dentro pegou fogo. Foi uma decepção muito grande pra ele, que o fez desistir de vez de juntar esse maldito dinheiro. O prejuízo foi de mais de oitocentos mil reais. Só o lucro que ele vinha juntando já dava esse valor, fora o resto todo que virou fumaça. Ainda teve que pagar vários sapatos, roupas, tapetes dos vizinhos, porque derreteu *tudo*. Assim, ele desistiu, vendeu o que podia, botou cem mil reais embaixo do braço e finalmente veio ao nosso encontro. Eu estava dormindo e, às cinco horas da manhã, ouvi alguém batendo na porta da cozinha. Meu coração disparou, fiquei com medo, mas fui olhar. Quando eu abri uma frestinha da porta, dei de cara com um comparsa dele. Porra! Já comecei a gritar, chorar, achando que ele tinha sido preso e tinha mandado alguém ir lá, afinal ele seria muito burro de levar uma pessoa envolvida no tráfico lá onde ele ficaria. Pior que ele foi burro e levou! O cara me sacudiu pra eu parar de gritar e chorar e falou: "Calmaaaaaa, ele está bem! Ele está no Centro, num hotel". Foi um alívio imediato. As crianças já pularam da cama comemorando. E na hora eu me lembrei de que uns dias antes elas me pediram pra ir numa igreja de garagem lá perto do sítio. Foi ao mesmo tempo lindo e muito triste ver os dois ali orando, ajoelhados pedindo pro pai chegar logo e bem. Isso tudo por eles mesmo, não fui eu que mandei, não. Então, quando eu os vi ali pulando, fiquei muito feliz porque, na cabecinha deles, foi a oração deles que tinha dado certo. Mas, apesar de estar feliz, eu fiquei puta da vida, porque ele não me escutou. Tornou nosso plano frágil. Foi muito bom, as crianças mostrando o sítio pra ele, querendo se mostrar dando uma de que sabiam cuidar dos animais. Foi uma folia. Praticamente nem me deixaram chegar perto dele. Mas, no dia seguinte, eles foram pra escola e nós ficamos sozinhos. Então, corremos pro quarto e eu vou falar, eu nunca tinha sentido uma coisa como aquela. Eu chorei de felicidade. Sabem o que é isso? Chorar de felicidade mesmo, do fundo do coração. Enquanto a gente estava namorando, eu estava chorando de felicidade por ele estar ali, bem longe da Rocinha, são e salvo. Depois fomos pro pasto namorar mais... Durante aqueles dias de felicidades, o Paulo quis viajar e levar as crianças onde ele viveu até mais ou menos oito anos, Praia Grande. Foi muito bom, havia dois anos que as crianças não faziam um passeio familiar com o pai, sem a presença de homens armados junto. Ele mostrou onde estudou, nós fomos ao shopping, ao cinema etc. Quando voltamos, numa manhã, meu marido me falou que tinha tido um pesadelo, que uma mulher vestida de noiva, mas com vestido preto, véu preto e com os dentes podres, segurava-o e ficava falando: "Vocês não vão conseguir!". E ficava dando gargalhadas. Nunca mais me esqueci disso... Foram uns poucos dias de descanso que tivemos. Ele, aos poucos, foi ficando descontraído, porque no morro ele ficou dois anos sem ter paz. Dificilmente ele dormia mais de uma hora seguida. O celular era programado pra despertar de uma em uma hora, por medo de ser pego de surpresa pela polícia. Acho que não durou dez dias a nossa alegria. Estávamos sentados na sala assistindo à novela e passou a chamada do Jornal Nacional falando: "Polícia estoura refinaria de cocaína na Rocinha". Ele riu e falou: "Ah, devem ter deixado achar pra eles pensarem que acabou isso lá". Mas sabe aquela coisa falando: "Bibiiii, vai lá e confere".

Eu peguei a chave do carro e fui correndo na outra cidade. Fui conferir na internet que história era aquela. Não ia esperar até a hora do Jornal Nacional. Cheguei na lan e abri logo no site de notícias. Adivinhem quem estava algemado, preso... O cara que ele fez o favor de levar lá no sítio. Nossa Senhora, eu corri muito quando vi aquilo. Já cheguei ao sítio olhando pro céu, procurando o helicóptero, olhando as árvores, pra ver se não tinha um Bope pendurado (risos). Ele entrou em desespero porque a polícia poderia já estar ali na porta, né? Jogamos um monte de roupa dentro do carro, e saímos correndo pra outra cidade, pra tentar fazer contato, e saber ao certo o que a polícia já sabia. Pior... A gente tinha enterrado os cem mil. Tivemos que desenterrar correndo, um pânico total. Eu hoje penso de onde a gente tirava tanta certeza de que conseguiria escapar pra sempre. Foi pouco o tempo de paz que a gente teve ali, onde já começava a sentir o gostinho de ser foragido de verdade. Começamos a pagar as prestações por ele querer viver fora do morro... Começaria aí a nossa viagem pra Alagoas.

É muito estranho quando me lembro de que fui embora achando com toda certeza do mundo que conseguiríamos fugir pra sempre. Naquele momento, eu não estava pensando em mais nada, somente em conseguir viver em paz. Nem eu, nem o meu marido e nem as crianças estávamos mais aguentando viver daquele jeito. Quando saímos do sítio, ficamos de cidade em cidade, rodando, tentando fazer contato com alguém do Rio de Janeiro, para saber se a polícia já sabia da existência do sítio. Tivemos algumas informações truncadas e sem muitos detalhes. Com isso, decidimos voltar ao sítio, pegar a nossa cadelinha, deixar as outras duas que eram grandes com um caseiro, e despachar a nossa mudança. Nessa hora tivemos que acionar duas pessoas que simplesmente são como meus anjos da guarda. Sabe aquelas pessoas que ficam longe, mas você sabe que pode contar *sempre*, sem pré-requisitos. A minha tia

Jussara, que mora em São Paulo: além de ser de confiança extrema, não estaria no Rio de Janeiro, na mira da polícia, e a minha prima-irmã Bete que mora no Rio de Janeiro, em Araruama e, por isso, também não estava sendo monitorada pela polícia. Porra, as duas se levantaram da cama no nosso primeiro sinal de pedido de ajuda. Chegaram lá em menos de cinco horas pra nos ajudar a encaixotar tudo.

Nessa altura, eu e ele não podíamos contar mais com ninguém da minha família. Os policiais estavam em cima, tentando descobrir nosso paradeiro. Até em festas eles iam, disfarçados de garçons, flanelinhas etc. Vocês sabem o que significa duas pessoas se levantarem da cama pra ajudar outra sem pestanejar? Foram elas. Tinha que ser tudo muito rápido. Pior que estava chovendo e o carro estava derrapando na subida do sítio. Sabe a lei de Murphy... Foi uma correria e o carro escorregando na lama; o caminhão que arrumamos não subia também. Então, botamos as coisas em cima do teto do carro, compramos um guia de estradas 4 Rodas, pegamos a cachorra e as crianças e partimos para Maceió. Fomos pela Fernão Dias, que era mais próxima de onde estávamos. Pior de tudo era esconder a Pinga quando parávamos pra dormir (risos). Em um hotel em Santa Rita de Cássia, ainda em Minas Gerais, passamos a maior vergonha. Aliás, o Paulo passou – porque eu vi de longe e já dei meia-volta pra não ficar de cara grande.

A gente tinha que entrar no hotel com a cachorra escondida, porque lá não era permitido. Aí, o Paulo teve a ideia de colocá-la dentro de uma mala (risos). Nisso que ele esta indo na direção do saguão do hotel, o funcionário veio pra ajudar. Dali eu já diminuí o passo (risos). Aí, o meu marido falou que não precisava, pra se livrar do cara, mas ele insistiu. Quando ele botou a mão no carrinho e deu dois passos, a Pinga (a cachorra) conseguiu, sabe lá Deus como, abrir o zíper da mala e botou a cabeça pra fora com a cara de mais alegre do mundo (risos). Eu vi de longe, parei e fiquei de lá rindo muito.

Aí, o homem olhou indignado e falou: "Senhor, não são permitidos animais aqui".

O Paulo olhou pra ela, botou a mão na cintura, e falou: "Poxa, Pinga! Você estragou tudo! Estávamos quase conseguindo!" (risos).

Todo sem graça ele deu meia-volta pra ir embora. Aquilo fez a gente ir dando gargalhadas até Maceió.

Foi uma viagem tranquila. Parávamos só pra almoçar e, depois, por volta das 20 horas, pra dormir. Assim fomos de uma vez só. As crianças até que foram bem legais, foram pacientes, porém brigaram pra segurar a cachorra até lá. Eu tinha que ficar com um relógio marcando quinze minutos pra cada um. Porra, tinha hora que dava vontade de parar o carro e enfiar a porrada em geral. Nem a coitada da Pinga estava mais aguentando aquele estica e puxa.

Muitas horas eles dormiam e ficava todo mundo em silêncio no carro. Acho que cada um ficava fazendo uma reflexão do que estava acontecendo.

Eu estava firme, certa de que daria tudo certo, afinal, eu que havia preparado tudo em Maceió pra nossa partida. Mas tinha algo que não saía do meu coração. Eu olhava pro Paulo e, às vezes, me batia aquela depressão, como se eu não o reconhecesse mais, sei lá, uma coisa estranha. Tinha horas que tocavam músicas no carro que me faziam lembrar de toda aquela briga que não tinha sido esclarecida, eu o olhava cantando, e parecia que tinha um diabinho o tempo todo martelando na minha mente aquela história toda.

Ainda em Pouso Alegre, paramos pra tirar foto pros novos documentos e discutirmos qual seriam os novos nomes. O fato mais inusitado, além de estarmos sentados num bar escolhendo nosso nome novo, foi a minha filha, que chorou por horas porque queria porque queria que o nome dela mudasse pra Fernanda Vasconcellos. Eu expliquei que não podia, que ela seria Dalila mesmo, e ela continuou chorando e falando: Eu quero que meu nome seja Fernanda Vasconcellos!

Imaginem a cena... A gente ali à mesa do bar com um papel fazendo nossa árvore genealógica falsa. Por isso que eu sempre falo que meus filhos têm uma índole muito boa mesmo porque, com experiências como essa na vida... Dali seguimos viagem naquele clima de cada quilômetro mais longe, mais seguro estávamos. Foi cansativa a viagem, porém tranquila. Como levamos um iPod, tinha muita música pra cantar na viagem, mas uma que eu cantava e tentava, a cada centímetro percorrido, me desligar de tudo de ruim que tinha acontecido era esta aqui: "Usa-me, senhor", de Aline Barros.

Eu só buscava força pra esquecer tudo que o meu marido tinha me feito. Buscava força pra recomeçar do zero. Eu estava muito triste pela minha família; eu tinha certeza de que não os veria mais. Naquele momento eu estava tão cheia de esperança que não existia lugar pra mais nenhum sentimento. Cantei muito na viagem e fui lembrando de tudo que tinha passado na nossa vida até aquele momento. E voltei a ter um contato com Deus nos meus pensamentos, pedindo muito a Ele que protegesse a gente e nos ajudasse a conseguir. No fundo, com tudo o que aconteceu, acho que Deus esteve por perto, posteriormente, evitando um tragédia. Mas isso eu vou contar mais pra frente... A nossa mudança também estava indo em direção a Maceió e tínhamos que correr pra chegar lá junto com o caminhão que mandamos. Minha mudança já rodou esse mundo. Quando saí do Rio de Janeiro, arrumei um depósito em Taubaté, São Paulo, e a deixei lá por dois meses, pra despistar a polícia. Depois mandei pro sítio em Minas Gerais e agora estava enviando pra Maceió, Alagoas. Foi muita ingenuidade nossa achar que conseguiríamos. Mas, enfim...

Foi uma viagem tranquila com algumas curiosidades. Uma delas foi quando nós paramos num posto de gasolina e fomos à lanchonete. Lógico, superagradável com todo mundo pra parecer muito gente boa. Não tinha quem não olhasse pra gente por causa do sotaque de carioca.

Um homem se aproximou e perguntou se poderíamos levar uma encomenda até a próxima cidade e entregar em um posto de gasolina.

Puta que o pariu! A gente, no desespero de disfarçar e tentar passar despercebido, fazia tudo pra agradar a todo mundo. Aquela caixa conseguiu tirar a nossa paz, porque, depois que saímos dali, bateu um medo de aquilo ser droga (risos). Seria o cúmulo da falta de sorte a polícia parar a gente e achar uma caixa cheia de drogas... Sabe o que é ir um silêncio no carro, um medo de encontrar a Polícia Rodoviária Federal?

17

Só respiramos aliviados depois que entregamos a caixa no tal posto de gasolina. Nossa! Como a estrada parecia que não tinha fim. Na Bahia, aqueles eucaliptos que não tinham mais fim. Teve um hotel popular onde o meu marido botou o pacote com nossos cem mil embaixo do travesseiro com medo de ser assaltado. Na verdade, aquele dia eu dormi com um olho aberto e o outro fechado. De manhã, rapamos fora rapidinho, por medo. Seguimos bem a viagem até chegar a Aracaju. Nós nos perdemos lá e fomos parar num lugar que tinha por acesso uma ponte, de onde a polícia ficava bem no meio fazendo blitz. Foi um terror. Meu coração nem batia direito. Na verdade, hoje vejo que era um medo desnecessário, mas, na hora, nosso sotaque chamava muita atenção e despertava a curiosidade das pessoas em saber por que estávamos deixando o Rio de Janeiro. Nossa, quando nós vimos a blitz montada na nossa frente, o Paulo abriu todas as janelas do carro e deu um grito pras crianças levantarem rápido. Sabe aquela família de comercial de manteiga (risos), até a cachorra ficou com a língua para fora fazendo gracinha pros policiais. Pior que nós erramos o caminho e tivemos que passar por eles duas vezes. Mas deu tudo certo, passamos sem grandes problemas.

Quando chegamos a Maceió, senti um alívio imediato por chegarmos bem, e por estarmos em casa. Nessa altura, depois de tantas idas e vindas a Alagoas, eu já me sentia realmente em casa. Quando chegamos lá, o caminhão tinha acabado de chegar também. As crianças entraram em casa numa alegria, foi muito bom. Parecia que tínhamos voltado lá em 2005, quando tínhamos nos mudado pra Tijuca. Lá não conseguimos morar em paz nem vinte e quatro horas. Dessa vez parecia que daria certo. Foi engraçado, pois, quando despachamos a mudança, meu marido deu um dinheiro a mais pro homem do caminhão tratar as coisas com amor. Pois é... O violão das crianças chegou lá partido em três pedaços... Quando chegamos a Maceió, foi bom porque a polícia civil estava em greve, e isso nos passava certa tranquilidade. Nosso medo ali não era com bandidos, e sim com a polícia. Eu estranhei muito que em *todas* as casas de Maceió havia cercas elétricas. Eu não estava acostumada com isso. Eu até na época que comprei a casa perguntei pro meu amigo taxista Antônio por que era assim. Pensei: "Essas cercas não estão aí à toa...". Realmente, lá ocorriam muitos assaltos a residências e ao comércio. Muitos mesmo! Depois que arrumamos tudo, partimos pra outra casa que ficava em Maragogi. Aquela que eu falei que era mais humilde, só que no paraíso. Lembro que, quando chegamos lá, atravessamos a rua e estávamos numa praia praticamente deserta. Caminhamos pela praia, eu, o Paulo, as crianças e a cachorra. Lembro que ele estava muito emocionado e ficou falando o tempo todo que parecia um sonho. O céu com muitas estrelas, aquela calmaria, um paraíso mesmo.

Naquele momento estávamos com meio caminho andado. Já tínhamos uma casa em Maceió, uma casa de veraneio, um carro (Astra 1999) velho, porém, confortável, nossa casa estava mobiliada, só faltava mesmo abrir a nossa loja, pois minha mãe, quando arrumou minha mudança, desmontou minha loja de essências e material pra artesanato que tinha na Rocinha e mandou junto.

Eu lembro que na última vez que tinha estado em Maceió, ainda sozinha, deixei sete mil reais no armário. Na época pensei: "Ah, sobrou esse dinheiro da compra da casa, vou levar pro Rio de Janeiro pra quê...". Nossa, foi uma emoção achar aquele dinheiro mofado no guarda-roupa. Fizemos várias coisas na casa com essa graninha.

Passamos uns dias lá e depois retornamos pra Maceió pra então dar continuidade a nossa vida. Quando chegamos lá, começamos a procurar uma loja pra alugar. Rodamos o Jacintinho todo e não achamos. Lá parecia até a Rocinha, lojinhas pra tudo que era lado, barracas de tudo que era coisa, muita gente pra lá e pra cá, bairro popular mesmo. Aí, por sorte de Deus, achamos uma loja próxima a nossa casa. Nós a alugamos e sozinhos arrumamos a loja toda.

Todos ali estavam vendo que a gente era uma família normal, que trabalhava, cuidava dos filhos e tal. A única coisa que ainda faltava era as crianças numa escola. Tadinha da minha filha... Ela amava ir à escola e foi arrancada duas vezes em menos de quatro meses. A bichinha não tinha documentos e eu não podia usar o verdadeiro. Este, aliás, foi escondido e esquecido. Ela pegava as páginas amarelas e ficava marcando tudo que era curso pra eu matriculá-la. Até curso de japonês ela estava aceitando.

Nossa lojinha estava bem arrumadinha, a gente se revezava lá e assim estava tudo indo bem. Se existe uma coisa que arregaça nossa casa é criança. Não tinha como nos mantermos em discrição, pois elas queriam brincar, precisavam se relacionar com outras crianças. Aí, resolvemos comprar um Mini Buggy pra elas. Eu falei pro Paulo que, se a gente não o comprasse naquele momento, nunca mais poderia fazer isso e, também, depois que eles crescessem, ele não teria mais valor. Pra falar a verdade, a minha infância inteira passei pintando a porra dos gibis e mandando pra concorrer a um Mini Buggy. Lógico, fiquei só no sonho mesmo... Nunca ganhei nem um certificado por participar dos concursos. Sacanagem isso, gente! Sempre quis um... Tadinha de mim. Foi uma festa quando o reboque chegou. Eles passaram o dia na rua andando e assim aglomerou logo um grupo de crianças, e rapidinho eles estavam já enturmados como se fossem nascidos e criados ali. Nessa eu incentivei o Paulo a operar a vista também. Ele tinha um problema que fazia com que ele não enxergasse nada se não estivesse de óculos ou lente. Ele então tomou coragem e fez. Coitado, sentiu muita dor nos olhos e eu fiquei de "enfermeira" pingando um colírio que ele dizia que ardia *muito*. Mas a recuperação foi boa.

Nesse momento estávamos felizes, tudo parecia se encaminhar. Mas o inimigo estava pronto pra atacar e destruir tudo, e ele sabia bem por onde começar a trabalhar.

De repente, o Paulo começou a mudar e me parecer aquele com quem eu convivia no morro. Não sei como explicar, mas eu sentia na aura dele a mesma coisa que eu sentia quando ele estava no poder, no morro. Sentir isso me reportava ao inferno, automaticamente. Ele agia com um jeito que parecia que tinha o propósito de me enlouquecer de verdade. Ora, ele parecia me amar, parecia feliz, e ora ele era frio, sem amor. Toda a sensibilidade que havia ficado na Rocinha estava voltando. Mas dessa vez eu estava sozinha mesmo, não tinha quem me salvasse. Às vezes me apegava à ideia de que ele estava mais uma vez passando por um momento difícil, de mudanças, de medo, de dúvidas, que pra ele, como homem daquela família, também era difícil, e logo eu o compreendia. Ele teve que fazer contato com uma pessoa do morro por causa dos documentos, aliás, essa pessoa sabia exatamente onde estávamos, e repassava as notícias sobre nossa família do Rio de Janeiro pra gente.

Foi uma época muito difícil pra mim: meu pai foi pra UTI e o médico o desenganou, minha mãe estava em pânico, pois a polícia ficava na porta dela esperando qualquer contato, e ela tinha pavor de alguém pegar meu sobrinho de refém pra exigir que o Paulo se entregasse. A esposa do irmão do Paulo havia sido expulsa de onde morava e o irmão dele foi ameaçado de morte pelo Comando Vermelho na cadeia. Enfim, um caos estava acontecendo no Rio de Janeiro, e a gente nada podia fazer. *Nada*!

Tinha que permanecer em silêncio total pra não ser rastreado. Mas acredito que ele aproveitou esse contato dele com a Rocinha e falou com mulheres também pelo MSN. Na verdade, o que *todos* falam que eu fazia, quem fazia era ele. Eu não falava com *ninguém* pela internet. Meus filhos não falavam com *ninguém* pela internet, mas ele falava com muita gente do morro pelo MSN. Ele ia pra lan house e nunca me deixava ir junto. Isso começou a gerar brigas e mais brigas, porque eu já estava achando que ele estava com alguma conversa que eu não poderia ver. Mas como ele poderia ter segredo comigo? Eu e meus filhos ali nas mãos dele, em prol dele, e ele agindo pelos cantos. Ele começou a viajar, ora pra resolver questões de documentos, ora pra fazer compras pra loja. Cada vez que ele ia pro aeroporto, meu coração nem batia direito de tanto medo. Eu não ficava tranquila enquanto ele não voltava. Ele falou que tínhamos que investir nosso último dinheiro em mercadorias pra não gastar com besteira. E eu concordei com isso. Assim, ele viajou umas quatro vezes, mas, em meio a essas viagens, eu estava tão insegura, tão sensível como mulher, que comecei a entrar numa depressão e, no fundo, eu estava sentindo que ele estava mesmo voltando a incorporar o Robinho Pinga, desatento, impaciente etc. Ele foi muito cruel comigo naquela época. Eu me levantava de madrugada pra chorar por causa do meu pai, porque sabia que ele morreria e eu não poderia vê-lo nunca mais. Ele sequer se mexia na cama pra me acolher. Agia com uma frieza sem tamanho. Eu sempre ali, como um cão fiel, querendo ele o tempo todo, e ele chegou a ponto de me falar que se incomodava com o meu assédio, que ele não gostava que eu ficasse querendo ele. *Gente*, pelo amor de Deus, isso não é pra deixar qualquer um *louco*? Ele falava isso, e, horas depois, transava loucamente comigo. Depois, passava dias sem nem olhar pra minha cara, com muita frieza. Cada vez que ele sumia pra ir à lan house, eu entrava num estado de depressão terrível. Meu Orkut na época era controlado pelo meu sobrinho, mas muita gente pensava que eu ainda mexia nele. Eu olhava tudo na internet como um anônimo qualquer, não podia, de jeito nenhum, ter qualquer ligação comigo ou com onde estávamos. Meu filho chorava, olhando os Orkuts dos amigos, sem poder fazer qualquer contato. Ele, com essa coisa de ficar às escondidas fazendo contato com o morro, desencadeou uma revolta nacional lá em casa. Era injusto a gente ali, totalmente incomunicável, e ele mesmo, que era o maior interessado, de papinho gostoso pelo MSN e Orkut.

Pra piorar tudo, as mulheres com que ele trepou no morro resolveram aproveitar a nossa ausência pra fazer gracinhas no Orkut e divulgar que eram namoradas dele, *inclusive* aquela mesma que já vinha infernizando a nossa vida.

Porraaaaaa, quando vi isso, veio tudo à tona de novo. E ele me tratando com tanta frieza, como se eu fosse uma escrava espiritual dele. E eu estava exatamente assim: me rebaixando a todas as vontades dele como uma escrava. Ele ora me rejeitava, ora me usava. Sofri muito nessa época, me sentia abandonada até por Deus. Até que um dia, no meio de uma discussão, eu o botei na parede pra ele tirar de vez aquela mágoa do meu coração, pra ele me falar se ele tinha me traído mesmo. E foi aí que ele me destruiu como mulher numa só palavra. "Sim… Eu te traí!".

Caralho… Parecia que eu estava sendo rasgada por inteiro. Uma dor que foi maior que qualquer sentimento aquele momento. Eu não conseguia me levantar do lugar. Ele falou isso muito seguro, ele sabia que eu estava nas mãos dele. Nossa, parecia que todo o oxigênio da Terra tinha acabado e o meu coração estava sendo espremido. A visão que eu tinha era ele sentado na minha frente me falando na maior tranquilidade que tinha me traído, sim, com várias mulheres. Além de ele me jogar num buraco escuro, ainda jogou uns sacos de areia em cima quando me falou que queria que eu e as crianças voltássemos pro Rio de Janeiro, que ele iria seguir sozinho porque o amor tinha acabado.

O amor dele tinha a-ca-ba-do. Imaginem, eu fiquei do lado desse homem quando *todos* viraram as costas, enfrentei bandido, repórter, polícia, abandonei o lugar onde nasci e fui criada, enfrentei medo, solidão, inveja, cobiça, tristeza, e me mantive ali num único propósito: protegê-lo. Coloquei meus filhos em risco, destruí mais a infância das crianças, cometi crimes, estava sendo perseguida pela polícia, que me enxergava como uma debochada, e esse homem me fala, com a maior naturalidade, assim mesmo: "Eu quero que vocês voltem pro Rio". Porra, foi como ganhar um tiro na cara de fogo amigo... Eu, aos prantos, perguntei: "Por quê? Por quê?". E ele só me falava assim: "Acabou o amor".

Eu pensei: "Meu Deus, que castigo é esse? Como que eu vou voltar pro Rio com a polícia toda na sede de pegá-lo? Eles vão me arrastar em praça pública quando eu desembarcar e vão arrancar meu fígado querendo saber onde ele esteve e onde ele está". Toda a ira da sociedade cairia sobre mim se eu voltasse com meus filhos.

Eu só consegui ter uma reação... Me levantei em silêncio e fui ao banheiro tentar dar fim a toda aquela dor que eu estava sentindo. Peguei uma caixa de remédios tarja preta que tinha lá e engoli tudo. Mas ele desceu do imenso pedestal onde estava, percebeu que havia algo errado, arrombou a porta do banheiro, já foi enfiando o dedo na minha garganta e me fez vomitar até não aguentar mais. Foi um dia terrível pra mim. Cheguei ao limite, ao famoso "fundo do poço". Ele, naquela alternância de comportamento, me trouxe do banheiro e quis namorar comigo. *Gente*! Por favor, me digam se eu é que sou a louca dessa história. Ele quase me matou de tristeza e, minutos depois, fez amor comigo. Aquilo parecia um plano diabólico pra me destruir, me enlouquecer, ou coisa parecida. Ele, no meio daquela crise, simplesmente fez uma tatuagem com meu nome no braço. Eu não entendia como ele podia ser tão confuso nos pensamentos – e aquilo me deixava mais pirada. As crianças, coitadinhas, viram que estava acontecendo algo de errado. Meu filho me viu definhando de tristeza e me falou algo de que até hoje me lembro: "Mãe, vamos embora, ele não quer mais a gente!".

A minha filha começou a ir pra igreja e fez de tudo pra gente ir ao encontro de casais. Definitivamente, havia algo de muito ruim ali, tentando acabar com a gente de verdade. Nós fomos à igreja e eu o olhava ali me beijando, mas sabe quando você sente que a pessoa parece fingir? Não aguentei. Quando a pastora começou a falar, saí correndo, aos prantos, correndo mesmo! Nessa época, em um dos dias de crise do Paulo, ele me levou a praia pra mais uma vez me falar que não me amava mais. E, quando voltamos pra casa, infelizmente, a cachorra do meu filho ficou pro lado de fora do portão. Foi outra perda irreparável. Perdemos a Luna... Até hoje eu não aceito isso. Nós botamos fotos, telefone, as pessoas ligavam falando que tinham achado, as crianças festejavam, mas, na hora, não era ela. Era uma tristeza sem fim quando voltávamos pra casa sem ela. Tadinho do Celso, chorava muito quando íamos, muitas vezes, dentro de favelas e, chegando lá, era trote, ou não era ela que estava lá. Fiquei alguns dias totalmente doente. Não conseguia me levantar pra nada, fui parar em hospital etc. Ele começou a cuidar de mim, me dava comida na boca e tudo e, aos poucos, foi diminuindo a intensidade da dor. Ele me levou num show do Sorriso Maroto que aconteceu lá. Foi bom pra dar uma injeção de ânimo. Mas, olha, por incrível que pareça, eles chegaram lá com uma música que parecia que tinha sido feita pra mim.

Quando consegui entender o que eles estavam cantando, meu astral mudou na hora. Continuei sorrindo, porém, sangrando por dentro. Parecia ele cantando aquilo pra mim, porque o meu marido estava, em suaves prestações, me perdendo mesmo. Mas, apesar de eu achar que Deus não estava mais por ali, Ele estava sim. E mais forte do que nunca, porque só Ele conseguiu evitar o pior.

Apesar de estar muito sensível, o pior já havia passado, e tudo muito lentamente começou a voltar ao normal. Nós, ainda dentro de tudo, tentávamos levar a vida. Apesar de as crianças estarem no meio dessa história toda, ainda guardavam uma ingenuidade – e isso fazia com que algumas horas esquecêssemos tudo que estávamos passando. Ele sempre se comunicava com a pessoa que era a ponte entre a gente e as informações sobre as nossas famílias. Quando recebemos a notícia de que o médico do meu pai o havia liberado pra passar o Natal e Ano-Novo em casa porque o fim dele estaria próximo, fiquei arrasada, mas voltar, nem pensar...

Foi quando decidimos fazer um vídeo pra mandar pra nossas famílias, pois todos estavam muito tristes sem notícias nossas. Ele até que disfarçou bem que estava tudo a mil maravilhas, mas eu, nessa altura, parecia berrar, por dentro e por fora, por ajuda. Foi pouco o tempo que tivemos daí pra frente. Ele sempre agia daquela forma que me fazia mal cada vez mais. Tudo de ruim vinha à tona quando ele me tratava daquele jeito. Eu me sentia feia, me sentia menos que qualquer mulher do planeta. Às vezes, eu ia pra loja e ficava lá sozinha, chorando. Um dia, meu filho virou pra mim e falou assim: "Mãe, se quando eu estiver na 8ª série, descobrirem meu nome verdadeiro, eu terei que voltar pra 4ª série? E o dia que eu tiver um filho, ele também vai ter nome falso?". Caralho! Foi como um tiro. Eu não sabia o que responder pra ele.

Fiquei com aquilo na mente e, cada vez que o meu marido agia de forma estranha, como se quisesse se livrar da gente, aquilo vinha na minha mente. Uma coisa muito ruim foi tomando o meu coração e eu já comecei a enlouquecer de verdade. Comecei a ver um caixão quando olhava pro meu marido. Eu fui tomada por uma coisa que realmente era alimentada do sentimento ruim que ele me fez sentir. Comecei a pesquisar como matá-lo. Eu já estava conseguindo disfarçar, simular sorrisos, uma coisa diabólica mesmo. Cheguei à conclusão de que veneno seria terrível, porque ele sofreria muito de dor e não morreria rápido. Então pensei assim: "Ahh, porra! Eu estou em Maceió, lugar mais fácil de achar um matador do planeta". Comecei a montar tudo na minha cabeça, onde ele morreria, e como eu teria que fazer porque afinal ele estava com um documento falso. Cada vez que ele sumia pra ir à lan house e me tratava com frieza, eu sentia uma coisa muito ruim.

Cada vez que ele falava que queria que a gente fosse embora pro Rio de Janeiro, o diabo soltava fogos. Naquele momento, ele tinha desabrochado tudo de ruim que existia. Minha vontade era chegar ao Rio de Janeiro, jogar o caixão e falar: "Aí o que vocês estão procurando! Acabou!". Mas, nesse momento, Deus começou a trabalhar com 220 volts mesmo. Deus confundiu a minha cabeça e atrasou meus planos porque, quando eu ia procurar alguém pra fazer o serviço, me vinham as crianças à cabeça. Não saía da minha mente a imagem dos meus filhos ajoelhados lá em Minas orando pro pai chegar com vida.

E ali eu caí de novo em tristeza porque já não tinha certeza se suportaria vê-lo morto e as crianças olhando-o caído no chão com um tiro na cabeça. Todos esses pensamentos me confundiram e retardaram meus planos. Ele queria me mandar, queria ir comprar passagem, então decidimos passar o último final de semana em Maragogi pra uma espécie de despedida. Seria o tempo que eu precisava pra ter certeza de que eu conseguiria viver sem ele. Parecia mesmo que tudo estava a favor do desgraçado. O pneu do carro furou, a gente mal tinha dinheiro, mas mesmo assim fomos. E foi um final de semana maravilhoso. Eu esqueci completamente de tudo de ruim que estava na minha cabeça. *Incrível* o poder do amor, gente. Pois naquele final de semana ele agiu como o homem com quem eu tinha me casado em 1995, e fez todo amor voltar com mais força pra lutar por ele. Era Deus mesmo me preparando pra mais uma bordoada.

18

Nós passeamos nas piscinas naturais, de madrugada fugimos das crianças com uma garrafa de vinho e fomos namorar na praia. Ali, ele posteriormente falou que havia desistido de me mandar embora e eu, desistido de matá-lo. Estava selada a paz. O amor que eu sentia por ele e o que ele dizia sentir por mim voltaram, não à toa, mas sim pra dar suporte a tudo o que estaria por um fio de cabelo pra acontecer e nem eu nem ele imaginávamos. Mas como ele mesmo disse, um dia, sobre o vendaval na nossa vida: "Bibi, aconteça o que acontecer, eu sempre vou te amar". Parecia que ele estava pressentindo também. Aliás, por incrível que pareça, no sábado à tarde, estávamos na praia, eu, ele e o caseiro do condomínio, quando um homem chegou do nada e parou olhando o mar. Eu olhei pra ele e ele me olhou bem nos olhos.

Eu senti que ele era do Rio de Janeiro. Não sei por que, mas eu senti. Em questões de segundos ele sumiu. Então, eu nem dei importância.

A noite acabou nesse clima de amor. Assim que acordamos e tomamos café, não passou uma hora, um homem o chamou na porta da casa e, em segundos, nosso sonho estava chegando ao fim... Era a Polícia Civil do Rio de Janeiro.

Eu estava deitada no sofá e levei um susto tão grande porque eles já entraram com ele algemado e o botaram sentado no chão. Eu dei um pulo do sofá e as crianças começaram a chorar sem parar, tentando chegar perto dele. Até o delegado ficou com pena, tirou a algema e o mandou acalmar o Celso e a Dalila. Eu não conseguia parar de chorar, desolada...

Eles ligaram na hora pro Rio comemorando... É muito ruim estar sofrendo enquanto alguém comemora, mas quem se envolve no crime tem que estar preparado pra isso, e nós perdemos tanto tempo com brigas internas que esquecemos que nossos inimigos eram outros. Demoramos demais pra agir e o registro da casa estava no meu CPF.

Lembram quando eu falei que havia comprado em 2006 e que não havia ninguém pra botar no nome? Nós iríamos exatamente naquela semana passar pro nome falso dele, mas não deu tempo. Na hora de ir embora, foi muito ruim vê-lo naquele carro já algemado, indo, saindo de perto de mim. Agora eu já não poderia mais fazer nada pra protegê-lo. A última coisa que ele me falou entre os beijos que permitiram que ele me desse foi: "Bibi, vai em casa, pega as coisas e vai pro Rio de Janeiro agora". O delegado me orientou a não ir pro aeroporto de Recife, pois tinha muita imprensa lá. Eu obedeci e saí por Maceió mesmo. E, pior, eu ainda tinha uma missão: não deixá-los saber que a minha casa era em Maceió. Eles acharam que era na Paraíba. Eu fiquei com muito medo de a polícia descobrir, pois tudo lá era no nome falso.

Quando eles viraram a esquina, eu me desculpei com o caseiro, por ter mentido pra ele tanto tempo, e ele, Everaldo, morador de São Bento, foi simplesmente piedoso comigo e falou que eu não me preocupasse que ele não estava com raiva, não. Olhei aquela casa, vi ali meus sonhos todos serem levados como uma onda que vem e leva tudo pro mar. Peguei as crianças e parti pra uma viagem de duas horas de carro. Corri muito, pois queria sair antes que passasse na televisão. Quando cheguei em casa, entrei no meu antigo MSN e falei com um grande amigo/irmão, o Alexandre Vidal (Mirim). Esse meu amigo morava lá na Vila dos Pinheiros e na hora só pensei nele mesmo. Pedi que ele fosse correndo pra Rocinha pedir ao Play que mandasse um advogado pro aeroporto porque o Paulo tinha acabado de ser preso. Ele falou que não tinha dinheiro pra ir rápido, e eu falei: "Pega um mototáxi, chega lá e pede pra algum bandido pagar, mas vai *agora*!". Daí quando vi a cara do Paulo, ela já estava nos sites do Nordeste. Foi um corre-corre. Eu tinha muito medo da polícia de Alagoas. Corri muito pra sair logo de casa. Mas tinha um problema: nós não tínhamos dinheiro e eu não poderia deixar o carro jogado no aeroporto. Aí as crianças lembraram que tinha cinquenta reais no cofre de porquinho. Mandei meus filhos pegarem o que mais gostavam e saímos voando pro aeroporto. Mais uma vez eu tive que abandonar minhas coisas. Eu sempre me despedia de tudo porque sabia que muitas delas eu jamais reaveria. Mas o dinheiro que tinha na conta era exatamente o valor de três passagens. Eu não tinha mais nada. Tivemos que esperar mais de oito horas no aeroporto, com sede e fome. As crianças chorando querendo comer, e eu tendo que me manter calma, acalmando-os, dizendo que já já iriamos comer no avião.

Assim me despedi de Maceió e deixei todo o meu sonho pra trás. Ao sobrevoar o Rio de Janeiro, eu não conseguia sentir emoção de nada. Estava destroçada.

Meu primo Beto, por quem eu tenho verdadeira paixão, foi ao aeroporto me buscar. Ele sempre esteve firme ao meu lado, desde o primeiro dia em que o Paulo havia sido preso em 2005.

Ele me ajudou com a minha mudança da Tijuca, e me acompanhava na Rocinha no início, porque eu tinha medo, então ele me fez companhia; aliás, ele e a esposa dele, a Renata, que é como uma irmã pra mim.

Pois é, lá estava eu de volta desembarcando no Rio de Janeiro, com uma muda de roupa e um coração ferido no peito. Lá estava eu ali respirando fundo novamente, pra encarar a longa jornada que estava por vir. Eu, totalmente sem definição de nada na vida, só sabia novamente que eu tinha dois filhos e um marido preso pra cuidar...

19

A minha volta pro Rio de Janeiro foi simultânea com a volta de todo amor que eu poderia sentir pelo meu marido. Tive meses de muita turbulência e apenas dois dias pra renovarmos nosso amor. Nem bem descansei e já estava desesperada pra tentar cuidar do Paulo e protegê-lo. Mesmo sem saber a minha situação perante a justiça, fui até a delegacia onde ele estava pra levar um lençol e roupas. Quando bati na porta da delegacia, todos lá me olharam com cara de espanto, mas permitiram que eu desse um beijo nele e perguntasse pra onde ele seria levado, pois na hora em que cheguei havia um comboio na porta pra transferi-lo pra outra carceragem. Lembro que o delegado, na hora em que estávamos saindo, falou: "Oh, se fizer gracinha, já sabe. Não quero ninguém atrás da gente agora".

E logo me perguntou quem estava do outro lado da rua me esperando no carro. Antes que eu respondesse, um dos policiais respondeu: "São o irmão e a irmã dela, pô, Reinaldinho e Patrícia".

Confesso que, na hora, levei um sustinho, porque ele sabia muita coisa da minha vida, impressionante como eles me rastreavam. Dali, o vi sendo levado. Foi uma noite horrível. Uma mistura de tristeza, saudade, solidão, incerteza. Comecei a dormir à base de calmante naquela noite, pois eu ficava muito ansiosa pra acordar no dia seguinte, e isso não me deixava dormir. Mas teve um fato que realmente me deixou apreensiva: eu estava em casa, entrei no meu MSN, e logo comecei a conversar com o Play sobre como foi a prisão dele em Maceió, mas, assim que comecei a ladainha de sempre, ele pediu pra eu esperar, que o Paulo estava no celular pra falar com ele.

Pronto, ali meu coração já disparou, minha neurose ficou logo aguçada.

Primeira coisa que pensei: "Se ele está com o celular, ele pode estar ligando pra mulher também". Minha imaginação já deu aquele giro que só as ciumentas podem dar.

Nessa época minha mãe morava na Praça da Bandeira, o que me facilitava o vaivém de ônibus. Eu estava sem dinheiro nenhum, sem roupas, mas a minha mãe, como sempre, segurou essa barra pra mim: me deu o dinheiro pra eu pegar a van pra Niterói e arrumou umas roupas dela pra mim. Mal amanheceu eu já estava de pé. Fui a primeira da fila da delegacia, afinal estava desesperada pra falar com ele, que eu sabia que estava com celular. E confesso que fiquei chateada porque ele conseguiu fazer contato com o morro, mas não fez com a gente em casa. Me senti mais uma vez um pouco desprotegida por ele.

Logo que entrei, beijei-o muito, abracei, cheirei o cabelo dele, porém não consegui segurar a língua e logo falei pra ele que eu sabia que ele estava ligando pro morro. E falei que, já que ele estava ligando pra Deus e o mundo, era já pra deixar geral ciente que não ia ter essa palhaçada de um monte de mulheres atrás dele na porta da cadeia. E que, se chegasse alguém pra visitá-lo, era pra ele não aceitar. Porque delegacia é uma bagunça e todo mundo pode entrar pra visitar.

Nessa hora, o Paulo me magoou muito e eu, sinceramente, não sei como permaneci ali, forte ao lado dele. Ele ainda estava besuntado com aquela marra que ele estava há meses comigo. Certamente ainda não tinha caído a ficha dele. Eu acho que ele veio no avião se sentindo o Tal, cotando história à beça, fazendo pose pra repórter, acho que estava por cima da carne seca. Com essa mesma pose, ele virou pra mim e respondeu: "Ué, se alguém vier aqui, vou falar sim".

Como esse homem conseguiu pisotear tanto em mim... Como eu demorei pra me libertar desse amor que estava me fazendo de escrava. Eu olhei pra um lado e pro outro, e não consegui segurar as lágrimas. Eu me senti muito triste em ver que ele estava com a mesma arrogância de antes. Mas eis que, antes dessa lágrima cair no chão, Deus a aparou... Está aí uma passagem de que adoro me lembrar: Vi ali o mundinho dele desabar... O policial, exatamente nesse momento, chamou o Paulo. Ele foi e me deixou chorando e, em menos de três segundos, voltou amarelo e falou: "Bibi, vou ser transferido agora. Vai lá e pergunta pra eles pra onde vão me levar".

Disfarcei, sequei os olhos, fui e o policial falou: "Bangu 1". Confesso que me senti praticamente vingada ali. Voltei e falei: "Bangu 1". Detalhe: voltei e fiz o sinal do número um daquele jeito... (risos).

Ele, na mesma hora, viu o mundinho dele desabar de vez, porque sabia que não poderia mais ficar na bagunça que é na delegacia, e as chances de fugir estariam resumidas a praticamente zero, tendo em vista que ele era um fodido. Não tinha nem papel higiênico pra limpar a bunda. O cara de pau me abraçou e teve a coragem de falar no meu ouvido: "Bibi, eu preciso de você do meu lado, você vai aguentar até o fim, né?". E eu falei que sim, lógico. Mulher apaixonada, alienada, é otária mesmo. Naquela hora ele foi levado pro Bangu 1.

Fui pra casa e lá eu ficava estagnada, sem conseguir me mover. As pessoas não sabiam o que eu estava passando, tudo que tinha acontecido comigo. As únicas pessoas a quem eu tinha coragem de contar eram a minha mãe e a minha irmã. Eu estava ali sem dinheiro, sem roupa, sem casa, sem nada. Muito magoada, mas, por outro lado, sentindo *muita* falta dele ao meu lado. Era como se existisse uma esperança de que a gente conseguiria ser feliz novamente.

Assim que entra no sistema penitenciário, o interno fica dez dias sem poder receber visitas. Mas eu não conseguia esperar. Logo no primeiro dia de visita já fui pra Bangu e procurei as mulheres de outros presos, pra pedir que elas dessem comida pra ele, e trouxessem notícias se ele estava bem pra mim. Quando cheguei, ainda estava escuro e fiquei sentada na porta do presídio esperando a visita acabar às dezesseis horas, só pra ter notícia dele. A irmã de um preso saiu e me disse que ele estava bem e que tinha falado que me amava.

Porra! Eu era muito idiota mesmo. Ele conseguia me desmontar somente com um recado desse. Dizer que me amava era o suficiente pra me renovar e ter toda a força do mundo pra encarar qualquer jornada ao lado dele.

Ao mesmo tempo em que eu estava tentando saber notícias dele, ainda passava por problemas aqui fora. Era notícia sobre notícia. Todo dia saía alguma coisa no jornal. Pior foi no dia em que fui lavar a roupa que ele me havia entregado na delegacia: achei um número de celular do Rio de Janeiro, com nome de mulher, no bolso do short. Quando achei, fiquei gelada, meu coração disparou e, obviamente, não me controlei e fui ligar pra saber quem era, porque eu achei que já fosse número de mulheres do morro com quem ele saía. Quando liguei pra tirar satisfação, falei que tinha achado o número no bolso do meu marido e queria saber de onde ela era. Foi *muito* engraçado porque a minha cara foi parar no chão. A mulher, coitada, ficou sem entender nada. Então, ela, muito sem entender, falou: "Mas qual é o nome do seu esposo? Porque eu realmente não sei do que você está falando". Quando eu falei: "Paulo!", caraca! Minha cara ficou roxa na hora, porque ela riu muito e falou: "Eu sou a Gabriela Moreira, jornalista, eu estava no avião em que ele veio preso, e dei o número, caso ele se interessasse em falar com a imprensa". Fiquei muito sem graça e com muita vergonha... Aí ela aproveitou e já perguntou se podia conversar comigo, que ela iria lá no prédio e tal. E eu aceitei porque na hora fiquei tão desconcertada que não consegui falar não.

Na verdade, eu já estava tão exposta, que isso não era o meu maior problema, pois todos os dias saía alguma coisa no jornal, só que sempre o que outras pessoas achavam – e não o que eu estava falando.

Eu ainda tinha que me virar em tudo porque o meu marido estava lá preso e eu, melhor que ninguém, sabia que ele não tinha nem dinheiro e nem tanto prestígio assim como todos imaginavam, afinal, ele quis ir embora por sua conta e risco.

Minha mãe me ajudou muito porque as crianças estavam fora da escola e tinham que ser matriculadas, e eu estava com tudo pra resolver. A minha casa fechada lá em Maceió, minhas cachorras com o caseiro, o Paulo sem nada na cadeia. Realmente, eu passei a tomar conta vinte e quatro horas por dia da vida dele novamente. Mas a chegada em Bangu é muito cansativa pra quem está aqui fora. O sistema penitenciário é muito cruel com os familiares de presos. Eles não querem saber que o familiar de um preso está passando por um momento complicado, que o provedor daquela família acaba de ser arrancado, que todos estão psicologicamente abalados, que 90% dos casos são pessoas pobres que mal têm dinheiro do ônibus pra estar ali – sem contar que existe a regra que somente esposa, filhos, avós mãe, pai e irmãos podem se credenciar pra visitá-los. Logo chegamos à conclusão de que quem está ali são realmente familiares que não têm interesses por negócios, e sim pela pessoa que lá está. Simplesmente os familiares são tratados muito mal. Alguns agentes que trabalham no credenciamento tratam as pessoas como se estivessem falando com os próprios presos. É humilhação em cima de humilhação pra quem pretende visitar um preso, principalmente se esse preso for um qualquer, sem dinheiro e fama no mundo do crime.

O agente me tratou mal até o momento que me reconheceu… É incrível como as pessoas são interesseiras! Eu me senti muito mal em ver que ele mudou o comportamento e fez diferença entre mim e as outras mulheres que estavam ali no mesmo sofrimento que o meu. Vocês acreditam que ele até de Baronesa me chamou? Mas naquele momento eu estava tão seca de saudade do meu marido que entrei no jogo deles e fiz rapidinho a minha carteira.

Quando eu voltava pra casa, me sentia muito só e triste. Era como se a ferida ainda estivesse aberta e eu não tivesse nem tempo pra me recuperar de tanta dor. Praticamente fiquei à base de calmantes. Eu ainda estava com aquela coisa ruim porque ele mesmo acendeu isso em mim, quando me deu a última punhalada segundos antes de sua transferência. Eu não tinha me encontrado mais com ele – e isso era pior que tudo. Eu queria ver com meus olhos que ele realmente me amava. Mas eu estava muito ressentida ainda e agora estava de volta, com muita determinação pra me vingar daquelas mulheres que me fizeram tão mal. Eu estava determinada a fazer covardia e só me faltava mesmo dinheiro. Eu não queria brigar nem rolar no chão com ninguém, eu queria mesmo o mal.

Nesse meio-tempo, eu resolvi ir até a delegacia pra buscar meu laptop e minha máquina digital, que foram apreendidos no ato da prisão dele. Afinal, eu não tinha mais nada comigo no Rio de Janeiro, e lá estavam nossas últimas recordações.

Calcei a cara e fui até a delegacia pedir minhas coisas. Naquele momento não adiantava mais correr da polícia. Ele já estava preso, eu estaria em Bangu duas vezes na semana, então não adiantava me esconder.

Quando cheguei à delegacia, dei de cara com os homens que me seguiram e perseguiram por dois anos e foram, de certa forma, meus algozes. Por incrível que pareça, pra mim esses homens mudaram a visão distorcida que eu tinha em relação aos policiais. Eles me mostraram que existem, *sim*, policiais honestos, trabalhadores, de bem, que amam o que fazem, e que estão ali trabalhando pelo bem da sociedade, sem serem desumanos.

20

Hoje eu posso falar que tenho muito orgulho de ter profissionais como os da equipe do Alexandre Estelita. Ele e o policial Reinaldo são pessoas que eu tenho certeza de que são dignas de defender a nossa sociedade. Antes eu corria deles, tinha medo, ficava com raiva, burlava de tudo que era jeito, mas, quando me vi sem alternativa pra encará-los, percebi que eles trabalham sem levar pro lado pessoal, apenas cumprem a lei da forma mais ética possível.

Foi um encontro muito engraçado, porque eles ficaram estarrecidos com a minha cara de pau, e eu ali, toda serelepe, saltitante, querendo minhas fotos.

Lembro que devo muito do que sou hoje a esses caras porque foram eles que botaram um freio em mim. Eles seguiram, escutaram, perseguiram, enfim, me conheciam muito bem e sabiam do que eu era capaz, e sabiam que estava na sede de vingança mesmo. Afinal, eles estavam bem por dentro das traições do meu marido.

Quando entrei, todos sentaram e ficaram como criança, me olhando, todos lindos por sinal. Quando o policial Alexandre Estelita me falou assim: "Olha, vou te falar uma coisa: você não faz ideia de como seu anjo da guarda lhe protegeu hoje!", eu perguntei: "Ué, por que, gente?".

Ele, bem calmo, me falou assim: "Nós estamos fechando a investigação de dois anos, e nunca conseguimos te interrogar. Se você não vem aqui hoje buscar essas fotos, você estava fudida, porque a gente ia atrás de você, e, vou te falar, até esse exato momento a gente fazia uma ideia totalmente diferente da sua pessoa".

Eles perceberam que eu não era uma *peguete* do Paulo, eu era a *esposa* dele desde a minha adolescência, e meu casamento com ele não tinha nada com a relação dele com o tráfico.

Mas a conversa logo tomou outro rumo quando eles falaram que já tinham interrogado o Paulo, mas que ele não escaparia porque eles tinham bastantes provas contra ele. Aí, eu, na mesma hora, pensei: "Ué, se eles têm escutas, devem ter ele falando com as vagabundas, e assim vou saber bem quem é o Paulo".

Eles riram muito pois eu queria porque queria as escutas (risos). Eu faria nem que fosse empréstimo pra conseguir o dinheiro. Logicamente que eles não me deram, aquilo era um trabalho que eles levavam a sério. Mas eu tentei, né...

Quando eu estava lá, percebi que não adianta fugir da polícia porque eles simplesmente sabem de *tudo*. Até as fofocas de família que eram discutidas por telefone eles sabiam. Eles me perguntaram quem era todo mundo da minha família de tanto que escutaram a minha mãe conversando. Até uma amiga da minha mãe que me viu nascer, a Dona Jandira – que é como se fosse uma tia, trabalhou na direção da escola onde eu estudei quase a vida toda –, eles perguntaram por que ela ligava tanto pra minha mãe, pra saber notícias da gente. Eles queriam saber se ela era da família, provavelmente pra levantar a ligação dela.

Quando eu perguntei das escutas do meu marido com outras mulheres, eles rapidamente começaram a defender o Paulo, falando pra eu tirar isso da cabeça, que ele me amava, que as "piranhas" é que ligavam enchendo o saco dele, que era pra eu esquecer isso. E eu parada, olhando e não aceitando nada daquilo. Aí o Alexandre me olhou e falou: "Olha, Fabiana, a gente sabe o que você está querendo, e já vou te avisar, se alguma menor de idade aparecer com um arranhão, a gente vai prender você, ok?". Eita! Que raiva que me deu! Eu estava com as mãos e os pés atados. Além de mil pessoas pra me impedir de lavar a alma, agora até a polícia estava me travando.

Mas hoje eu vejo que, na verdade, eles foram como anjos da guarda mesmo; quando me aterrorizaram, me protegeram do pior, porque realmente eu ia fazer – e me ferrar. Eles também acreditavam muito que o Paulo tinha se envolvido por uma fraqueza, mas que ele poderia ainda mudar de vida. Eles queriam arrumar livros pra ele estudar e tal. Mas tanto eles quanto eu estávamos iludidos com a máscara de homem de família que o canalha vestia pra passar por bonzinho. Tanto a minha ficha quanto a daqueles policiais demoraram a cair.

Eles não me entregaram o laptop porque estava em perícia, mas me deram uma cópia das fotos que estavam no aparelho e a máquina digital. Eu nem tinha visto ainda aquelas imagens porque tinham sido gravadas no dia anterior à prisão do meu marido. Quando cheguei em casa e fui olhar, simplesmente chorei por horas. Como se quisesse me agarrar àquelas imagens e acreditar mesmo no amor dele por mim.

A vida estava meio truncada e eu não podia resolver as questões da minha casa que tinha ficado em Maceió. Eu não tinha um centavo pra nada e tudo dependia de dinheiro pra ser resolvido. Nos primeiros dez dias fiquei praticamente estagnada, somente planejando o meu encontro com ele. Resolvi fazer um vídeo com uma música que ele tinha mandado pra mim uma vez pelo MSN, e, sempre que eu ficava abalada pelas incertezas e mágoas, assistia ao vídeo e ficava repetindo-o, até meu coração se acalmar.

Não sei, essa música, essa tradução me dava força... Eu me sentia mais forte pra encarar tudo que estava por vir ainda. Logo depois eu consegui visitá-lo. Foi muito estranho o primeiro dia de visita. É constrangedor entrar lá. A pessoa que se propõe a visitar alguém tem que estar muito preparada pra passar por diversos vexames. Já começa lá fora: tem que estar atenta pra quem está na sua frente na fila. É muita confusão das mulheres que visitam há mais tempo ou são mulheres de patrões e, por isso, acham que podem passar na frente de todo mundo. Muitas nem fazem questão, mas as pessoas que querem puxar saco delas e ganhar dinheiro com isso fazem de tudo pra botá-las numa posição melhor que as outras. Logicamente, isso comigo deu problema porque pra mim todo mundo ali é igual. E eu não iria admitir ninguém passar na minha frente. Depois que a gente enfim arruma um monte de frutas e comida em duas bolsas brancas, tem que entrar num micro-ônibus *lotado*, pois é muito longe pra ir andando com peso. No ônibus é um empurra-empurra, uma baixaria danada por parte de algumas mulheres, que não respeitam as senhoras, as crianças e tal. Depois novamente ficamos em pé esperando o agente chamar pela ordem em que entregamos as carteiras.

Então vamos lá, a pessoa sai de casa quatro horas da manhã e só após as dez começa a entrar na unidade. Na época, o Bangu 1 tinha quatro galerias separadas que abrigavam facções diferentes, porém na fila era tudo misturado. Ao entrar, toda a comida que era feita com tanto gosto era furada e revirada, sem contar que existiam muitas restrições alimentares. Então vinha a melhor parte: a revista íntima. Logicamente, as agentes não tocam em nós, porém, é necessário ficar completamente nua, de frente pra elas e abaixar três vezes de frente e de costas pra elas olharem a nossa perereca. Se estiver menstruada é treva, porque tem que tirar o absorvente, seja ele normal ou interno, na frente delas e receber um novo. Lá só é permitido os que não são internos. Imagina no primeiro dia, quando o fluxo é maior... Quando abaixa, o sangue cai no chão. Onde enfiar a cara nessa hora? Contudo, a saudade que fica é tão grande que a gente acaba passando por isso sem pestanejar. Tudo pra estar logo lá dentro. Eu ficava olhado todas aquelas trancas e grades e aquilo me deixava triste de ver o resultado de tudo, ver onde nós fomos parar. Logo eu e ele, que estávamos por um fio de cabelo de nos tornar úteis para a sociedade. Eu seria uma assistente social, e ele, um professor de Matemática. Como duas pessoas que estavam se dedicando a trabalhar em prol das pessoas de repente fazem tão mal a essa sociedade?

Quando eu consegui entrar, meu coração parecia completo na hora, apesar de todas as dúvidas e incertezas causadas pelas traições dele. É estranho falar, porque nem eu consigo compreender o que acontecia com ele. O cara mudava da água pro vinho e me deixava arriada no chão. Ele era outra pessoa. Logo que eu entrei, a gente já se agarrou e namoramos o dia inteiro como se o mundo fosse acabar. E ele chorou muito me pedindo perdão por tudo, que ele tinha passado os dez dias pensando em tudo que tinha acontecido e ficou claro pra ele que eu era a mulher da vida dele, a que ele amava. Apesar de magoada, relutando, no fim o amor que eu tinha por ele era tão grandioso que conseguia abafar todo o resto. O bom do Bangu 1 é que a visita é no cubículo do próprio preso, tudo individual. E lá a gente poderia ficar namorando o dia inteiro.

Até aí, eu estava decidida a levar uma vidinha normal, de pobre, comprando blusas brancas pra ele no supermercado por R$9,90, mas não demorou muito pra novamente uma coisa ruim entrar na nossa história. E o estopim disso foi o fato de ele ir ao fórum e, chegando lá, não ter nenhum advogado pra acompanhá-lo. Ele chorou muito porque se sentiu totalmente desprestigiado pelo Play, que não sei por que não mandou os advogados irem lá acompanhar o amiguinho dele. E eu, como uma boa corna que se preze, tomei logo as dores dele e resolvi me meter na história. Como sempre servindo de escudo e batendo de frente com Deus e o mundo pela defesa dele. Então eu entrei em cena novamente. Até aquela data eu não tinha voltado à Rocinha, porém, nesse dia, eu fui igual um cão feroz a quem o dono fala: "Ataca!". Hoje, eu consigo até compreender melhor o Play em muitas coisas. Depois de perder aquele sentimento que me cegava em relação ao meu marido, tenho mais clareza pra entender as coisas que, naquela época, me pareciam absurdas. Uma delas foi o Paulo ir ao fórum sem advogado.

Quando eu cheguei ao morro, fui hostilizada por muita gente. As pessoas sempre me olhavam como se eu fosse culpada de tudo e, na verdade, não era. Foi um dia ruim porque eu tive que discutir muito com muita gente que se dizia amiga do Paulo e não percebia que ele estava lá dentro do Bangu 1 praticamente pelado. Aí veio uma pessoa, cujo nome não quero citar, falar comigo a mando do amigão do Paulo. Eu falei que já tinha quinze dias que a gente estava no Rio de Janeiro e que ninguém tinha se manifestado pra ajudá-lo em nada, e que ele tinha ido ao fórum sem advogado. E que eu queria saber se a Rocinha não ia ajudá-lo porque, senão, eu ia meter a mão na cara do primeiro que falasse "liberdade, Pinga", porque ele precisava de um advogado, e não de homenagem. Então essa pessoa, muito desconcertada, sem resposta, me falou que ia em casa buscar um dinheiro que era pra entregar pra ajudar o Paulo (risos). Tô rindo agora, mas na hora eu chorei. O cara veio, parou a moto na minha frente e me entregou o dinheiro. Eu abri a mão e fui contar na frente dele, porque dinheiro e história foram feitos pra contar. Gente, a minha lágrima caiu na hora. Sabe quanto tinha? Trezentos reais. Isso não paga nem um bom dia do advogado, imagina roupas, lençol, colchão, televisão de catorze polegadas, ventilador, travesseiros e dois filhos precisando comer também. Nossa, eu senti uma tristeza tão grande pelo Paulo naquela hora, porque eu vi como ele tinha sido descartado, como tinha sido usado, e como toda aquela fama não condizia com a moral que ele estava recebendo. Nossa, de coração, senti muita pena do meu homem naquela hora. Então me enchi de coragem e falei pra ele levar o dinheiro que eu queria ir buscar direto com quem estava mandando. Porque eu queria olhar bem nos olhos dele pra acreditar que ele havia mandado mesmo me entregar aquilo. Eu fui, e pior que eu ainda não sabia que meu computador tinha sido roubado em Maceió e alguém havia divulgado pra todos fotos minhas e do Paulo transando. Sabe o que é os bandidos assim, tipo olhando de rabo de olho? Lógico, não podiam falar nada, mas todo mundo já tinha corrido pra lan house pra ver. Eu vou ser sincera, passei por cima disso, porque não tinha tempo a perder. Botei um ponto final, falei que a gente é marido e mulher e marido e mulher transam mesmo. Fingi que nem era comigo.

Lá eu fui curta e grossa em relação a como ele seria ajudado; lógico que fiz isso na frente de todo mundo, porque assim o fã-clube do Robinho Pinga estaria ali pressionando, né? Enfim, ficou tudo acertado que o advogado dele seria pago, e que eles iriam ajudar com dinheiro, mas só dali a uns dez dias. Eu tenho certeza de que, pra algumas pessoas que ali estavam, a volta do Paulo colocava em risco os lucros que estavam ganhando. Eu sabia que algumas pessoas – não o Play, mas sim os que estavam em volta dele – não queriam essa retomada de vínculo, pois eles sabiam quem construiu aquilo tudo e sabiam que de repente ele voltaria a meter a mão nos lucros. Mas eu, na verdade, queria apenas comprar mesmo as coisas dele e pagar o advogado, só que uma coisa chamada ego acaba por fazer com que a gente não aceite que a fila anda, né, e no crime ninguém é pra sempre.

Hoje eu vejo que essa foi uma época que teve muita importância, porque foi exatamente aí que o mal encontrou uma forma de se manter na nossa vida. Agora, eu e ele, enquanto marido e mulher, estávamos afinados e nos reencontrando. Nosso amor, dessa vez, ou mais uma vez, estava fortalecido. Então, o diabo entrou por outro setor, pela parte financeira... Era como se cada vez mais as coisas se complicassem pra obrigar a gente a se render novamente. Enquanto esperava alguma solução, descobri, por acaso, que a minha casa em Maceió tinha sido roubada. Por isso, as fotos estavam sendo divulgadas e eu nem imaginava. Foi um choque quando minha filha me disse que uma amiguinha dela de Maceió falou que a nossa casa estava arrombada há dias. Nossa, eu fiquei muito arrasada. Minhas coisas *todas* estavam lá. Minhas fotos, meus documentos, minhas lembranças, minhas roupas, tudo nosso estava lá sendo arregaçado e eu não podia fazer nada. Nesse momento, eu não poderia fazer alarde, pois a polícia não poderia saber da existência dessa casa. Foi quando o Paulo praticamente teve que vender a alma pro diabo. Eu sinto muito por isso. De verdade, lamento muito por isso ter acontecido. Mas foi nessa situação que ele, ao ser ajudado, estava se vendendo sem saber. Nosso amor, nesse momento, estava firme como no início. Eu, apesar de todas as trombadas da vida, estava determinada a estar ao lado dele. Queria organizar nossa vida. Esperá-lo voltar. Não queria envolvimento com nada de errado, queria apenas me organizar com meus filhos e acompanhar meu marido nesse momento difícil pra ele também. Dessa vez, de verdade, ele estava sentindo na pele o que era estar preso. A cadeia rapidamente começou a pesar e ele começou a vestir a camisa de outros presos. Começou a se contaminar e, pior, começou a me contaminar...

A vida é realmente estranha – como pode mudar tanto em tão pouco tempo? No início, quando comecei a visitar meu marido no Bangu 1, praticamente não fazia mais nada a não ser cuidar dele e de tudo que se referia a ele. Na verdade, a minha vida estava estagnada, eu não tinha casa, não tinha roupas, não tinha nada e, mesmo assim, nada me importava naquele momento. O que eu queria mesmo era estar o máximo de tempo que desse com ele na visita. Eu me arrumava com muita vontade, era como um ritual; pensava em todos os detalhes pra fazer daquele encontro com ele o mais alegre e confortante que pudesse.

Nos dias que antecediam a visita eu já não conseguia dormir, cozinhava já quase na hora de sair de casa pra comida chegar o mais fresquinha possível. Ninguém podia tocar na comida que eu fazia pra ele. Até me arrependo disso, porque muitas vezes as crianças queriam comer alguma coisa e eu brigava e não deixava. Parecia estar enfeitiçada...

Em Bangu faz um calor infernal, e como estávamos em pleno verão, realmente parecia que estávamos no inferno. Teve um dia que eu estava lá fora com a minha sogra e de repente passei mal e desmaiei. Caí de cara no chão. Fui carregada para o hospital em Realengo. Numa outra vez, passei muito mal dentro da unidade mesmo.

É incrível como nós, mulheres, temos facilidade de nos refazer e por muitas vezes esquecer as coisas ruins que nosso homem nos fez. Naquele momento, eu estava cega de novo. Naquela época, eu não estava frequentando a Rocinha e nem pretendia frequentar. Morava na Praça da

Bandeira com a minha mãe. Lembro-me de que saía de casa pra pegar o ônibus na Leopoldina e sempre estava escuro, mas eu não tinha medo. No ponto de ônibus, todos sabem quem está indo pra visita em presídio por causa das bolsas brancas com as vasilhas de comida. Meu único medo era ser roubada e ficar sem documento, porque sem isso eu não entraria na visita e teria que refazer a carteira.

Aos poucos, eu fui tentando me reorganizar, matriculei as crianças na mesma escola onde estudei e onde conheci meu marido.

21

Escola Pereira Passos, no Rio Comprido. As crianças nunca tinham estudado em escola pública na vida, mas dessa vez não tinha jeito, eu precisava ainda de mais tempo pra ver como iria resolver essa história de escola particular pra eles. Além de tudo, eu ainda tinha que me preocupar com o sítio, com as minhas cachorras que ainda estavam em Alagoas e com a casa de Maceió, que havia sido saqueada. Já pra começar, eu teria que pagar um caseiro porque, senão, quando eu voltasse ao sítio, só teria mato e a casa estaria só o esqueleto, porque as pessoas roubam as janelas, as portas etc. Em relação às cachorras, tinha que mandar dinheiro não só pra alimentação, mas também pra alguém tomar conta delas. Outra conta que começou a pesar foi o condomínio da casa de Maragogi. Por isso, às vezes eu falo que comprar casa e carro é muito gostoso, mas manter isso é que é o problema. Eu estava no Rio de Janeiro, sem dinheiro, sem poder trabalhar, porque meu marido não abria mão de jeito nenhum das visitas, cheia de conta pra pagar e ainda com uma família pra manter. Até meu carro, que eu poderia vender pra levantar um dinheiro, estava em Maceió. Até entreguei pra um jornalista as cartas do meu marido, nas quais ele fazia aquele discurso de bonzinho e homem de família pra tentar convencer o cara a parar de falar mal dele no jornal. Naquela época, mesmo com tudo que ele já me havia feito sentimentalmente, eu acreditava. E acho que o próprio jornalista ficou balançado, acreditando que ele realmente estava arrependido e queria mesmo mudar de vida.

Então, ele decidiu pedir ajuda ao "amigo" dele da Rocinha. Mandou uma carta perguntando se ele podia dar, pelo menos, uns dez mil pra organizar todas essas coisas pendentes, porque a situação estava como uma bola de neve. Eu mandei que entregassem a carta e a resposta que obtive foi negativa, seguida de um "tá brabo agora". Ele ficou um pouco desapontado com aquela negativa, porque viu que ele não era mais o "cara", que agora era um peso morto.

Nessa altura, eu já estava começando a pensar em vender uma das quatro quitinetes que meu pai e a minha mãe me deram quando se separaram. Mas, ao mesmo tempo, eu sentia muito medo de fazer isso, pois sabia que aqueles imóveis eram a única coisa que a justiça não poderia me tomar, tendo em vista que foi resultado da vida inteira dos meus pais, construído com muito trabalho. Mesmo com todos os problemas, eu ainda dormia tranquila porque sabia que, se eu morresse, meus filhos teriam um teto, e de lá ninguém os tiraria. Resumindo: tudo o que tínhamos conseguido com dois turbulentos anos de envolvimento no tráfico estava emperrado por falta de dinheiro pra poder no mínimo vender. Nós não tínhamos nada em mãos ou no Rio de Janeiro.

Ao mesmo tempo que procurava uma solução, também tentei o auxílio-reclusão. Juntei tudo que eu tinha em mãos, procurei o posto da previdência e dei entrada, porém esse benefício não é estendido a todos os presos, e sim aos que contribuíram pro INSS pelo menos até dois anos antes da sua prisão. E, pro meu azar, ele estava fora do benefício, pois tinha ultrapassado a carência de dois anos sem contribuir. Pior de tudo que, quando ainda estávamos na Rocinha, procurei um advogado pra processar os Correios e pedi que ele pagasse o INSS, pois achava um abuso fazer um concurso, trabalhar oito anos e de repente ser mandando embora sem direito a nada. Mas acho que ele pensou que nunca mais fosse precisar disso e não deu importância. Resultado: meu pedido de auxílio-reclusão foi negado. Foi aí que ele conseguiu ajuda de outro preso, que se comoveu com a nossa situação e resolveu nos socorrer, dando o dinheiro pra eu mandar um advogado a Alagoas, trazer as cachorras, mandar meu carro, enfim, acertar tudo que estava pendente. Das minhas coisas pouco sobrou. Roubaram até nossas peças de roupa que estavam no cesto de roupas sujas.

Ele recebeu essa ajuda e ainda ganhou tudo novo. Quando um preso chegava ao Bangu 1, ele que tinha que se adequar aos outros. Tudo que podia entrar tinha marca certa e tamanho, e logicamente o padrão era alto, pois de 48 presos, acredito que mais ou menos 15 não tinham dinheiro, e quem tinha não queria coisas baratas. Por isso, ele ganhou um enxoval de primeira linha.

É muito difícil conseguir manter-se centrada, vigilante, com possíveis influências, quando se está em pleno furacão. Era tanto problema junto e misturado que eu e ele fomos mais uma vez dançando conforme a música. Hoje, consigo enxergar melhor que, muitas vezes, eu e as crianças estávamos servindo pra comover pessoas e que, no fim, se os planos dele dessem certo, novamente seríamos descartados. Lembro que nessa época eu tentei me manter afastada de pensamentos ruins quanto às mulheres que tripudiavam de mim enquanto eu comia o pão que o diabo amassou. Mesmo tendo sido avisada pelos policiais de que eles estavam de olho em mim, eu ainda planejava, assim que vendesse a casa, pagar alguém pra matar quem tinha entrado no meu caminho. Mas eu ficava quieta, só comentava que iria precisar de alguém do Pinheiro pra fazer isso com meu amigo Mirim, e, como ele conhecia Deus e o mundo lá, arrumaria rapidinho alguém e, automaticamente, eu não precisaria aparecer. Ele, tadinho, ficava tentando me convencer a não fazer isso, mas eu não conseguia tirar isso de mim. Mas fiquei na minha, até porque eu não tinha nenhum níquel no bolso. Porém, só o fato de não frequentar a Rocinha já me mantinha afastada desses pensamentos ruins. Assim, a gente conseguiu o dinheiro, as coisas chegaram e eu comecei a me organizar. Ele começou a receber a ajuda que havia sido prometida e, assim, eu podia comprar as coisas pra ele duas vezes por semana, comprar a custódia mensal dele e me manter com as crianças. Anunciei a casa de Maceió, mas o sítio e a casa de Maragogi eu não anunciei, porque achava que um dia ainda poderíamos ir morar em um desses lugares. Na minha cabeça, achava que, quando o meu marido saísse da cadeia, não poderíamos viver no Rio de Janeiro, pois ele estaria marcado pra sempre ali, e jamais teríamos uma vida normal. Doce ilusão...

Já de cara tive a surpresa de descobrir, por acaso e pela internet, que eu estava a dias de ser julgada por apologia ao crime e nem sonhava com isso. Eu quase caí dura pra trás quando botei meu nome no site do TJ e vi isso. Como se não bastassem todos os problemas que eu estava passando, ainda me vem um policial, mau-caráter, e manda uma coisa dessas para o fórum. Eu fui lá, me apresentei e fui julgada. Depois de quatro audiências, em que o policial não compareceu, a juíza aplicou uma multa de R$520,00 nele. Eu A-D-O-R-E-I, bem feito pra ele. O processo era basicamente ele me acusando de fazer apologia ao meu marido e ao Bem-te-vi. Eu fui absolvida, mas tomei um prejuízo porque tive que pagar o advogado em não sei quantas vezes.

Detalhe sórdido dessa história: o mesmo policial que encabeçou essa investigação idiota e se deu ao trabalho de mandar para o fórum, em 2011 foi preso saindo da Rocinha com chefes do tráfico de morros da ADA. Estranho, né, gente... A conclusão a que chego é: ou esse policial se corrompeu de 2008 pra cá, ou alguém queria me ferrar já naquela época...

Então, comecei a procurar uma casa na Tijuca; assim, juntaria o dinheiro da minha casa de Maceió com uma carta de crédito que a minha mãe pegaria e assumiria as prestações. Meu plano estava traçado. Achei uma casa ótima de R$150 mil e já fui logo pedindo bolsa de estudos pras crianças numa escola próxima a ela, só que tinha uma questão... Eu teria que dar 10% do valor da casa pra poder então botar a carta de crédito pra correr. Eu entrei em pânico porque não tinha esse dinheiro, a casa ainda não tinha sido vendida e eu perderia um ótimo imóvel, do jeito que eu queria, próximo à escola onde eu tinha matriculado as crianças. Eu não podia perder essa chance. Agora o Paulo já estava preso, condenado, e só me restava visitá-lo e cuidar das crianças e, para isso, precisava resolver essa questão de moradia. Então resolvi calçar a cara e ir falar com o amigo da Rocinha pra tentar pegar esse valor emprestado até que eu vendesse a casa.

Ele perguntou por que eu não me mudava pra Rocinha e eu expliquei que estava perto da minha mãe, que ela me ajudava com as crianças, tendo em vista que duas vezes por semana eu saía de madrugada pra visita, e ela os arrumava pra escola e tal – e ele entendeu meu lado e me emprestou o dinheiro na mesma hora. Nossa! Como eu fiquei feliz! Parecia que tudo estava indo para o lugar. Eu poderia visitar meu marido em paz, as crianças estariam numa casa boa, numa escola boa, próximo a minha mãe, mas eu não contava que, mais uma vez, teria que passar por dificuldades geradas por terceiros, e teria que ser forte pra isso.

Quando entreguei os quinze mil na imobiliária, ainda alertei o rapaz lá: "Moço, pelo amor de Deus! Esse é o dinheiro da minha vida, que está toda dependendo disso". Ele me tranquilizou e falou que não teria problema nenhum e que tudo daria certo. Por incrível que pareça, deu errado! Como eu havia falado, eu pagaria noventa mil com uma carta de crédito, e logicamente eles exigem tanto do comprador quanto do vendedor do imóvel toda a documentação, e em 2008 houve vários feriados, o que atrasou tudo ainda mais, e a planta da casa caiu em exigência por culpa dos próprios proprietários. Com isso, passaram-se trinta dias e, quando faltavam umas duas semanas para o dinheiro ser liberado, os donos da casa prenderam o que dei de entrada, falaram que não iam vender mais e ainda botaram minha mãe na justiça por não cumprir o contrato que dizia que ela pagaria com a carta de crédito em trinta dias. Gente, pelo amor de Deus! Essas pessoas não fazem ideia de como elas mudaram o rumo da minha vida e da vida dos meus filhos. Elas não sabem como me fizeram mal. Várias vezes eu peguei o carro e fiquei parada próximo a essa casa chorando, com muito ódio no coração, querendo muito me vingar deles, porque naquele momento eles destruíram tudo que eu estava planejando pra voltar a ter uma vida normal com a minha família. Mas como o processo está até hoje na justiça, eles foram poupados e protegidos da minha ira. Foi um prejuízo sem tamanho porque, além dos quinze mil de entrada que eu peguei emprestado, tinha matriculado as crianças, comprado material e uniforme mais ou menos em junho, tudo no cartão, e teria que continuar levando-os pra escola. Eu senti muito ódio, muita mágoa, muita raiva. Cada vez que me lembrava disso me dava uma coisa muito ruim mesmo. Era como se tudo conspirasse pra me levar a um único lugar: Rocinha.

Nessa época eu ainda estava proibida de pisar onde nasci e fui criada, então não poderia ir morar nas minhas quitinetes. Por isso não me restava alternativa a não ser me mudar pra Rocinha. Eu já não aguentava mais a falta de ter meu canto. Minhas coisas ficavam em caixas de papelão no corredor do apartamento da minha mãe. As crianças não tinham a privacidade a que estavam acostumadas, e eu mesma queria me assentar. Então pensei que, já que quem estava me ajudando semanalmente com o meu marido e também com os gastos com as casas era da Rocinha, resolvi que voltaria pra lá. Nessa época, minha sogra botou muita pilha pra eu me mudar para o morro, que ela me ajudaria com as crianças no dia das visitas e tal. E eu, *burra*, acreditei, achei que estava entre amigos. Nessa altura, não consegui recuperar a minha antiga casa. Tentei muito, mas parecia que existia uma excitação pra ficarem com a minha casa que Nossa Senhora! Mas também foi bom, porque eu fui tão infeliz naquela casa que acho que ela me faria mal.

Nesse meio-tempo, eu continuava a visitar meu marido, incansável, como se estivesse indo para o paraíso me encontrar com um príncipe encantado. Eu fazia de tudo pra agradá-lo. Fazia a letra S nos pelos da perereca e passava glitter pra ficar bonitinho, levava fantasias pro parlatório, levava óleos de sex shop pra poder namorar. Inventava de tudo.

Lembro que sempre tinha o grupinho das visitantes mais assanhadinhas, e a gente ficava na fila com uma garrafinha de vinho, bebendo, pra já entrar pegando fogo. Nem os agentes me aguentavam mais. Eu fazia de tudo pra levar momentos, horas de descontração pra ele. Na época, a restrição de comidas e bebidas lá no Bangu 1 era grande, mas eu fazia muita maracutaia pra passar as coisas de comer pra ele. Teve uma época que ele estava tarado pra comer biscoito recheado e lá não entrava. Pois eu comprava biscoito e separava um por um do recheio, sem estragar, e depois que entrava eu montava o biscoito, só pra ele ter o prazer de comer.

Mas, sempre que algo parecia estar indo bem, aparecia uma novidade pra estragar tudo, parecia uma maldição mesmo. Eu consegui achar a casa na Rocinha, me mudei e comecei a me organizar novamente. Mas o meu marido começou a ficar com aquela mania de grandeza pra acompanhar os outros que lá estavam. E acredito que a cadeia começou a pesar nos ombros dele, e rapidinho ele começou a me envolver nos seus planos. Hoje eu acredito que a palavra mais correta seja *usar*. Ele começou a me usar de diversas formas.

Primeiro, ele cismou que queria fugir. E me pressionava a pesquisar e me envolver mesmo. Esse assunto acabava gerando discussões na visita, porque ele ficava aborrecido se eu não tivesse novidades sobre isso pra falar com ele. Eu até pesquisei, mas depois eu pensei bem e vi que ele ia me usar de bucha novamente. Naquele momento, apesar de todo amor que eu ainda sentia por ele, parecia ter criado anticorpos contra as canalhices dele. Só me vinha à mente aquele homem que estava comigo em Maceió, que pisou em mim, que machucou meu psicológico de forma covarde, mas confesso que cheguei a traçar o plano. Imprimi fotos de radar de toda a área dos presídios, pesquisei toda a área residencial dos arredores pra saber qual seria o ponto mais próximo, pesquisei sobre máquinas que cavam túneis e retiram água do solo. Eu teria que comprar um galpão, forjar obras e entregas de materiais etc. Só que esse era um projeto melindroso, pois teria que selecionar homens de extrema confiança. E eu te falo: só se eu botasse meus cachorros pra fazer, né, porque homem de confiança, só Jesus Cristo mesmo. O plano poderia ser de anos, ele não estava com pressa. Mas, enfim... Aos poucos, ele foi largando mão dessa ideia, até porque isso custaria muito dinheiro, e os patrocinadores dessa coisa toda eram temperamentais e confusos demais pra confiar.

Com a minha chegada à Rocinha, velhos problemas começaram a surgir novamente na minha vida. Exemplo: vagabundas que transavam com ele pelos becos.

22

Sabe um demônio que resolve atazanar a sua vida por baixo dos panos? Pois é... A mulher, mesmo dando a xereca pra outros bandidos, matutos etc., ficava colocando o nome do meu marido no Orkut dela, mandava xingamentos pra mim e parecia que queria mesmo me infernizar.

Isso começou a refletir nas visitas, porque, logicamente, trouxe à tona tudo de ruim que eu tinha passado. Era como se fosse incompatível a convivência, eu + ele + Rocinha = briga.

A minha volta pra Rocinha trazia à tona antigos problemas que insistiam em estar no nosso dia a dia.

Eu fiquei muito esgotada com tudo, e me controlar perante aquilo realmente me custava uma força sobrenatural. Eu estava até ali controlada, mas o demônio fez de tudo pra me fazer perder a calma. Acho que algumas mulheres não se conformavam de ter transado com ele e de não ter tido a honra de eu ir atrás pra brigar. Era como se não tivesse sido legitimado que elas eram as vagabundinhas que ele comia nas madrugadas em que estava na boca de fumo, ou nas horas em que estava onde eu não poderia achá-lo. Pra que realmente todos ficassem sabendo que elas transavam com ele, era necessário eu brigar, assim elas receberiam o certificado de vagabundas que tanto queriam. E isso tudo estava me esgotando. Além de visitar, cuidar das crianças e de todo o resto, ainda tinha essa história.

Até que um belo dia eu não suportei mais aquilo, peguei um canivete e fiquei por dois dias andando igual a uma alma penada atrás de quem eu tinha que pegar pra pôr fim de vez nessa história. Mas todo mundo estava ligado na minha e acabou por se esconder, e onde eu não poderia encontrar. No fim de uns dois dias diretos, sem comer, sem dormir, as crianças sozinhas fazendo miojo em casa e eu na rua subindo e descendo, fui pra visita um bagaço de pessoa e ele ficou muito irritado. Antes, ele estava por cima da carne seca e nem ligava pro meu sofrimento, mas agora ele estava fudidex e precisava que eu estivesse em plena forma mental e física pra mantê-lo bem na cadeia. Então, ele mandou uma carta para o amigo dele da Rocinha pedindo, pelo amor de Deus, pra resolver essa questão, porque ele não estava mais aguentando isso. Sem contar que agora eu estava mais forte, estava afiada pra esculachá-lo. Eu simplesmente falei que quem tinha que resolver isso era ele... Na verdade, eu já havia dado essa oportunidade a ele antes. Lendo os capítulos anteriores, vocês podem ver que eu tentei fazer com que ele resolvesse o problema que ele mesmo criou. E dessa vez não foi diferente. Ele que tinha que resolver, afinal eu não gozei nessas transas, não fui convidada pra essas orgias, e muito menos sou um merda que arruma amantes e permite que elas exponham mulher e filhos assim.

O mais interessante foi ver a mãe dele indo fazer queixa da ordinária na boca de fumo. Ela foi lá pedir pra alguém dar uma surra nela, porque ela estava infernizando a vida do filho dela. Na época, falou diretamente com o Play sobre isso. Mais pra frente vocês vão entender o porquê de eu achar interessante como as pessoas mudam de time de acordo com os interesses. Ele ficou emputecido na cadeia. Aí mandou uma carta e uma outra, direcionadas à pessoa que estava fazendo todo esse inferno. Detalhe é que era a mesma que não se conformava em ver que não tinha separado a gente com tantas fofoquinhas de esquina. Mesmo ela me ridicularizando, me expondo, me ofendendo, me magoando nos momentos em que eu estava ali *lutando* pela minha família, até aquele momento estávamos juntos. Logicamente, eu, que de boba não tenho nada, tirei uma foto da carta porque, de repente, poderiam não entregar, sei lá... Quando entreguei as cartas pro amigo dele, foi um estresse, porque ele mandou chamar a vagabundinha, mas ela, que é uma sonsa, mandou o macho que estava saindo com ela. Era um matuto chamado Renato. Caralho, esse corno impediu que ela ganhasse um corretivo. Corno é foda mesmo! Ela mesma não botou a cara. Típico de gente covarde e safada.

Quando o cara chegou, falou que ela era mulher dele, que o Orkut não era dela, cheio de papinho gostoso, eu discuti muito, fui à lan house com o Play pra ele ver que não se tratava de um clone de Orkut, nem de anônimo, porque ela marcava coisas com os amigos particulares, falava de provas da escola. Mas ele, coitado, ficou no meio do fogo cruzado. Eu, completamente nervosa, chorando, questionando, brigando – e ele, calmo.

Não sei como ele não me bateu naquele dia, porque ele me pediu pra mais uma vez esquecer essa história, e eu continuava inconformada. Até que falei que, quando ele precisava do meu marido pra se livrar de mulheres que estavam incomodando, o Paulo saía de baixo do edredom pra ajudar e ele estava permitindo que isso acontecesse agora. Caraca, ele ficou puto! (risos) Voltou gritando que quem era dono do morro era ele e que, se ele mandasse o meu marido fazer alguma coisa, ele teria que fazer mesmo. Gente, sabe uma discussão no meio da rua, com umas trinta pessoas paradas, olhando pra um e pra outro, em silêncio? Naquele dia, tenho certeza de que tinha um monte ali torcendo pra ele me dar uma surra.

Mas como eu, nervosa, fico cega, rebati tão alto que a Rocinha inteira escutou: "BOM SABER QUE ELE É SEU BUCHA! Pode deixar que eu falarei isso pra ele, porque aquele idiota, bucha, babaca, pensa que você é amigo dele. Só ele que não sabe que é seu bucha!".

Nossa, o Play ficou roxo de raiva! Pra vocês verem como uma criatura pode desestabilizar a vida de várias pessoas. Essa peste maldita estava fazendo da minha vida um verdadeiro inferno e, no fim, fica com cara de coitadinha, bobinha. Quando eu gritei que o Paulo não sabia que era bucha do Play, ele voltou e falou que não tinha dito isso, que eu estava colocando palavras na boca dele, que eu estava gritando, e todo mundo estava assistindo – e iam pensar o quê? Aí começou a dar tom de brincadeira à discussão falando que ia acabar enfartando. Agora vocês conseguem compreender por que o Play é meu querido? Por que eu tenho esse amor todo por ele e não nego pra ninguém? Ele, dentro das limitações dele, sempre me ajudou, me protegeu. Ele é um cara que mete a porrada nas mulheres dele no meio da rua, sem dó nem piedade. Já quebrou costela de uma, já deu com a cara da outra num carro, já deu choque na outra. E comigo ele ficou batendo boca como uma pessoa normal, sem aquela soberba de "chefe do tráfico". Na verdade, eu era mesmo amiga dele, até mesmo antes de meu marido ser. Aí nossa discussão se abrandou, eu pedi desculpas e falei que, na verdade, quando eu discutia com ele, não falava com o dono do morro, mas sim com um amigo e, por isso, muitas vezes não media as palavras. E ele ficou me acalmando, pedindo pra eu deixar pra lá, que na verdade ele nem gostava daquela mina, mas, como ela já estava com outro amigo e estava mentindo, ele não poderia fazer nada naquele momento.

Eu fui pra casa e pensei muito, porque na verdade eu só tinha o Play mesmo naquele morro, e por ele, pra não expô-lo nem obrigá-lo a tomar atitudes, resolvi deixar pra lá e cuidar da minha vida, do meu marido e dos meus filhos. Eu fiz isso também porque vi o Paulo chorando, muito aflito e sentido porque, dessa vez, ele queria tomar uma atitude e não podia por estar preso, e ele sabia que sofreria os reflexos porque, afinal, eu estava irada com tudo isso. Se existe uma coisa que homem não suporta é o medo de que a esposa se vingue traindo-o com outro homem. Ele sofria com isso, falava que estava só esperando o dia em que eu me vingaria de tudo que me fez, arrumando outro homem. Bem que ele merecia mesmo!

Ao mesmo tempo que, de certa forma, acabei largando pra lá toda essa história que me fazia muito mal há muito tempo, também modifiquei minha forma de encarar as coisas e, cada vez mais, fui ficando descontraída e comecei a levar a vida na flauta.

A Rocinha era um prato cheio pra quem queria curtir sem levar muito as coisas a sério. Eram bailes, shows e pagodes de graça com bebidas liberadas praticamente todos os dias. Eu comecei a me divertir *muito*. Era baile e mais baile, festas e mais festas. Gastava toda minha energia dançando.

Eu sempre frequentei bailes funk, desde a adolescência, e até mesmo casada eu e meu marido íamos a bailes. Lógico, ele sempre obrigado, e eu superfeliz do lado (risos). Então, ele permitia numa boa que eu fosse. E eu ia mesmo, em todos que dava.

Eu realmente me acabei de tanto baile e show. Adoro isso, adoro dançar. Mas sempre que chegava uma data em que a família se reunia, lá vinha aquela tristeza de ver no que tinha se transformado a minha família, e a falta do meu marido batia. Pra mim e pras crianças, essas datas sempre eram um mix de tristeza com comemoração. Nenhuma fartura conseguia apagar a falta que ele fazia ao nosso lado. Sorrisos e alegria eram completamente superficiais perto da tristeza que estava dentro do meu coração, das crianças e das pessoas que sentiam falta dele. A única coisa que realmente eu não mudava era a minha rotina de visitas. Eu levava muito a sério aquilo, mas um tempo ele ficou obcecado por negócios que poderiam ser feitos. Hoje, vejo que ele estava doente, que sentia necessidade de estar, de alguma forma, metido em coisas ilícitas. Não sei se é uma maldição de família ou apenas um prazer que ele sente nisso, mas acabei no meio disso. A cadeia é tão cercada de coisas ruins que o diabo consegue envolver direitinho quem está indo ali. Eles são dissimulados na hora de dizer que amam e na hora de se fazer de vítima. Fazem a gente que está em liberdade se sentir culpada por estar livre, e eles, presos.

23

As visitas se resumiam a sexo, sono e invenções de moda. Ele me "pentelhava" pra fazer coisas como: tentar eu mesma, sozinha, fazer em casa uma droga chamada metanfetamina. Ele tinha lido numa revista sobre essa droga e cismou que eu tinha que dar meu jeito pra fazer. Eu até entrava na onda dele e começava a pesquisar, mas, graças a Deus, em questão de duas visitas ele mudava de ideia e inventava outra. Aí ele começou com a moda de querer que eu fizesse a tal bomba, líquido usado pra transformar pasta base em pó. Porra, esse eu ficava bolada, porque é um negócio altamente perigoso. Podia explodir e queimar tudo e todos. Inclusive foi por isso que ele teve o prejuízo quando explodiu o laboratório em 2007. E várias pessoas tinham se queimado. Ele realmente me perturbou muito por isso. Era o suficiente pra estragar a visita, eu chegar lá e falar que ainda não tinha visto isso. Era muita discussão quando eu não fazia rápido as coisas que ele planejava. Depois que namorava, comia e descansava, baixava o patrão nele e eu muitas vezes sentia pena de ver como a cadeia estava mexendo com ele e com a cabeça dele. Ele ficava repetindo a mesma coisa e, na verdade, naquele momento não havia mais ninguém pra fazer nada por ele. Todos que pelavam o saco dele se bandearam para o lado de quem estava na rua e com o poder nas mãos. Ele não tinha absolutamente ninguém, e agora tinha uma dívida de gratidão, que a cada dia se impunha como uma necessidade de pagamento àquelas pessoas que o ajudaram logo que chegamos ao Rio de Janeiro. Eu, com toda mágoa, raiva e tudo mais que sentia, não suportava ver meu marido rebaixado e humilhado. Hoje, tenho certeza de que essa foi a minha maior culpa. Eu deveria tê-lo deixado ser o que realmente era naquele momento. Nada! Não adiantava ele ser superinteligente se aqui fora não tinha mais ninguém por ele. Duro, na cadeia... some todo mundo! Amigos que hoje estão cheirando o rabo dele adoidado, inclusive contra mim, na época ignoravam a existência dele. Até gente da própria família agiu assim, e depois que eu me separei dele estava lá, abaixando as calcinhas pra visitá-lo pra angariar dinheiro (risos). É inacreditável como o ser humano é escroto. Eu me arrependo amargamente de não deixá-lo viver a realidade de um preso "fodido", e acabei muitas vezes agindo em prol da manutenção dessa maldita patente do crime que ele carrega. Pensando friamente, hoje vejo que na verdade sempre foi assim, e que essa culpa eu vou carregar. Fui eu que colaborei para a entrada do rei na barriga desse cara.

Fui sendo levada pela correnteza, mas no fundo do meu coração não era isso que eu queria pra gente, mas as coisas iam tomando proporções que eu já não tinha mais psicológico e nem vontade de controlar.

Ele me perturbou até eu procurar uma pessoa que poderia me arrumar os líquidos, pra assim poder fazer os testes que ele tanto queria. Foi aí que eu tive que fazer contato com outro traficante, o "Lindão" ou "Roupinol". O Lindão era aquele cara de quem *todo* mundo tinha medo, porque ele era muito fechado, não ficava de papinho nas esquinas. Tinha uma cara de mau, de terrorista. Era desses que não andavam cheio de gente em volta. Subia e descia sempre com no máximo três homens e olhe lá. Mas sério de dar medo.

Ele não era do morro, mas tinha muito dinheiro e poder na facção e, como a Rocinha era uma mãe, na hora de esconder pessoas foragidas ele ficava lá. Eu mandei um recado de que precisava falar com ele e, no mesmo dia, ele parou aqui na porta da minha casa e me chamou. Porra, eu desci e não sabia nem pra onde olhava. Geral curioso com o que eu tanto falava com ele... Ele se mostrou uma pessoa diferente. Sorriu muito, fez piadas e tal. Nem parecia aquele turrão que passava de moto. Falou que ia ver o que podia fazer pra me ajudar. Eu continuei na minha, mas dessa vez eu estava mais forte, mais desconfiada em relação ao amor por meu marido. Apesar de amá-lo, sentir muita falta dele, eu sentia uma enorme mágoa, tinha uma revolta que acabava por me fortalecer.

Ele, logicamente, usava de toda língua portuguesa pra tentar abrandar a merda que tinha feito contra nosso casamento, tentava me remover da ideia fixa de que eu só estava com ele por acaso, porque ele foi preso no momento em que estava me chutando a bunda. Eu confesso que às vezes acreditava nessas falsas juras de amor... Muitas vezes, aliás, eu acreditei e ainda fui sem-vergonha o suficiente pra planejar um futuro com ele. Eu esquecia que ele tinha me falado, quando estávamos brigando em Maceió, que ele gostava de ser bandido, que gostava de fazer acontecer as coisas no tráfico. Eu esquecia isso, burra, apaixonada, e acreditava que seria tudo diferente. Assim eu ainda fui seguindo por esse caminho que me dividia entre a esperança de um dia conseguir ser feliz com ele e uma enorme mágoa e desilusão amorosa.

Às vezes me lembro de que, quando comecei a visitá-lo, em 2008, sempre ouvia reclamações de outras mulheres. Elas falavam muito mal dos maridos, reclamavam que tinham que estar lá, e eu não conseguia entender como isso acontecia, por que razão então elas estavam ali. Mas hoje consigo compreender o que aquelas mulheres muitas vezes estavam sentindo. Muitos dos homens ali já haviam magoado suas esposas e, por amor, muitas passavam por cima disso pra visitá-los.

Visitá-lo em Bangu também me trazia à tona outra realidade. A pobreza é muito grande por lá. A grande maioria dos presos não tem dinheiro nenhum e seus familiares acabam arcando com muita dificuldade com os gastos que visitar um preso gera. Dava-me muita pena ver aqueles senhores, senhoras, mulheres com crianças, sem dinheiro nem pra tomar um café, vindo muitas vezes de longe, de trem, ônibus etc. pra visitar e muitas vezes sendo maltratados por agentes penitenciários. Teve uma cena que eu nunca mais vou esquecer, talvez a mais triste que eu vi por lá.

Uma vez, fui levar a custódia dele, que não era em dia de visita, e quando estava saindo do complexo tinha uma senhora morta no banco do ponto do micro-ônibus que leva os visitantes. Partiu-me o coração quando me falaram que ela tinha ido levar as coisas para o filho e de repente caiu morta. Nossa, imagina, lá deitada morta ao relento, uma senhora, o filho preso, ninguém junto com ela. Uma cena muito triste de se ver.

Eu ficava injuriada quando os agentes mandavam a pessoa voltar por "n" motivos, não levando em consideração que a pessoa na maioria das vezes não tinha dinheiro pra voltar lá tão cedo. É muita pobreza mesmo! Toda aquela ostentação que eles ficam no morro acaba na hora que a tranca bate.

Aos poucos, fui me organizando, mas a cadeia estava começando a pesar nos ombros do meu marido, e cada vez era mais difícil mostrar que ele não era vítima. Que ele tinha de ser forte pra passar por aquilo, tendo em vista que foi ele mesmo que plantou o que estava colhendo. Mas ele foi novamente ganhando prestígio, só que agora com outros chefes, e novamente começou a ficar estranho. Nós voltamos a brigar muito, porque nem eu e nem ele estávamos preparados para o dia a dia da cadeia. Ele, sofrendo com a reclusão; eu, sofrendo com a dúvida sobre a autenticidade do amor dele. Estava sendo muito difícil pra mim administrar tudo ao mesmo tempo. Agora meus filhos já estavam maiores. Meu filho já era um adolescente e demandava atenção que acho que muitas vezes não dei por estar lá, fixada em visitar. Uma vez, fiquei sabendo que teria uma operação policial no morro e queria que meu filho saísse comigo pra visita, mas ele não quis acordar de jeito nenhum. Aí eu levei uma pessoa comigo e pedi que ficasse em contato com alguém no morro, pra que, se acontecesse alguma coisa, ela fosse até o presídio e me avisasse. Dito e feito! Eu estava lá dentro e o diretor veio me avisar que a polícia estava na minha casa e que tinha tido algum problema com meu filho. Puta que o pariu! Eu saí igual um leão de lá de dentro. Nisso, a pessoa que estava lá me falou que a polícia tinha quebrado tudo em casa e tinha batido no meu filho. Peguei um moto-táxi de Bangu – uma Hornet 600 – e vim quase que voando. Nossa, eu vim na moto chorando e já imaginando o meu filho, com treze anos na época, sendo acordado e apanhando. Eu ia fazer um rebuliço! Eu já estava com tudo traçado na minha cabeça.

Quando cheguei, a casa estava com tudo quebrado, e eu já fui apalpando meu filho, procurando machucados, mas graças a Deus deram só uns tapas pra acordá-lo. Esse era um medo que me rondava dia e noite. Não teve uma operação policial na Rocinha que a polícia não tenha ido na minha casa revirar tudo. Meu maior medo era as crianças lá dentro, e eu, na visita.

Nessa época, a minha filha não quis mudar de escola e preferiu ficar morando na Praça da Bandeira com a minha mãe. Eu até deixei porque lá eu sabia que ela estava em segurança. Na Rocinha, havia esses riscos, e eu não podia faltar em visita por nada. Podia estar morrendo que era pra ir, mesmo que estivesse com o soro pendurado.

Essa era uma das coisas que eu comecei a achar uma falta de consideração. Ele não queria saber da minha situação. Eu *tinha* que ser a primeira a entrar na galeria dele. Me lembro que apareceu uma ferida em cada pé meu. E meus pés ficaram iguais a duas bolas, doíam *muito*. Sempre quando tocava a sirene do término da visita eu já sentia uma vontade de chorar em saber que teria que andar quilômetros e quilômetros até a van. Às vezes eu não conseguia me segurar e chorava na frente dele, mas outras eu me controlava e vinha andando e chorando com dores horríveis. E, contudo, eu percebia que ele parecia tão concentrado nas coisas dele que não notava a dor que eu estava sentindo.

Parecia até mandinga, mas sempre tinha algo que parecia tentar dificultar a minha ida pra visita. Eu fiquei quase dois meses com uma assadura na virilha, que melhorava em casa, aí chegava o dia da visita, parecia que rachava e saía sangue. Com isso, não dava tempo de sarar nunca. Ardia e doía muito também. Ele até me acolhia, passava pomada e tal, mas algumas vezes eu pensava que ele estava se priorizando – e não a mim naquele momento.

Nesse meio-tempo, ele começou com uma conversa muito estranha, falando que a gente estaria se separando aos poucos... Eu ficava olhando ele falar aquilo sem entender. Sabe o que é você acabar de fazer amor com a pessoa e ela, com a cara mais tranquila do mundo, fazer planos de uma futura separação? Isso ele falou pra minha mãe numa visita especial que ele conseguiu. Na época, ela falou: "Paulo, para de ficar falando isso! Uma hora a Fabiana vai cansar, vai arrumar outro homem e você vai perder ela pra sempre". Aí ele respondia: "Não, mas não é agora não. Eu quero organizar tudo antes pra ela ficar tranquila com as crianças". Minha cabeça ficava muito confusa quando eu o via falando isso. Eu, o tempo todo fazendo de tudo pro bem-estar dele, cuidando sozinha das crianças, e ele ainda ficava com esse papo-furado. A mãe dele também presenciou ele jogando essa conversa fora. Mas ela reagiu, falando pra ele parar de besteira, de assunto bobo. Resumindo: ela não levou a sério o que ele estava começando a planejar.

Mas, ao mesmo tempo que ele falava isso, fazia planos para o futuro, falava normal como se nada estivesse acontecendo. Não sei o que acontecia com ele, porque era uma coisa de enlouquecer qualquer um. Aliás, ele já havia feito isso antes... Quase me levou à loucura. Cada vez que ele falava isso, uma revolta ia aumentando no meu coração. Aos poucos, fui ficando enojada e magoada.

Meus filhos crescendo, eu envelhecendo, perdendo meu tempo com ele. Mas eu sempre falei pra ele que só duas coisas poderiam me separar dele: a morte ou ele mesmo. E, mais uma vez, ele estava, aos poucos, começando a tentar me deixar. Só que, dessa vez, eu estava mais forte, não tentaria me matar por isso, não. Eu amava aquele homem, mas o meu retorno ao fundo do poço em que ele mesmo me jogou anteriormente me deu força pra me insurgir contra ele de verdade. Daí pra frente, o fim do nosso amor estava praticamente sentenciado.

Eu sempre penso em como as coisas na vida parecem ter ocorrido num efeito borboleta. Sempre uma coisa ia puxando a outra e, assim, tudo acontecia.

Tudo que podia acontecer já havia acontecido diante de mim, mas, dessa vez, um elemento novo começou aos poucos a brotar diante dos meus olhos e, muitas vezes, por mais que eu fosse muito ligada a isso, passou despercebido. Meus filhos... Nossa, como eles cresceram rápido, fortes, em meio a tanta confusão entre mim e o pai deles, apesar de ter esse discurso de sermos os melhores pais do mundo... Que nada! Nós nos colocamos à frente de tudo, vivemos nós dois como atores principais e deixamos os dois apenas como figurantes. Mas isso gradativamente foi se invertendo, e eles foram se tornando os protagonistas dessa história.

Hoje, nesse exato momento em que estou aqui lhes escrevendo, sinto as consequências de nossa irresponsabilidade e egoísmo.

No segundo ano em que meu marido estava preso, as coisas começaram a pesar muito nos meus ombros. Ele estava começando a perder aquela sanidade, que era normal nele, e começou a agir de forma estranha novamente. A prisão é assim mesmo, acaba com qualquer um.

Na verdade, só havia três momentos em que ficávamos bem: quando estávamos namorando, falando mal de terceiros ou fazendo planos sobre negócios. Nessa fase já não fazíamos mais planos de futuro como uma família normal, vivendo na rua. A certeza de uma cadeia longa nos tornava uma dupla, ele lá dentro e eu aqui fora.

Esse nosso amor ficou muito confuso depois que o crime entrou no meio de nós dois. Por mais que ele me jurasse amor por meio de cartas, de palavras coladas na parede da cela (feitas da forma da quentinha), e eu correspondesse com frases de amor escritas em cartas, vídeos que eu fazia pra ele assistir uma vez por mês ou até mesmo na cortina do banheiro, na qual escrevi declarações de amor, eu não acreditava 100% nele – e ele não acreditava 100% em mim. Nosso amor estava ferido, sangrando, inflamado, doente, e aquela situação não colaborava em nada. Eu comecei a olhar pra ele e ver alguém que estava se aproveitando de mim e das minhas habilidades para desenrolar "nós" aqui na rua, e ele me via como alguém que a qualquer momento fosse se vingar de uma grande punhalada. Passamos a ser inimigos íntimos, silenciosos... Mas a empolgação de conseguir cumprir uma missão, a ideia errada de se reerguer de tanta humilhação cometendo os mesmo erros nos cegou, e cada vez mais nos afastava. Eu, mais uma vez, dei mole, me deixei levar pela correnteza e acabei fazendo o que tinha que fazer pra mantê-lo no topo. Me arrependo amargamente...

Uma vez estava em casa vendo um programa de televisão e passou a apresentação de uma cantora. Quando escutei a letra da música, só conseguia pensar em nós dois e, por incrível que pareça, assim que eu cheguei à visita, ele me falou que também tinha assistido e pensado em mim na hora.

A música era "Na sua estante", da Pitty. A letra traduz exatamente o que estava acontecendo...

Em meio a toda essa confusão de sentimentos e obrigações, o mundo aqui fora girava acelerado, e eu tinha que estar na velocidade certa pra cada momento não falhar.

Nessa época, a Rocinha era muito animada, havia muito baile, muita festa... Eu era convidada pra todas. As pessoas faziam questão da minha presença. Como se isso desse status, como se elas tivessem um vínculo forte com os poderosos do morro. Eu, como gosto muito de festa e não tinha vergonha na cara, estava em todas. Nesse momento, ele já estava deixando aquela condição de preso fodido... Estava novamente com as costas quentes, graças a mim... Está aí uma das coisas de que eu me arrependo. Ter contribuído *novamente* pra que ele alcançasse o poder. E as pessoas que gostavam de se relacionar com a bandidagem sabiam disso e começaram novamente a se chegar.

O mais interessante é como eles acolhem e descartam as pessoas de acordo com o vínculo no tráfico. Foi muita gente que agiu assim comigo e até mesmo com ele. Muita gente mesmo.

Eu praticamente vivia pra visitar, trabalhar e zoar com meus "amigos". Era zoação o tempo todo. A gente fazia em casa mesmo a nossa alegria. Poucos que se diziam meus amigos restaram dessa época. Posso dizer que uma das minhas mãos é suficiente pra contar nos dedos e ainda sobra dedo. Detalhe: toda essa zona era patrocinada por mim.

Mas um fato começou a gritar diante dos meus olhos, e eu, diante de tanta coisa, ao mesmo tempo fui tentando abraçar o mundo e resolver tudo da forma que eu acreditava ser a correta.

24

Minha filha já não morava no morro comigo. Preferiu ficar com a minha mãe, pois morava próximo da escola que ela gostava e, ao mesmo tempo, tinha muito vergonha de falar da Rocinha pras amigas, e, pior, falar que o pai estava preso era a morte pra ela. Mas ela sempre foi uma excelente aluna, gostava de ler, escrever – e uma ótima filha, tanto pra mim quanto pra ele. Ela, nessa época, era uma beata. Quis porque quis fazer Primeira Comunhão, ia às missas, gostava da Igreja. Porém, com toda essa confusão na nossa vida, ela acabou não sendo batizada e, pra fazer a Primeira Comunhão, precisava do batismo. Foi muito trabalho porque ela não abria mão da minha presença na igreja nos dias de apresentações e, pior, muitas vezes era no domingo, dia de visita. Está aí outro fato que me traz tristeza: eu ter muitas vezes deixado de estar presente nesses momentos por causa de visitas ou pra estar fazendo algo relacionado a ele. Ela chorava, ficava triste, e eu, cega, idiota, corna, colocava-o em primeiro lugar, porque pensava que ele era o coitado da história e não podia ficar sem visita, sem os biscoitos importados dele.

Mas teve um dia que não teve como, eu precisei estar presente. Ela ia representar Nossa Senhora na Coroação de Maria. Então, eu fui e pedi que ela não parasse pra falar com ninguém assim que acabasse a apresentação. Eu e ela corremos *muito* pra chegar até doze horas em Bangu. Esse era o horário máximo pra entrar na unidade. Lembro que estava chovendo nesse dia e eu corri muito com o carro, quase batemos na Avenida Brasil, porque estava alagado e o carro sambava nas poças, e eu estava em alta velocidade. Eu já nem queria saber de multa, fui pela faixa seletiva igual uma louca. Não deu pra ela trocar de roupa e nós entramos pela cancela correndo. Tadinha da minha filha, correndo, vestida de Nossa Senhora, e eu correndo com as bolsas pesadas. Nessa hora não tinha mais o micro-ônibus, tivemos que correr mesmo. Chegamos à porta do presídio 12h10, mas as agentes já tinham saído e não tinha mulher mais pra revistar a gente. Nossa! Como a gente chorou na porta da cadeia naquele dia.

O guarda não sabia nem o que falava pra gente. A gente sentou do lado de fora e comeu as coisas que estava levando pra ele, porque nem isso deixaram entrar. A minha filha queria muito mostrar a roupa da apresentação pro pai, foi uma decepção. Ela sempre foi muito sentimental, preocupada com o pai e comigo, apesar de o meu filho ser bem sentimental também, mas ela, por ser menina e mais nova, ainda se preocupava com os sentimentos da gente. Já meu filho estava em plena pré-adolescência, vivendo num paraíso onde controlá-lo seria uma missão quase impossível. Ainda mais pra uma pessoa como eu, que tinha que me desdobrar pra cumprir as mais diversas tarefas enumeradas sistematicamente pelo meu "marido-patrão". Algumas vezes, eu ainda me sentia um pouco segura quanto a ele aqui no morro, porque, além de a favela *toda* conhecê-lo, os tios estavam aqui e tomavam conta dele nos momentos em que eu não estava. Apesar de não serem referências maravilhosas pra ele, quando estava sob os cuidados dos tios, na minha ausência, eu ficava tranquila porque pelo menos covardia ninguém faria com ele. O único horário que me preocupava era o das seis horas da manhã porque, se tivesse que acontecer uma operação policial, seria nesse horário, mas 99% das vezes o morro todo sabia antecipadamente – e isso não é segredo pra ninguém.

O meu filho passou por muitas fases difíceis também, e é por isso que muitas vezes eu compreendo as reações dele. Desde quando o pai resolveu se fantasiar de bandido, ele passou a ser alvo de tudo que era lado. Tanto como referência de outros meninos quanto de adultos maldosos. Mas sempre foi forte, sempre firme junto com a gente, nas mudanças, nas fugas... Porém, sempre carregando nos ombros o peso de ser filho do "cara".

Sabe quando o grupo de adolescentes se junta e faz merda e apenas um é punido? Algumas vezes, ele foi alvo de bandidinhos que queriam mostrar que eram fodões. E sempre vinham querer medir força com o discurso do tipo: "Pode ser filho de quem for!". Ahhh, pra quê... Quer me matar é falar isso. É como se quisessem desmerecer os pais quando falam isso, em vez de dar um esporro e botar pra casa. Falar isso é a mesma coisa que me chamar pra brigar. Mas os tios aqui muitas vezes o defendiam. Aliás, todas as vezes eles entravam de comissão de frente pra defendê-lo.

Mas ele foi crescendo e cada vez mais precisando da presença de um homem em casa – o que não tinha e ficaria sem ter por muito tempo. Meu marido sempre falava pra ele que ele era o homem da casa e que teria que tomar conta e tal, mas ele tinha treze pra catorze anos. Como eu já contei, meu filho tem TDA (Transtorno do Déficit de Atenção), diagnosticado quando ele tinha uns quatro anos e, com a prisão e fuga do pai dele em 2005, não consegui mais tomar conta disso. Enfim, ele sempre foi e ainda é muito ativo. Sempre muito inteligente, habilidoso e destemido, porém muito teimoso. Pensa que tem 27 anos (risos).

Foi difícil pra mim essa época, pois, apesar de estar o tempo todo numa folia em casa, cheia de gente atrás de mim, meu casamento estava em pleno colapso; eu não tinha com quem falar e o tempo corrido não me deixava parar pra refletir. Minha filha estava indo bem, mas sempre com vontade de estar comigo, e meu filho começando a abrir a asa e querer voar pela rua. As pessoas à minha volta, na verdade, não estavam preocupadas comigo, queriam apenas se divertir, gastar, beber, enfim, zoar. Algumas me traíram, outras me roubaram, e outras apenas se afastaram quando a mina secou. Mas eu sempre penso que quando alguém se afasta de mim, é pro meu bem. Se foi é porque estou sendo protegida. Eu tentava conciliar tudo e tentava manter meu filho dentro de casa, nem que pra isso eu tivesse que botar a Rocinha inteira lá dentro. Foi o que eu fiz... O quarto dele parecia um albergue, e eu preferia que eles fizessem toda bagunça do mundo dentro de casa a fazer na rua. Contratei uma cozinheira que fazia um panelão de comida e todo dia servia-os como numa escola. Era uma verdadeira zona. As pessoas de fora até interpretavam diferente: viam como uma grande bagunça mesmo, mas o que eu queria mesmo era mantê-lo por perto. Nessa época, ele começou a ficar fissurado em motos, e na Rocinha, como todos sabemos, era totalmente liberado para qualquer pessoa, de qualquer idade, andar de moto. Isso por anos e anos. Eu tentei segurar o máximo, mas começou a fugir do meu controle, e ele, mais que depressa, começou a pegar moto emprestada pra ficar de rolezinho pra cima e pra baixo. Só chegava aos meus ouvidos: "Teu filho estava de moto lá no boiadeiro. Eu vi teu filho lá no valão de moto". E pior que as pessoas emprestavam se garantindo de que, se ele quebrasse, eu tinha como pagar o prejuízo. Eu avisava muito pra ele parar de pegar a moto dos outros, também pelo risco de envolver terceiros em um acidente. Mas ele não me escutava... Eu me lembro de que, quando ele tinha uns sete anos, fiz um acordo com ele: se ele deixasse o cabelo crescer pra fazer nagô, eu compraria uma moto pra ele. Mas seriam aquelas pra criança. E ele sempre me cobrava, falando que eu nunca cumpri o prometido.

Na verdade, eu evitava levar pro meu marido esse tipo de pendenga pra não deixá-lo mais ansioso do que já estava. Até porque ele não poderia fazer nada. É muito complicado você ter e ao mesmo tempo não ter um marido. Até aquele momento eu já estava bem habituada a me virar pra resolver sozinha as coisas, porém essa parte de filhos adolescentes era nova pra mim também. Por mais formação, conhecimento, preparo etc. etc. que a gente tenha, sempre é difícil essa fase, principalmente numa família tão sem rumo que nem a nossa.

Mas começaram a surgir fatos que me colocaram na berlinda e me obrigaram a tomar uma atitude drástica. Eu, por via de fofocas, fiquei sabendo que alguns bandidos que andavam com motos roubadas emprestavam pra ele dar voltas quando não estavam usando. Eu fiquei puta da vida na hora! Imagina ele andando em moto que todo mundo sabia que era roubada e que andava com bandido. Aí pensei, pensei, vi que ele não iria me obedecer e que continuaria andando de moto. Resolvi comprar então uma moto pra ele, assim pelo menos eu mesma responderia caso acontecesse alguma coisa, e também não o queria andando em moto roubada.

Muita gente me julgou, mas todas essas receitas do tipo tirar videogame, cortar mesada, botar de castigo já não teriam efeito, porque eu ficava muitas horas na visita e ele poderia fazer o que bem entendesse. Então, calcei a cara e fiz o que achei que tinha de fazer. Pior do que tomar decisões é você saber que só quem está dentro de um problema parecido pode compreender algumas atitudes, mas as críticas não amedrontavam, não. Eu já havia passado por tantas que isso era fichinha.

Nessa época, eu comecei a me tornar uma pessoa muito sem esperança de ser feliz como mulher com um marido. As loucuras dele estavam começando a tirar o que restava de tesão. Aqui na rua os homens pareciam sentir no ar que eu estava em plena crise sentimental e começaram a dar investidas – até alguns que se diziam amigos dele... Outros, não tão íntimos, apenas falavam que eu merecia um cara que me amasse, e outros apenas me comiam com o olhar, controlando-se pra não ficar mal perante os amigos (risos). Não existe coisa pior do que você estar magoada com um homem, com seu psicológico todo confuso, e ter outros homens tão falsos quanto o que te traiu fingindo ser melhores que ele. Isso confunde, atrapalha e nos deixa mais inseguras quanto ao que fazer. Eu realmente não entendo o que aconteceu com aquele homem. Como ele me deixou confusa, como ele foi contraditório. Com essa história de ficar falando que estava se separando de mim aos poucos, ele mal sabia que estava me afastando dele de verdade, aos poucos, e certamente ele não sabia que perderia o controle de mim no momento em que eu entrasse em surto emocional. Eu já ia pra visita me arrastando, com sono, cansada. Já não queria deixar de me divertir por causa dele, e ele também parecia estar cada vez mais frio e distante, mas, como sempre, ele agia pela sombra, e eu sempre esplanada. Toda visita eu chegava lá, namorava, comia, conversava e dormia muito.

Ele ficava sentado me olhando. Às vezes, eu estava conversando, não conseguia segurar os olhos abertos e adormecia. Quando abria os olhos, ele estava parado me olhando, às vezes parecia estar me admirando, às vezes me jurando. Mas eu já estava começando a não me importar com o que ele achava, meu coração estava muito ferido. Lembro-me de uma vez que teve operação aqui no morro e a polícia quebrou a minha casa toda. Eu sabia que teria, tranquei a casa toda e fui dormir fora. Quando começava a operação, eu ficava ligando pra alguém pra que, assim que acalmasse, desse uma passada na minha casa pra olhar. A notícia era sempre a mesma, estava arrombada... Nesse dia, quando eu cheguei, minha casa estava toda quebrada, toda revirada. Eu não achava nem uma calcinha... E pior: a visita era no dia seguinte e eu não tinha nada pronto, estava pernoitada. Quando cheguei à visita acabada, contando o que tinha acontecido, o grande comentário que ele conseguiu fazer foi que a calcinha que eu estava era velha... Eu simplesmente me calei e mantive aquele espinho ali cravado. Homens, homens, vocês não sabem como pequenas coisas, pequenas palavras, pequenas atitudes podem magoar eternamente uma mulher...

Ele definitivamente estava conseguindo destruir o que restava do meu amor por ele. Talvez ele também estivesse passando por momentos difíceis, poderia estar confuso, eu realmente não sabia. Tentava me manter firme com tudo isso, fazia tudo que podia pra ele ter uma vida mais confortável na cadeia. Mas a vida não para e o tempo todo eu era chamada à responsabilidade.

25

Lembro que meu filho estava na idade de começar a ter namoradas, mulheres. E eu ficava angustiada porque o pai não estava aqui pra conversar, e até nas visitas ele estava tão fissurado em outras coisas que não parava pra dar atenção pra isso. Então, me lembrei de que meu pai falava que o meu avô o levou numa casa na Rua Alice, conhecida como Casa Rosa. Na época era um cabaré, e os pais levavam os filhos lá pra conhecerem as mulheres. Meu avô fez isso com meu pai e eu pensei que o meu filho também teria que ter isso. Eu sempre senti muito medo de deixar passar a época certa de fazer as coisas pelos meus filhos e depois nada mais ter importância. Eu só queria que eles não deixassem de ter momentos por causa da vida que o pai e eu escolhemos e seguimos. Então resolvi fazer uma festinha surpresa pra ele. Um bandido da parte alta do morro me emprestou uma casa que eles sempre usavam pra fazer as orgias deles, e eu aceitei, é claro, mas com uma condição: bandido não poderia entrar na festa.

Eu fui a Copacabana, contratei quinze mulheres pra animarem a festa, decorei a casa todinha, fiz mesa de frios, comprei quinze roupões e mandei escrever o nome dele atrás pras moças usarem, espalhei mais de duzentas camisinhas que eu pedi no posto de saúde, mandei uma van ir buscá-las e contratei quinze motos grandes pra subirem o morro com elas pra festa. Foi um furdunço generalizado, porque ele convidou só os amigos dele, todos mais ou menos da mesma faixa etária, e os marmanjos que ficaram de fora logo se doeram. As "moças", com bolas de camisinha na mão, subindo o morro gritando o nome dele. O que tinha de bandido recalcado falando que aquilo era um absurdo (risos).

Agora vejam só, logo eles que viviam naquela putaria desenfreada, contratando garotas da xá, fazendo festinhas nas tretas... Eles não deixavam os meninos mais novos participarem, muito menos os caidinhos. Dessa vez, os barrados foram eles... Assim, eu fiquei na porta pra garantir que seria uma festa realmente dele e dos amigos dele. Gente, simplesmente ficou uma fileira de bandido querendo entrar e eu barrando, eles não se conformavam e ficavam passando pra lá e pra cá na porta da festa. Quando elas chegaram, ficaram enfileiradas no beco esperando meu filho chegar, e os meninos todos já dentro da festa. Foi muito engraçado quando elas chegaram: todos eles pendurados no muro, nas janelas, e naquela animação típica, né... Aí, quando meu filho apontou no beco, elas começaram a gritar o nome dele e o agarraram. Os meninos entraram em parafuso dentro da casa e começaram a gritar: "Uh, uh, é bucetão!" (risos). Só eu mesmo pra fazer isso pelo meu filho. Duvido que ele ou qualquer amigo dele que esteve nessa festa *esqueça* esse dia. Aliás, os recalcados que foram barrados ficaram resmungando pelos cantos: "Que absurdo! Que putaria! Que bagunça!". Os sujos falando dos mal lavados... E detalhe, quando acabou a festa, tinha uns sete na porta pra contratá-las. Eu sei que não é uma coisa normal, mas eu fiz, porque aqui no nosso mundo, no mundo onde vivíamos naquela ocasião, isso não era tão estranho assim e meu filho precisava que eu fosse uma mãe-pai. Eu admito que, por tentar proteger demais e compensar os problemas em que enfiei meus filhos por causa do pai deles, acabei não botando tantos limites neles e, com isso, posso tê-los prejudicado ainda mais. Mas, enfim, fiz e pronto.

Eu tentava, a todo custo, cumprir os meus papéis de esposa e mãe, mas as coisas se complicavam a cada dia que passava. Sabe quando você está atolada e, quando pensa que vai sair, percebe que a areia é movediça? Eu sempre tentava esfriar minha mente pra não surtar e, como sempre, a internet me distraía muito nas horas em que eu estava em casa. Talvez fosse uma tentativa de escape pra todas as questões da minha vida, que não entravam no eixo de jeito nenhum. Ali eu me distraía muito e por algumas horas ficava alegre. Nessa época eu tinha noivo em Dubai, noivo que morava no Triângulo das Bermudas e por aí vai... Me divertia muito com eles, pois eu não falava a língua deles e eles não falavam a minha. Meu MSN bombava... (risos). A vida que eu estava levando começou a me esgotar no momento em que novamente o dinheiro não estava me trazendo felicidade. Dessa vez, eu estava de novo com dinheiro, porém não me sentia amada, e pior, estava caindo no mesmo erro: investir meu tempo, meu amor, minha juventude em uma pessoa que já me avisava que estava preparando o chute na minha bunda. A covardia era tanta que funcionava como um aviso prévio, e eu não poderia reclamar de dedicar anos da minha vida visitando aquele homem, tendo em vista que ele já estava me avisando do nosso fim.

Dessa vez eu comecei a me sentir muito usada por ele, tanto em relação ao meu conhecimento, a minha facilidade de desenrolar as coisas, quanto em relação ao meu corpo. Mas no amor mesmo eu não acreditava mais. Eu olhava as coisas acontecendo na rua e pensava em tudo que já tinha passado por conta do amor que sentia por ele. Uma das coisas que mais me afligia era saber que talvez ele estivesse comigo somente por ter sido preso.

Eu me reportava a tempos anteriores e percebia uma enorme vontade dele de me largar, e eu sempre cega, forçando a barra. Ele, enquanto estava fodido, assim que chegou preso no Rio de Janeiro, fez juras de arrependimento, juras de amor, porém, assim que eu dei o empurrão inicial pra ele alcançar de novo o “prestígio”, o poder, novamente começou a me pisotear, com discursos que me magoavam muito. As visitas começaram a ser uma tortura pra mim; eu ficava muito esgotada física e emocionalmente. Acho que meu casamento com ele foi completamente incompatível com o poder.

O que culminou com a explosão de todos esses sentimentos e angústias ocorreu na última visita que fiz, junto da minha filha. Depois de termos um início de visita normal, ele resolveu falar pra minha filha a seguinte frase: "Dada, eu e a sua mãe estamos nos separando aos poucos".

Ele já tinha falado isso pra minha mãe, eu relevei. Ele falou pra mãe dele, eu relevei. Mas dessa vez ele tinha ferido quem não devia. Eu olhei espantada, e ela mais ainda. Minha filha caiu em prantos, e ele falando com a cara mais lavada: "Calma, não é agora não, eu vou organizar as coisas pra vocês, comprar uma autonomia de táxi pra vocês ficarem tranquilos". Sabe quando olhamos alguém falando da nossa vida como se fôssemos bonecos, sem vida própria, sem sentimentos? Foi assim que eu me senti assistindo àquela cena triste. A minha filha chorando compulsivamente, ele falando com a maior frieza e eu, a partir daquele momento, enterrando qualquer possibilidade de continuar amando aquele homem.

Eu já havia sido avisada por amigos que ele andava se comunicando com outras mulheres por cartas, e que as que eram menores de idade na época em que ele estava no morro estariam perto de completar dezoito anos. Aquele dia em que vi a minha filha chorando muito sentida me fez parar pra realmente olhar pra mim e para as coisas que estavam acontecendo a minha volta e eu, mais uma vez, não queria enxergar. Mas na hora não reagi, não briguei, não chorei, apenas falei pra minha filha que ela não se preocupasse com a minha vida e com a do pai dela porque um dia ela iria crescer e ver que o que importava era a vida dela. E me calei como se nada tivesse acontecido.

26

Olha, não existe coisa pior do que quando uma mulher se cala diante de uma mágoa, uma ofensa – é porque o mundo está prestes a se surpreender. Os homens deveriam saber disso, porque, quando isso acontece, certamente vem chumbo grosso logo em seguida. Eu saí da visita, fui pra casa e não quis falar nada com ninguém. Apenas juntei forças pra tomar a atitude que mudaria a minha vida e a dos meus filhos. Eu sabia que enfrentaria críticas cruéis, que as pessoas julgariam sem ao menos saber o que acontecia com a gente, mas eu realmente havia chegado ao limite, e resolvi então fazer o que ele tanto queria.

Na visita seguinte, eu já comecei a tomar conta de quem realmente precisava de mim. Minha filha tinha uma prova do colégio militar no dia da visita. Em outros tempos, eu, com certeza, não faltaria pra levá-la, mas naquele momento tudo estava certo na minha cabeça. Faltei à visita e a acompanhei. Na semana seguinte, dois dias antes da visita, mandei um Sedex pra ele pondo final na nossa história. Simplesmente escrevi que estava desistindo de lutar pelo amor dele, que dessa vez eu não iria tentar me matar ou abdicar da minha dignidade pra tê-lo como marido. Estava entregando os pontos e atendendo ao grande desejo dele de se livrar de mim. Eu sabia bem os planos dele e sabia que ele não queria ficar sem visita de mulher, mas, como eu antecipei tudo, ele foi pego de surpresa e eu não pude deixar de escrever o meu recado, pra ele se ligar que eu era apaixonada, sim, mas otária, não. Escrevi que era pra ele ir "tocando punheta" até as vagabundinhas completarem dezoito anos, enquanto eu ia "dando a buceta" aqui fora. Sei que são termos fortes, mas foi exatamente assim que eu escrevi. Eu tinha essa necessidade, precisava falar isso, precisava mostrar pra ele que dessa vez as coisas tinham saído do controle dele, e que eu estava liberta, forte, disposta a tudo pra me livrar do mal que ele me fazia. Não foi fácil cortar esse vínculo com ele. Ele era o homem da minha vida, o homem que eu amava, o homem que eu escolhi pra ser o pai dos meus filhos. Eu o amava, mas não conseguia superar a falta de lealdade dele. Eu lembro que escrevi aquela carta aos prantos, mas firme. A cada linha que eu escrevia, passava na minha mente a nossa história, nosso amor, e cada vez mais eu percebia que o crime realmente tinha vencido e me roubado mais um homem.

Ao botar na balança tudo que tinha acontecido em dois anos de Rocinha e dois de cadeia, percebi que a ganância e a busca pelo poder muitas vezes destroem tudo e, no meu caso, o tráfico de drogas foi a ponte pra isso. Muitas pessoas falam e acreditam que somente quem usa a droga tem sua vida destruída, mas eu senti na minha própria carne que, na verdade, o tráfico e tudo que o cerca destroem quem se envolve nesse sistema. Ele não usava drogas, eu também não, e no fim fomos destruídos por nos envolver com essas coisas. Tínhamos uma vida certinha, normal, estudávamos, cuidávamos dos nossos filhos, trabalhávamos, éramos felizes... A busca por dinheiro rápido nos levou pra escuridão, pro sofrimento.

Foi assim que o nosso casamento chegou ao fim. Sem despedidas, sem discussões, sem um último dia, simplesmente nos deixamos...

Foi assim que a minha vida deu uma guinada. Eu sabia que a partir dali eu passaria poucas e boas e realmente passei. O meu sofrimento, as minhas angústias não cessaram aí. Não seria tão fácil assim me livrar dessa maldição... Ela ainda permaneceria na minha vida, tentando entrar e causar dor de todas as formas. O diabo é muito interessante. Ele induz a situações que mexem unicamente com os sentimentos, com o brio da pessoa pra tentar corrompê-la. Eu sabia que teria que ter muita força de vontade pra que a humilhação ou a necessidade não mudasse a minha escolha. Eu sabia que o ácido continuaria corroendo a minha carne, mas eu continuei, dei a cara a tapa, segui em frente pensando que seria um ponto-final. Mas no fundo sabia que estava apenas começando...

Mais uma vez a minha vida dava uma guinada, e mais uma vez eu teria que buscar forças pra encarar o que estava por vir. Sabe quando você descobre que aqueles que antes eram seus aliados, parceiros, amigos, cúmplices, confidentes agora são nada mais nada menos que seus inimigos?

Depois de tantas coisas que vivi, cheguei à conclusão de que, pra uma pessoa se tornar inimiga da outra, primeiro ela tem que ser amiga. É como se fosse um pré-requisito pra tal posição.

Nessa fase da minha vida eu percebi que estava sozinha mesmo, aliás, eu tinha uma pessoa por mim, a minha mãe. Todos, mais uma vez, se afastaram, sumiram, ficaram do lado de quem eles julgavam ser o mais forte ou o mais endinheirado. Quando me separei, mais uma vez percebi que a mulher, nesse submundo do tráfico, não passa de uma ferramenta, de um objeto que é descartado assim que não se enquadra mais nos padrões estabelecidos por eles.

Mas tudo que eu passei me deixou forte, sem dúvida, sem medo de seguir em frente. Eu estava sentimentalmente liberta. Agora não seria mais refém daquele amor. Não seria mais o amor por um homem que me manteria ligada a essas coisas, e sim o amor pelos meus filhos. Esse elo me tornava vulnerável... Mas, mesmo assim, segui com o que havia começado. Nenhum processo de desintoxicação é fácil e rápido – me desintoxicar de tantas coisas ruins também não seria rápido nem fácil.

Não vou dizer que fiz tudo de forma superinteligente, porque em alguns momentos eu acabei enfiando os pés pelas mãos e errando.

O começo foi complicado. Queria tanto mudar de vida, me sentir amada, que fui muitíssimo rápida no quesito envolvimento amoroso. Essa busca incansável pelo amor nos torna completamente inconsequentes e idiotas. Depois de ser traída, massacrada, humilhada, eu estava mais carente e frágil do que nunca, apesar de parecer forte. Era como uma radioterapia, uma quimioterapia, que te cura de uma doença, mas te enfraquece em outras partes do corpo. Sem contar que, no fundo do meu íntimo, eu sabia que não tinha saído por cima. As pessoas de fora da situação enxergavam um cenário que não condizia com a realidade. Pra todo mundo o que aconteceu foi: ela o *abandonou* na cadeia. Mas eu sabia que ele não me amava mais, não me queria mais, que estava se organizando pra me chutar e que, mesmo preso, eu seria descartada por ele.

Fui rapidamente abandonada por todos no morro e pela família dele. Em coisa de uma semana eu já não fazia mais parte da lista de convidados na casa de amigos, sogra, cunhados. Lembram que eu contei que ele falou ao vivo e a cores na frente da mãe dele que estava se preparando pra se separar? Ela simplesmente não me procurou pra ao menos saber o que havia acontecido. Sabe o que é você ter sogros que moraram no seu teto por mais ou menos uns dez anos, sogros com quem você dividia seu vale-alimentação todo mês na hora das compras, os avós dos seus dois filhos agirem como se nem te conhecessem? Nem uma única palavra ou visita, nada! E detalhe: esse homem, quando o conheci, vivia como um cigano, não tinha afinidade com os pais, pois tinha um histórico familiar complicado e, graças a mim e à convivência com a minha família, ele voltou a se relacionar e aprendeu o que era ter uma família. Por ele mesmo, era zero de vínculo, mas a forma como eu fui criada e a união da minha família fizeram com que ele retomasse esse vínculo.

E, de repente, eu me vi sozinha, como se estivesse invisível na Rocinha. E pensar que a minha sogra foi a primeira que falou com estas palavras: "Minha filha, vem morar na Rocinha que eu, por perto, te ajudo com as crianças e ajudo você".

27

O que mais me chocou na primeira semana desse descaso foi pensar que eu estaria ligada a eles pra sempre por causa das crianças, então como eles não pensavam nisso também? Eu tinha consciência de que poderia não ser mais a esposa, no entanto não teria como deixar de ser a mãe dos filhos dele. Mas eles simplesmente não levaram absolutamente nada em consideração e viraram as costas pra mim. Aliás, só uma concunhada minha se mostrou solidária e, na mesma semana que foi decretada a nossa separação, me visitou. Só!

Eu fui completamente excluída. Ninguém me convidou mais pra festas de crianças, muito menos pra de adultos. Aquela consideração acabou... Acho que pensaram que eu ia morrer, só pode (risos).

Mas o interessante de tudo isso é que eu tenho uma coisa comigo: tudo que me faz mal me deixa arriada no máximo uma noite. Só que quando eu me levanto, as pessoas até se assustam. E as coisas não acontecem à toa na vida de ninguém. Com toda essa história complicada e perigosa, ainda tinha um "louco" que cismou que me amava, que queria ficar comigo. Ele era meu amigo, já frequentava a minha casa, mostrava interesse por mim, mas saía com amigas minhas na minha casa mesmo. Não posso negar, contudo, que, em meio a tanta desordem amorosa, eu olhava e pensava: "Porra, tô perdendo meu tempo aqui, enquanto um homem está aqui me querendo de qualquer maneira". Naquela época, só um louco mesmo pra ter coragem de querer de peito aberto ficar comigo tão rápido. E ele quis. Mas não foi tão fácil porque as mulheres que saíam com ele na minha casa não aceitaram muito bem o nosso namoro, não. Apesar de serem casadas e o usarem pra divertimento... Vê se pode isso! Hoje vejo que foi bom pra mim, apesar de ter sido tão rápido. Por causa desse meu rolo com ele, fiquei, de certa forma, impossibilitada de me envolver em qualquer conflito por causa do meu ex. Afinal, se eu estava com outro, não poderia brigar mais com nenhuma mulher por causa do ex. Essa minha atitude precipitada de assumir rapidíssimo outra relação teve os prós e os contras. O bom eu já relatei aí em cima: ele me serviu de freio; e o contra foi o recalque que gerou no meu ex. Eu logicamente fiz logo o que tinha que fazer pra notícia ir parar na "boca de Fifi", postei uma penca de fotos no Orkut (risos). Foi instantâneo... E eu não hesitava em responder com todas as letras àqueles que ainda tinham coragem de comentar: "Ele não quis, tem quem queira!".

Foi muito engraçado porque as pessoas não sabiam o que falar comigo. Alguns botavam nos comentários: "Você é loucaaaaa!", "Felicidades ao casal". Os anônimos, que antes estavam me chamando de corna, gorda, falida, rapidamente copiaram a foto e postaram como a fofoca do século, tipo largou o marido e ficou com o playboy.

Vocês acham que isso me ofendia? Nadica! Eu morria de rir, porque agora não era só eu que estava na berlinda como a corna, ele também estava.

Com toda essa zona, a guerra foi decretada, pois lógico que o recalcado iria se manifestar da forma mais covarde que pudesse. A primeira foi travar meu carro. Um pouco antes de me separar, ele fez um negócio com o carro da família de um preso que estava com ele, e mandou pra oficina pra vir todo revisado. Quando ele fez esse negócio, o meu carro ainda era o mesmo de quando ele tinha sido preso em Maceió, porém a documentação dele estava toda travada por conta do recibo que estava fechado no nome falso, IPVA e multas em atraso, e ainda por cima placa de São Paulo. Eu não tinha dinheiro pra pagar todo esse custo e o carro estava jogado na Rocinha, pois se eu fosse pra Bangu duas vezes por semana com ele certamente seria rebocado, sem contar a polícia que, naquela época, ficava na entrada da favela parando quem entrava e saía. Foi quando ele falou pra minha mãe pagar as contas do carro e ficar com ele, porque vender estava difícil por causa da documentação, que não tinha.

Cara, como ele foi canalha! A minha mãe pagou tudo, arrumou despachante até no quinto dos infernos pra conseguir legalizar o carro. E eu fiquei esperando o meu sair da oficina, porém, em meio a esse inferno astral de separação, eu não tive sangue-frio de esperar nada, chutei o balde com tudo. Quando a minha mãe foi visitá-lo depois da nossa separação, a família dele já tinha ido lá prestar a solidariedade (risos) e inclusive se oferecer pra tomar conta do dinheiro dele. E lógico que ele estava completamente envenenado. Afinal, agora ele era a galinha dos ovos de ouro, né... Ela voltou da visita apavorada, porque, pela primeira vez na vida, ele mostrou a verdadeira face dele pra ela. Ela falou não ter reconhecido que ele agiu exatamente como um vagabundo, bandido, com gírias, ameaças etc. Mas a minha mãe é muito sábia. Muito mesmo! Ela se manteve calma porque sabia que, apesar desse fim repentino, havia muitas contas pra pagar. Eu não tive psicológico pra pensar nisso, mas ela teve. E ainda conseguiu que ele mandasse entregar o dinheiro que cobrisse as contas pelo menos até aquele momento da separação. Ele relutou, mas mandou. E, na ocasião, ele falou que não ia mandar carro nenhum. Assim, ela se viu com um problema, pois já havia gasto muito dinheiro no carro e, por outro lado, eu ficaria a pé. Olha que covardia ele fez com a pessoa que desde a adolescência dele o acolheu, protegeu e amou. A minha mãe fez o que a própria mãe dele não fez por ele. Ela me disse, chorando, que tinha falado pra ele essas palavras: "Paulo, por favor, não faz isso. Eu que vou ficar sem carro. Eu já gastei dinheiro pra legalizar, mas não posso ficar com o carro se você o tomar da Fabiana. E ela tem as crianças também, ela está na Rocinha, pode precisar, não faz isso".

Acho que esse é um dos motivos pra minha mãe ter muita mágoa dele até hoje. Porque ele falou que ia ver isso, mas, na hora que eu divulguei que já estava namorando, falou que não ia mandar e pronto. Ele sabia que o carro estava numa favela e eu não iria buscar. Eu, *logicamente*, deixei o carro com a minha mãe; afinal, eu não sou moleque de fazer um trato e depois fazer um negócio desses. E, mesmo que ela não tivesse pagado nada, se eu dei, está dado. Fiquei a pé, mas também não pude deixar de escrever uma carta pra ele mandando-o enfiar o carro no cu e falando que ele podia até me tomar o carro, mas as minhas pernas ele não poderia arrancar e que, com elas, eu podia ir aonde eu bem entendesse. Na verdade, foi uma carta muito pesada mesmo a que mandei. Porque, pra mim, foi uma atitude tão asquerosa a dele que repeti isso umas mil vezes na carta. Essa realmente foi com uma carga muito ruim pra ele.

Nossa! Como foi difícil essa época, porque eu paguei as contas todas e fiquei sem dinheiro. Como vocês sabem, fiquei dois anos me virando pra pagar condomínio da casa de Maragogi, caseiro no sítio, alimentação dos bichos e tal. Era muito gasto, fora ele na cadeia querendo comer camarão VG de oitenta reais o quilo e presunto importado do inferno. Isso tudo me gerava muito gasto e, no fim de dois anos, fiquei com isso como se fosse um Oscar de ouro. Um imóvel a 450 km de mim e outro a 3000 km, com diversos gastos. Nem pra passear me serviam porque eu não tinha condições financeiras pra isso. Foi tudo tão rápido, meu esgotamento foi tanto que, no momento em que teria dinheiro pra desfrutar isso tudo, não suportei estar ao lado daquele homem nem mais um segundo. Mesmo assim, não esmaeci, fiquei de pé, tentando reconstruir a minha vida.

Ele, no entanto, não estava satisfeito, porque os planos dele não saíram como ele queria e as minhas profecias se cumpriram: eu estava dando e ele tendo que tocar punheta (risos). Eu ficava muito em casa com o meu namorado, mais pra protegê-lo, pois ele não era de lá e, apesar de saber que ninguém poderia se meter porque foi o meu ex que não me quis mais, sempre havia aqueles comentários maldosos. Muita gente botava medo nele falando que ele era doido, que ia morrer, que estavam só esperando a ordem do cara pra passar ele. E eu fiquei sempre tentando mostrar pra ele que isso não iria acontecer, que eu e o meu ex sabíamos muito bem quando o nosso casamento havia acabado e que ele não tinha nada a ver com isso. Por isso ele não faria nada. Ele não tinha moral pra isso... Então, logo o diabo começou a trabalhar.

Como meu ex percebeu que eu não estava preocupada com carro, casa, com porra nenhuma, ele começou então com um golpe muito baixo: tentou corromper as crianças. Ele usou o dinheiro que eu mesma deixei de mão beijada pra ele pra tirar a minha autoridade dentro de casa. Ele simplesmente mandou entregar dois mil na mão do meu filho e dois mil na mão da minha filha, que estava na casa da minha mãe. Nessa época, ela era bem novinha e obedecia, não tinha o topete de achar que era ela que decidia sobre a pensão. Já pro meu filho ele mandou o seguinte recado: "Pode fazer o que quiser com esse dinheiro porque ele é seu!". Gente, pelo amor de Deus! Me corrijam se eu estiver errada. Isso é coisa que se faça a um adolescente de catorze anos, que já vive em meio a um turbilhão de problemas? Eu não conseguia entender por que ele estava fazendo isso. Eu chorava muito, sentia um desespero sem fim por ver que ele, pra me atingir, estava fodendo a mente do próprio filho, e as pessoas que o cercavam, interessadas apenas no dinheiro que poderiam ganhar, simplesmente não falavam pra ele que isso estava errado. Eu, a chefe da casa, ter que me sujeitar a pedir dinheiro pro meu filho de catorze anos pra comprar comida, pagar o plano de saúde etc. Eu sentia que ele era o próprio demônio querendo me destruir aos poucos e, naquele momento, estava usando o maldito dinheiro pra gerar discórdia dentro de casa.

Conheço muito bem meu filho e sei que ele, apesar de não obedecer muito às regras, tem um coração bom. Mesmo o pai botando na mente dele que aquele dinheiro era dele, pra ele torrar, eu gritei e falei que quem mandava nele e em casa era eu, e ele rebateu falando que o dinheiro era dele, que o pai dele tinha mandado; então eu simplesmente entreguei nas mãos dele e me calei. Não falei uma única palavra... Ele pegou o dinheiro e saiu muito sem graça, mas não se passaram cinco minutos e ele voltou mansinho e falou: "Mãe! Aqui o dinheiro pra pagar as contas... Você me dá só um dinheirinho pra eu comprar uma roupa e pra eu ir pro baile?".

Gente! Como não ser apaixonada pelo meu filho, vendo ele com catorze anos mostrando que era um menino bom?

28

No dia seguinte eu mandei um telegrama avisando que, se a próxima pensão não fosse entregue em minhas mãos, eu não os autorizaria a entrar com a família dele na visita. E ele poderia enfiar no rabo os quatro mil dele. E avisei que ele não ia tirar a minha autoridade de mãe com o dinheiro dele. Nossa! Não sei como o meu namorado ficava em meio a tanta confusão. Imagina arrumar uma mulher com tantos problemas... E, assim, até um dos irmãos dele criticou essa atitude de entregar dinheiro na mão das crianças e logo ele viu que não teria jeito e mandou entregar pra mim, junto com o dinheiro do táxi pra eu ir a Bangu autorizar as carteirinhas. Eu fui, e uma pessoa da família dele foi também pra assinar como responsável, mas a cena mais hilária foi na hora de ir embora. Eu atravessei com as crianças pra esperar um táxi ou uma van quando eu vejo o familiar dele sentado adivinhem onde? No meu antigo carro (risos)... Ele deu meu carro pra família dele e ainda pagava um motorista. Aquilo ficou mais feio pra quem recebeu do que pra ele mesmo, que havia me tomado. Eu jamais me colocaria num papel desses. Mas, enfim, eu larguei isso pra lá e segui em frente.

Eu não queria nada, só queria mesmo ter paz e, apesar da mágoa muito grande com ele e com as pessoas que me abandonaram na hora que eu estava sozinha, na verdade eu queria mesmo era viver em paz. Eu só queria ter paz pra concluir a faculdade – desde 2005 eu estava no 7º período, mas nunca mais tive paz pra me dedicar. Mas, como diz a música dos Racionais: "Pra quem vive na guerra, a paz nunca existiu".

As coisas começaram a se acalmar, a "vagabundinha" dele completou dezoito anos e eu, até o divórcio, assinei pra ela poder fazer a carteira pra visitar. Na época que me separei, minha casa estava em obras e foi muito complicado terminar, pois, como ele havia jogado aquela semente do mal na mente das crianças, elas gastavam pra valer e eu, por botar na minha cabeça que não iria permitir que esse maldito dinheiro me fizesse brigar ou me aborrecer, deixava meus filhos gastarem. Eu só queria paz.

Com o tempo, ele passou a não entregar a pensão, e comunicou que estava baixando o valor. Poxa, pensem, você se organiza com um valor e de repente, sem aviso prévio e, pior, sem motivo, alguém vem e diminui. Isso me atrapalhava muito, porque eu ainda tentei manter o sítio e a casa de Maceió. Eu, contudo, achava que aquilo, no fundo, seria uma garantia pro futuro das crianças. Eu já não estava preocupada comigo. E pior que eu sabia que ele estava diminuindo por maldade mesmo, porque, além de ele ter dinheiro, esse que ele usava pra pagar pensão era pego aqui na Rocinha, os tais quatro mil por que eu briguei assim que cheguei de Maceió. Ele tentava de alguma forma me cutucar. Era questão de seis meses e aparecia uma novidade. Mesmo separado, longe, preso, ele conseguia fazer mal a mim e às crianças. Incrível isso!

Mesmo recebendo três mil reais por mês, eu já fiquei uma semana sem ter um real e sem mistura pra comer com arroz, várias vezes. Não é drama não, tá? É pra vocês verem como esse dinheiro é maldito. Não rende, não dura, resolve um problema e cria dez.

Ele depois ficou jogando conversa fora falando pra minha filha que ele que era muito bom, pois pagava o cineminha meu e do meu namoradinho (risos)... Lógico que mandei o recado por ela de volta, falando que, se ele não sabia, o cinema custava nove reais na época e que meu namorado não era tão pobre assim pra não ter nove reais.

Aos poucos, fui me adaptando e dando continuidade às minhas coisas. Voltei a estudar, tinha um namorado, estava levando uma vida normal. Mas o meu namorado começou a ter crises de ciúmes do meu ex. Ele me "torturava" com o meu passado, e, por achar que eu ainda amava o meu ex, tripudiava de mim com palavras como: "Você é maior corna! Ele te trocou!".

Nossa! Não existe coisa pior do que um homem entrar na sua vida, se fazer de amiguinho pra saber do seu passado e depois usar isso pra te magoar. O pior é que toda vez que tinha operação policial aqui no morro a polícia me visitava, mesmo eu já estando divorciada, e meu nome rolava na mídia cada vez que falavam dele ou de alguém da família dele. E o meu namorado começou a se incomodar com isso. Eu ficava *puta* com isso! Ele ficou comigo sabendo quem eu era, quem era meu ex, que eu já estava exposta na mídia desde 2007, que tinha dois filhos com ele e que certamente de vez em quando teríamos assuntos em comum. Ele também arrumava confusão quando as pessoas me perguntavam sobre o meu ex. E eu tinha que ter paciência de Jó pra convencê-lo de que as pessoas não sabiam da minha separação. Por isso perguntavam. Assim ele começou a me impedir de tratar os assuntos das crianças com o pai deles, o que me atrapalhava muito. E começou a ser muito violento cada vez que surtava com ciúmes ou bebia. Parecia uma coisa ruim mesmo lá dentro. Até lembro que nessa época aconteceu uma coisa muito estranha em casa: um dia, nós acordamos cedo pra ir comprar peixe na Barra e eu pedi que ele fosse ao terraço fechar a água que estava vazando da caixa, quando ele gritou e falou pra eu ir lá olhar uma coisa. Quando cheguei lá, deparei com um gato preto enorme, na porta da lavanderia, sem cabeça. Detalhe: não tinha um osso, um miolo, uma gota de sangue. Ele estava deitado com a pele da cabeça como se fosse um capuz, num lugar que não tinha como alguém jogar.

Foi estranho aquilo, porque realmente tudo indica que alguém pulou o terraço e colocou esse bicho lá. Eu na época mandei jogar fora e pronto. Se queriam me assustar, não conseguiram.

Mas com isso foi ficando difícil administrar as loucuras do meu então namorado. Ele estava cada vez mais violento, entrando numa de querer me enforcar, me machucar e eu sabia que ia acabar matando-o. Sabe esses homens que enforcam a mulher, aí depois pedem desculpa? Aí a mulher pensa: "Ah, foi só uma briguinha, vou relevar". Assim eu estava fazendo. Só que estava ficando cada vez mais frequente e eu me conheço, não acabaria bem essa história. Então tive que botar um fim naquilo. E pior que, quando terminei, encontrei com ele em um baile e ele, bêbado, parecia estar com o capeta e saiu me puxando pelo braço. Eu respirei fundo pra não bater nele, porque sabia que ele queria que eu reagisse pra então ele fazer o estrago que ele desejava. Ele não aceitava terminar sem arrancar um dente meu e mostrar o tipo de homem que ele era. Sabe esses bonzinhos, bonitos, que são superlegais e alegres, mas que na verdade são violentos e loucos? Enquanto ele me machucava nos punhos, um menino aqui do morro viu e parou pra perguntar se estava tudo bem, e ele logo queria partir pra cima do cara. Nossa! Como eu implorei pra ele parar. Eu estava me controlando pra não dar um soco na cara dele... Nisso, o cara já chamou outro e ficou da esquina, de fuzil, chamando-o, fazendo gesto pra ele ir lá. Eu na hora vi que ele ia ser triturado, aí ajoelhei nos pés dele implorando pra ele ir embora do morro.

Sabe o que ele fez? Cuspiu na minha cara. E falou que então era pra eu levá-lo até a saída do morro. Tinha um amigo meu junto. Coitado, ele tremia todo, chorando, pedindo pra ele parar, porque estava vendo que ia dar merda. Então me levantei, limpei o cuspe e só conseguia pensar na mãe dele, porque se eu reajo e ele me bate ali... Então ele foi me puxando até a saída do morro e lá continuou me sacudindo, me apertando. O meu amigo, desesperado, chorando. Só que ele chorava e fazia isso ao mesmo tempo. E não me deixava sair, completamente descontrolado. Aí, do nada, ele deu um tapa na minha cara e na mesma hora me agarrou chorando pedindo desculpas, falando que eu podia dar um tapa na cara dele também. Eu fiquei falando que não, que não, e ele insistindo. Aí eu dei. Simplesmente ele me olhou com olho ruim, tentou dar um soco na minha cara, só que eu fui pra trás, e ele me deu uma banda. Imagina eu de vestido, sandália alta... Caí igual um prédio de cem andares. E o meu amigo desesperado, gritando socorro, gritando pela porra da polícia, que na hora que tinha estar ali não estava. Como não apareceu ninguém pra segurá-lo, o meu amigo mesmo saiu me puxando, parou uma moto e me mandou subir.

Foi um dia muito ruim pra mim, porque a minha vontade era dar umas pauladas nele, mas eu sabia que ele queria isso pro caldo entornar e ele ir parar na boca de fumo. Sabe suicida...?

Depois desse dia acabou mesmo. É engraçado como os homens que arrumo têm talento pra me perder. Incrível isso! Eu não fiquei em casa chorando por isso, não. Continuei a minha vida. Mas logo em seguida fui pega de surpresa quando descobri que, dessa vez, quem o meu ex estava manipulando e iludindo era a minha filha. Ele a iludia, falando que iria fazer festa pra ela no Tijuca Tênis Clube, falava que ia pagar pra ela ir à Disney, mandava a garota procurar um apartamento no lugar que ela gostava de morar com a minha mãe, resumindo: fazendo-a de boba legal. Mas por conta disso ela tinha que mentir pra mim e ir pra visita junto com a mulher que simplesmente destruiu a nossa família.

Nessa época, fiquei enfurecida ao vê-lo tirando a cumplicidade minha e da minha filha em prol de uma vadia que ele arrumou na boca de fumo. Eu estava por um triz de perder todo o meu controle. E pior: depois de tudo, quando ele não tinha mais o que dizer, começou a falar que era melhor eu me mudar, pois iam acabar me matando aqui porque eu que o tinha entregado. Porra! Nesses dias eu fiquei sem rumo, sem esperança mais. O que ele queria mais de mim? Depois de acabar com a minha vida, me trair, me enganar, me decepcionar, me expor, arrasar com a infância dos meus filhos e, por fim, me obrigar a tomar a atitude que ele não foi homem pra tomar, ele não estava satisfeito. Eu já tinha saído do caminho dele, atendido ao que ele tanto quis. Ele até escreveu um telegrama pro meu filho na época que nos separamos, falando pra ele que, desde quando estava na Rocinha em 2007, ele não queria mais estar casado e que a única coisa que segurou o casamento foram ele e a irmã dele. Pensa... Depois de tudo isso, ele ainda fica conspirando igual um verme na cadeia. Eu mandei uma carta pra ele, chamando-o de demônio pra baixo, que ele não tinha sido homem de falar olhando na minha cara que eu o tinha entregado. Que ódio me deu isso!

Visitei esse verme por dois anos, dei nó em pingo d'água pra ele bancar o patrão na cadeia e ter até hoje como sustentar a piranha dele, e o cara faz uma coisa dessas. Enfim, quase desisti de tudo e quase a matei. Faltou muito pouco, porque eu não aguentava mais, de seis em seis meses, um terremoto. Eu só queria viver em paz e não conseguia. Por isso eu falo que a grande dificuldade de sair desse meio é com o lado psicológico da pessoa. Voltar a ser uma alguém de bem era cada vez mais difícil. O tráfico não destrói só quem usa drogas. Ele destrói quem trafica também. Destrói a família, destrói a pessoa – e se reerguer não é nada fácil. O fato de eu ter casa, roupas e joias não me dava garantia nenhuma de que eu conseguiria ter paz novamente.

Eu tive dias de muito inferno astral nessa época. Chegou uma hora em que explodi e desci com o capeta – e a minha mãe atrás, coitada. Cheguei lá embaixo, dei de cara com o irmão dele. Mas sabe quando as pessoas estão ocupadas demais pra te ouvir, pra te acolher? Eu queria matar naquela hora. Eu gritava na rua, e já nem sabia pra quem eu estava gritando. E cada bandido que me olhava, aí que eu gritava mais quem tinha colocado o meu ex no topo. Quem tinha arrumado a cama quente pra ele deitar. E a minha mãe chorando, com medo de alguém escutar e eu ser presa. E de repente eu olhei pra uma porta e me deu uma vontade de entrar correndo. E entrei! Adivinhem o que era? Uma igreja evangélica. Era Deus... (estou chorando). Eu subi a escada correndo e a minha mãe não conseguia mais correr, mas foi atrás e, quando chegou lá em cima, eu estava sozinha. Não havia ninguém na igreja. A porta estava aberta, mas não tinha absolutamente ninguém. Eu estava tão nervosa que não lembrava que uma semana antes eu tinha ido com a Dalila colocar uma foto do pai dela pra oração. E nesse dia também não tinha ninguém. Nós entramos e colocamos a foto num lugar que nem era pra colocar e saímos voadas. Pois é, hoje eu posso afirmar que, se não fosse aquela energia, com certeza tinha acontecido uma tragédia.

Eu mais uma vez tinha ultrapassado o limite e estava cega. Eu fiquei lá em silêncio até um rapaz chegar e me acolher. Na verdade eu não falei nada. Só chorei, a minha mãe também ficou chorando e ele apenas me afagando mesmo. Eu sabia que tinha uma coisa ruim lá fora e não queria sair. Eu fiquei horas sentada lá. Era como se lá eu estivesse protegida. Lá eu não seria atingida pelo diabo que estava o tempo todo me empurrando a fazer o mal. Depois de muito tempo, me acalmei e voltei pra casa com a minha mãe com a promessa de que voltaria à noite. E voltei mesmo, com a minha mãe e com a minha filha. Foi muito bom. Parecia que estava tomando injeção de calmante na veia. Lembro que o rapaz que me acolheu mais cedo cantava no culto e, assim que eu entrei, ele cantou essa música. Foi impossível não cair em prantos… É foda, eu nem queria fazer essa cena na igreja, mas simplesmente não deu pra segurar. Foi o que me salvou da cadeia, porque tenho certeza de que eu mataria naquele dia.

Eu não estava preocupada com mais nada porque tinha perdido todas as esperanças, estava esgotada e vendo que ele não ia parar nunca. Mas me fez muito bem estar na igreja por um tempo. Rapidamente começaram as críticas, começaram os deboches, do tipo: "Ah, ah, tá! Bibi na igreja?". Mas eu nem estava tão preocupada com isso, não. Estava realmente me sentindo em paz. Ficava ansiosa pra estar lá. Ia mais cedo pra poder ir pra faculdade e quando saía cedo voltava pra lá. Domingo de manhã, eu via todo mundo descendo do baile e aquilo não me atingia, eu não ficava recalcada. Achava engraçado o povo bêbado descendo e pensava: "Eita, olha como eu saía do baile também" (risos). Apesar de não ficar angustiada por causa do baile, isso era uma das coisas que eu sabia que me atrapalharia porque eu gosto de dançar, gosto de funk. Mas no começo fiquei tranquila.

29

Por incrível que pareça, a primeira pessoa de quem eu não consegui mais sentir raiva foi o meu ex. Quando eu escrevi a primeira carta pra ele, falando que não estava mais sentindo raiva e que ele estava sempre incluído nos meus pensamentos bons foi porque, no fundo, ainda tinha esperança de que ele voltasse a ser uma pessoa de bem. E mandava músicas evangélicas e trechos da Bíblia pra ele. Escrevia coisas que o pastor falava na TV de madrugada. Eu sempre ia mais cedo pra igreja, na hora que não tinha ninguém; levava o caderno e desenhava pra ele a igreja todinha, depois descrevia todo o culto. Era como se tivesse uma necessidade de tentar puxar o Paulo de volta. Mas o diabo está muito mais próximo dele do que eu, né...

A primeira coisa que ele falou pra minha filha, com um sorriso debochado na cara, foi: "Sua mãe na igreja? O que vocês estão armando, hein?". Enfim, eu continuei indo, porém, me sentia muito sozinha lá. Às vezes, parecia que eu era invisível, e isso me incomodava. Não sei por que, mas me sentia só. E, pra piorar, o discurso deles era o de que o casamento não acaba, que o homem quando trai é isso, é aquilo. Que a mulher tem que orar pro homem voltar. E isso foi me enervando, porque eu acho que os casamentos acabam. E que naquele momento eu precisava que eles reforçassem que eu teria que buscar outra pessoa pra seguir a minha vida – e não ficar com assuntos que eu não queria ouvir. Eu ouvi da boca dele com todas as letras: "Acabou o amor!". Então, eu não tinha que ficar ali pensando essas coisas. Eu queria mudar minha vida e não ficar rebobinando a fita. E outras coisas também, que às vezes pareciam imperdoáveis aos olhos de Deus – e isso me deixava aflita, porque parecia que não teria jeito; eu não seria perdoada. Eu tentei, mas era só eu mesmo.

Meu filho ficou mais áspero comigo, minha filha falou que não tinha saco pra ir e, aos poucos, fui desistindo e achando que na verdade eu tinha que continuar sozinha mesmo. Não estava na hora ainda de estar na igreja. Muita coisa em volta de mim ainda estava impregnada de coisa ruim e o tempo todo isso tentava me tirar o foco. E realmente me tirou – e eu novamente caí na farra. Eu fiquei feliz, agradecida, fui salva pela igreja Tabernáculo do Avivamento, na Rocinha, mas ainda não era a hora de eu seguir com eles. Agora, a minha válvula de escape pra aturar tanto desaforo seria a gandaia.

Sabe o que é tocar o foda-se e não ligar pra mais nada? Foi assim que eu fiquei, cuidando de mim, me divertindo, sendo feliz com o que eu tinha, mas o coisa-ruim ainda não tinha desistido de me destruir. De destruir minha família e de me ridicularizar. Terem ficado com tudo o que era meu – inclusive meus amigos – não era o suficiente. O demônio não suportava o fato de eu existir, e continuou com suas investidas pra tentar me colocar em conflito.

Agora, solteira de verdade no Rio de Janeiro, a tentação estava bem próxima de mim, e muitos me olharam torto quando eu arrumei um namorado de fora do morro. Passaram a me olhar de cima a baixo. Confesso que fraquejei e que comecei a achar que só teria uma forma de me libertar do fantasma do meu ex-marido: me envolvendo com alguém tão poderoso quanto ele...

É incrível como a gente comete um erro em cima do outro. Às vezes, quando temos problemas, encontramos soluções, escapes, que muitas vezes nos parecem os mais corretos. Mas nem sempre são. Eu assumo que de perfeita e santa eu não tenho nada. Mas também tenho certeza de que fiz tudo o que podia pra não me desviar do que todos chamamos de "caminho do bem". Mesmo no meio de tanta coisa errada, minha consciência está em dia com minhas atitudes em relação ao esforço que fiz. Mas, acima de tudo, eu sou uma mulher, eu sou um ser humano, não sou feita de pedra ou de concreto, como muitas vezes meu ex me descreveu aos amigos dele em cartas. Todos esses elogios eram apenas pra me manter ali forte. E a minha parte humana, minhas falhas, meus pensamentos distorcidos, meus erros, uma hora aflorariam, e eu, logicamente, cometeria erros como outra pessoa qualquer que não consegue mais resolver seus próprios problemas. Deixar de ser tão rígida com as coisas, deixar de cobrar coisas erradas que me atingiam em cheio, me custava ser totalmente *light* em tudo e levar a vida na flauta, não me importando nem ligando pra nada. Uma espécie de fuga ao mundo dos loucos.

Hoje, percebo que muitas das vezes que eu estava clamando por socorro, por ajuda, por refúgio, nenhum dos lugares que seriam fora do mundo do tráfico, fora do morro, me estendeu a mão. Eu tentei, eu fui até onde suportei. Lembro que, mesmo me desdobrando pra chegar até a UFRJ (universidade na qual estudava) duas vezes por dia, mesmo fazendo disciplinas de períodos diferentes e não tendo a menor afinidade com ninguém, muitas vezes saindo atrasada de casa por medo de às seis horas da manhã começar uma operação policial, anteriormente anunciada, mesmo pegando uma van *lotada* e ir daqui até a porta da universidade em pé, sem poder me mexer, com o pescoço torto, eu ainda tentei terminar a faculdade. Sem contar as inúmeras vezes que chegava lá e recebia a notícia de que o professor da aula que eu assistiria não tinha podido comparecer por isso ou por aquilo. No entanto, alguns professores não têm um pingo de sensibilidade de perceber as dificuldades de um aluno. Eles não querem saber se os alunos têm uma vida, problemas, contratempos; eles não querem saber de nada.

Eu chorava muito de tanta impotência diante do poder absoluto que alguns professores exerciam na universidade. Não tinha mais forças nem cara pra expor o que acontecia no meu dia a dia. Eu só queria terminar logo aquela porra pra assim poder trabalhar e me livrar de uma vez por todas das garras do mal que me cercava. Mas lá era outro mundo. Apesar de ser um curso de Serviço Social, simplesmente não foram capazes de me acolher de forma correta. Eles não conseguiram me apoiar no processo mais importante da minha vida até aquele momento, a transformação da minha vida e da dos meus filhos. Imagina, né... E eu não estou transferindo a culpa dos meus erros pra ninguém, não, mas, nossa, como eu precisava daquilo, e não tinha forças pra lutar contra a soberba de alguns professores. Se eles, que ganham pra dar aulas, não conseguem ter a sensibilidade pra olhar um aluno como um ser humano e ficam esgotados e estressados, imagine eu, que estava ali catando moedas pra conseguir concluir o meu curso superior.

Aliás, eu tive sim *duas únicas* pessoas dentro da UFRJ que sempre me apoiaram e tentaram me ajudar dentro das limitações delas. Professora Mariléia Inoue e Carmem (Carminha), secretária na administração. Somente pra essas duas pessoas, pra essas duas profissionais, eu não era invisível naquele lugar. Nossa, como a professora Mariléia é gente boa, como ela me ajudava, me aconselhava e mais: torcia por mim. Essa professora me acompanhou desde o início e, por incrível que pareça, quando comecei a fazer o meu projeto de trabalho de conclusão de curso, em uma conversa com ela, eu falei: "Professora, estou até com medo de estar chegando à reta final. É capaz de eu até morrer pra não conseguir me formar". Ela riu e me mandou parar de falar besteira. Pois é...

Na ocasião, dias depois, o Paulo caiu de moto e eu virei enfermeira dele. Um mês depois, ele foi preso. A partir daí, 3 de junho de 2005, minha vida acadêmica foi aniquilada. A partir daí, eu *nunca* mais tive a paz da qual uma pessoa precisa pra se formar como um profissional, pra concluir o nível superior. Quando me lembro dessas coisas, vejo o quanto é difícil sair de uma situação ruim, de envolvimento ilícito, de uma vida errada. Por isso, acredito que sair disso não é tarefa perigosa por causa de terceiros. O maior inimigo está dentro de nós mesmos. Suportar e conseguir atravessar todas essas barreiras é uma tarefa difícil e requer uma luta interior muito grande. Requer não só força de vontade, mas equilíbrio emocional e apoio dos verdadeiros amigos. E confesso que fiquei um pouco perdida com as pressões que sofri. Mal me recuperava de uma bordoada e já vinha outra pra me arremessar ao chão. E aí perdi o prumo, criei uma proteção psicológica que me mantinha segura. Eu passei a dançar conforme a música. Tentei não me estressar com nada.

A Rocinha nessa época estava completamente na mão do capeta. Sabe o que é um lugar ficar em festa dia e noite? Todos os chefes de tráfico de outros morros do Rio de Janeiro estavam aqui, e isso movimentava a favela *inteira*. Era um sobe e desce de bondes, era a mulherada toda com fogo na tarraqueta pra lá e pra cá, um verdadeiro fuzuê. Eu estava deixando a igreja e estava um pouco devagar, tentando viver a minha vida sem me estressar com nada. Mas o diabo sempre encontra uma forma de realmente testar a nossa fé. E ele encontrou.

Estava tudo indo bem, apesar de o meu ex ter estimulado bastante a mente dos meus filhos no sentido de que eles teriam que gastar todo o dinheiro da pensão desordenadamente. Mas sabe quando a simples existência da gente incomoda e perturba alguém? Vamos rebobinar a fita, então: eu estava quieta na minha, não estava arrumando k.o. com ninguém. Até que um dia teve um casamento dentro do Bangu 1, e o meu ex foi como convidado, porque era de um preso da mesma galeria. Naquele dia, lógico que todos aproveitaram pra usar ternos, brincos, sandálias altas, afinal, nada disso entrava lá. Mas, para o casamento desse preso, o diretor autorizou.

É óbvio que a pessoa que estava havia tanto tempo tentando ser eu e estar no meu lugar não perderia a chance de tirar uma foto pra poder se mostrar. Olha que graça, uma pessoa que quer porque quer forjar uma vida em comum, se utilizando de uma foto tirada dentro da cadeia, dois anos depois de o cara estar preso, no casamento de terceiros, e ainda tentar forjar ser seu próprio casamento (risos)! Pra mim, aquilo ali foi até normal, porque afinal ele estava seguindo a vida dele, como eu estava aqui fora seguindo a minha. Mas teve uma pessoa que chorou ao ver isso: minha mãe. Ela me ligou aos prantos, falando que ver aquela imagem mostrava que eu sempre estive certa e que ele sempre tentou me pintar como a louca da história. Mas, enfim, isso só mostrava o esforço de certas pessoas em tentar roubar a minha história. Mas: "Pra existir história, tem que existir verdade". ("Tudo Passa", de Túlio Dek e NX Zero)

Isso não me abalou. Nossa! Como me esforcei pra ficar tudo bem! Até a autorização para as crianças visitarem o pai foi usada contra mim. Eu não estava fazendo questão de brigar por nada, só pedi que mandassem o dinheiro do táxi pra eu ir até Bangu fazer essas autorizações, pois *nunca mais* eu gastaria uma gota de suor pra fazer qualquer coisa pro meu ex. Eu também não queria ir no mesmo carro que pessoas que me viraram as costas na hora em que eu mais precisei. Pois até isso chegou distorcido pra ele, que ficou de lá igual a um imbecil falando que eu estava dificultando. As pessoas falavam que eu que não queria ir, e não me entregavam o dinheiro que ele ordenava que fosse entregue a mim pra pagar pelo menos meu transporte até Bangu. Eu não queria brigar com ninguém. Estava me organizando, cuidando da minha vida, trabalhando pra poder me sustentar, tentando estudar.

Como meu ex havia mandado uma carta pro chefe do Morro do Fogueteiro pedindo que eles me deixassem voltar pra lá e eles falaram que tudo bem, passei a ir mesmo. Já nem queria curtir aqui na Rocinha. Lá eu me divertia porque, por ser lugar de facção diferente, ninguém estava nem aí por eu ser ex-mulher do fulano de tal. Lá eu ia pro baile da Mangueira, baile do Fallet e do Fogueteiro. E, em meio a toda essa curtição, acabei sendo assediada por um dono de morro. Ele veio como quem não quer nada, cheio de amor pra dar. Sabem como é homem quando quer uma mulher. Fica cercando de tudo que é lado. Mas logo em seguida o Fallet foi ocupado pela UPP,[****] e tive que voltar a me distrair pela

**** Unidade de Polícia Pacificadora.

Rocinha. Meu dinheiro estava todo preso na loja e, por isso, ficava dura mesmo; então, tinha que ficar pelo morro.

Estava tudo indo bem, mas aquele *demônio* que vinha entrando na minha vida e, de todas as formas, tentando fazer um inferno, não estava satisfeito. Perceber que eu não estava mais preocupada com o que se passava na vida deles e o fato de eu não brigar mais fizeram com que o inferno ficasse remexido. Ele sempre mandava a pensão, e tudo ficava bem, eu na minha e ele na dele. Mas um belo dia, em meio a uma operação da polícia no morro, meu filho estava na avó pra pegar a pensão e recebeu a notícia de que só seria entregue em minhas mãos. Que eu tinha que ir lá buscar. Puta que o pariu! Gente, sabe o que é você estar em casa, tranquila, cantarolando, e uma seta maligna vir na sua direção? Meu filho entrou em casa esbaforido e falou: "Oh, mãe, é pra você ir buscar a pensão!".

Eu automaticamente ri e falei que não, né? Imagina se eu iria me submeter a isso. Mandei que ele fosse lá novamente e falasse que eu tinha mandado entregar pra ele mesmo. E falei que o dia em que eu saísse de casa pra ir ao encontro seria pra fazer uma atrocidade, e não pra pegar dinheiro. Então, era melhor me deixar quieta aqui mesmo. Gente, como eu tentei fazer de tudo pra não sair essa confusão. Acho que eles pensaram que por estar tendo operação eu não iria reagir a provocações. Puro engano...

A partir daí, vi que o dinheiro dele tinha mudado de tutor. Agora, a tutora dele queria me humilhar, queria humilhar meus filhos. Meu filho voltou muito nervoso, quase chorando, me pedindo, por favor, pra ir lá, porque estavam esculachando ele. Eu ainda falei pra ele ir procurar os tios e falar que eu não iria. Mas quando ele virou as costas, percebi que estava me pedindo socorro, porque na verdade queria era socar a cara de um, mas, por ser um menino bom, se controlou e deixou pra gente resolver. Não pensei duas vezes, peguei uma barra de ferro e desci com os caralhos. Os policiais ficaram me olhando, mas eu estava com uma cara tão de louca que eles nem quiseram saber o que era. Fui lá à porta da minha ex-sogra e, naquele momento, eu percebi como as pessoas são simplesmente asquerosas. Sabe quando você vê *todas* as pessoas que eram suas amigas se omitirem ou se juntarem a alguém que te fez muito mal? E continuam fazendo sem pestanejar, por interesse?

Vocês se lembram de que, alguns capítulos atrás, eu contei que a minha ex-sogra foi quem deu toda força pra eu me mudar pra Rocinha e, inclusive, falou que me ajudaria aqui com as crianças? Vejam só... Agora ela estava do outro lado do portão assistindo à novela, fingindo que eu nem estava ali, permitindo que eu fosse humilhada. Eu não estava ali por dinheiro, por recalque, pelo chifre e muito menos pelo meu ex. Eu estava ali pelo meu filho. Vi como ele chegou em casa e vi que ele estava no limite. Vi que ele não estava mais suportando tanta humilhação, e que acabaria reagindo. Foi muito triste aquela cena. Apesar de a plateia adorar, foi muito triste ver como as pessoas agem de acordo com os interesses financeiros. Todos que estavam dentro daquela casa, de A a Z, participaram do massacre que aquela criatura que estava lá posando de esposa fez com a minha família, e simplesmente agiram como se eu nem estivesse ali na porta.

Eu fiquei das 15:00 às 20:00 horas gritando e chamando quem havia me invocado. Lembrando quem entrou na vida de quem, quem destruiu a família de quem. Quem construiu o império. Mas, lógico, mulher pra destruir família, pra dar a buceta pro marido de outras, muitas são. Mas mulher pra abrir a porta e sair pra encarar aquela que ela desafiou... Cadê? A criatura só conseguiu ficar lá dentro falando um monte de asneiras (risos), e eu perguntei em quem ela estava se garantindo porque, caralho, só Deus sabe o tamanho do ódio que eu tenho e o tamanho do estrago que eu posso fazer.

A resposta lá, bem longe, era que estava se garantindo no marido. Que é o meu ex-marido. Piada, né? E, assim, ligaram pro meu ex. Ele se encarregou de mandar bandido pra ir lá me tirar da porta. O cara, que me conhecia muito bem, até me falou: "Bibiiii, não fica aí brigando, não! Vai no homem! Porque ninguém pode meter a mão no dinheiro das crianças, não. Isso tá errado. Mas não fica aqui, não... Vai lá!".

Eu vi que aquela puta não era mulher pra sair da casa, e eu não iria pular muro nem arrombar portão pra dar umas pauladas nela, pra depois irem à boca de fumo me chocar falando que eu estava invadindo a casa dos outros. Ela me chamou, tinha que ter saído! Pior foi ver as pessoas que foram a minha família por mais de treze anos chamarem bandido pra defender uma pessoa que eles viram que fez de tudo pra me infernizar.

Eu estava muito cansada, pois tinha havido operação, e eu, consequentemente, não tinha dormido na noite anterior. Pois toda vez que tinha operação policial, minha casa é que era invadida. Então, eu passava a noite tirando laptop, perfumes, máquina digital, pra não sofrer nenhum tipo de saque. Assim, caí na cama e apaguei. Pior que ela foi correndo lá na boca de fumo fazer queixa e inventar um monte de coisas, tentar me chocar. Na verdade, era esse o *grande objetivo*, tentar me botar na mancada. Mas quem mandava aqui me amava e sabia bem o fundamento dessa história toda.

Logo na semana seguinte, minha mãe me ligou aos prantos dizendo ter recebido uma carta, que *não* saiu do presídio pelo correio, é lógico, na qual o meu ex dizia que estava fazendo ameaças e que se eu fizesse alguma coisa, ele faria covardia comigo. Dizia também que, a partir daquele momento, não daria mais pensão, e quem quisesse dinheiro, que fosse traficar. Lógico que ele tentou usar argumentos que não condizem com alguém que colocou os filhos dentro de uma favela, fez e aconteceu como traficante. Mas enfim... Esse foi o grande marco pra que eu lavasse minhas mãos quanto a ele. Pra mim, ele morreu naquele dia.

Hoje, eu conto a história como se ele fosse realmente um falecido. Porque eu ainda tolerava várias babaquices, mas não podia deixar as crianças serem vítimas de uma pessoa que queria simplesmente eliminar todo o passado dele, inclusive os filhos. Deixar os filhos pré-adolescentes nessa situação?

Na época, eu tinha acabado de vender o sítio em Minas Gerais. Investi todo o dinheiro na obra do imóvel, na compra dos móveis, das mercadorias da loja e de tudo que fosse necessário pra começar o meu negócio e não precisar do dinheiro dele pro meu sustento. Eu queria me livrar de uma vez por todas, me tornar independente e deixar apenas o vínculo dele com as crianças. Mas ele é tão maligno que conseguiu, nessa ocasião, em que a loja estava em obras, jogar meus planos todos por água abaixo, pois não deu mais a pensão.

As crianças, com contas gigantes, passaram a depender da loja, cuja obra mal tinha acabado. Talvez uma pessoa que entenda de negócios entenda bem a minha aflição. Eu me programei e investi todas as minhas fichas pra manter a loja, botar pra frente o negócio e me manter, tendo em vista que as crianças já estariam garantidas. Eu, mais uma vez, fiquei ali, sem saída. O último dinheiro que restou dessa "merdalhada" toda investido na loja, uma ameaça que me impedia de pelo menos extravasar o meu ódio e dois filhos "gastões" e mal-acostumados pra sustentar. Nossa, foi difícil essa época. Mas eu sou muito mais forte do que eles imaginam – me derrubar na Rocinha não seria tão fácil assim. Eu segui...

Lamentei muito pelos meus filhos, mas percebi que o que eles estavam passando não dependia mais de mim, e se eu me metesse, acabaria na cadeia. Não gosto de briguinha de arranhões. Eu me conheço! Foi uma noite pra eu me reerguer. Não dei uma única resposta, não reclamei, não pedi ajuda. A partir dali, vi que era eu e eu. Ninguém quis se meter a meu favor, afinal, o dono do laboratório de cocaína era ele, né? Quem sou eu? Nada! Mas também, apesar de estar em plena guerra com o Play por causa de uma conta de luz de quase cinco mil reais, ele não se meteu, apesar de o demônio ter ido à boca de fumo inventar um monte de coisas sobre a briga. Por isso que eu digo e repito: EU AMO O PLAY E NADA NEM NINGUÉM PODERÁ MUDAR ISSO. SÓ ELE MESMO!

Eu guardei a carta como fonte de energia pra cada vez que eu pudesse fraquejar, com uma única coisa na mente: cada palavra do "Quem quiser dinheiro, que vá traficar" seria engolida letra por letra. Eu não briguei, não matei, não fiz nada. Mas também, meus amores, eles iriam ter que me engolir. A partir daí, as pessoas começaram a ver que eu não estava mais com o meu ex mesmo, porque eu botei pra foder. Não havia um único baile em que eu não estava.

30

Eu era praticamente a última a sair (risos). Não queria saber de nada. Davam dez horas da manhã, restava aquele tiquinho de gente, o Play se acabando de dançar e eu, lógico, dançando todas. Os amigos do meu ex (risos) começaram a me adicionar no MSN e no Orkut. Eu cheguei à conclusão de que tinha que fechar meus olhos pra algumas coisas, pois meu filho não queria sair daqui, e eu também não iria tirá-lo à força pra enfiá-lo em outra favela.

Minha loja estava com a obra quase pronta, as mercadorias todas compradas pra inauguração, tudo encaminhado. Então, eu tinha que ficar *light*, afinal, se tem uma coisa que eu não sou é burra. Mas levar uma vida normal ainda era complicado, pois eu carregava o maldito título de mulher de bandido e, por mais que eu falasse, berrasse, esperneasse, as pessoas sempre ficavam com o pé atrás, principalmente os homens. Mas bastou eu cair na pista de verdade, livre, leve e solta, que alguns começaram a se manifestar.

Por mais que eu tentasse me manter afastada do morro e de bandidos, logo vinha aquele fantasma. Qual homem de bem iria arriscar a pele ao namorar a ex-mulher de um traficante famoso, mãe dos filhos dele, que de quinze em quinze dias saía no jornal? Isso me deixava muito irritada. Porque eu poderia até conhecer pessoas de fora, mas teria que ser tudo na base da mentira. Eu teria que omitir muita coisa e rezar pro cara não ver meu rosto no jornal. Assim, jamais teria uma relação duradoura. Então, cometi o erro que quase todas as ex-mulheres de bandidos cometem: fiquei dando sopa por aqui mesmo. Verdadeiramente, só os caras que eram donos de morro se arriscavam a tentar algo. Outros, que não eram tão poderosos assim, se faziam anônimos e mandavam recados pelo Orkut, mas nunca se identificavam. E quem não era bandido queria só mesmo um lance – jamais se comprometer comigo. Pra que ser usada assim? Era melhor então virar puta de vez. Ficar por aí dando de graça! Ah, tá.

Mas teve um que realmente me queria e, na verdade, existia uma enorme barreira entre mim e ele: a "amizade" dele com meu ex. Eu tentava fugir, porque, apesar de estar sem vínculos com ninguém, sabia que essa história não acabaria bem. Não pelo meu ex, mas por mim e por ele mesmo, acabaria dando merda. Tenho gênio, e ele, a vida complicada. Eu ficava muito em dúvida porque, naquele momento, eu não conseguia enxergar nenhuma luz no fim do túnel quanto a relacionamentos. Por outro lado, a essa altura do campeonato, ser uma das mulheres de alguém... Acho que eu não bancaria isso. Sou muito autoritária pra aceitar uma coisa dessas. Parecia que tinha um ímã em mim e nele. Porra! Chegava a dar agonia... Ao mesmo tempo em que queria botar um ponto final com essa coisa do meu eu ex, que me deixava irritadíssima, me envolver com essa pessoa me criaria trilhões de outros problemas. Lógico que o intuito dele era que fosse uma coisa escondida, e eu não conseguia assimilar isso. Então, resolvi que não seria de mais ninguém. Eu seria minha!

Fiquei com muita raiva porque meu nome, mais uma vez, tinha saído no jornal, vinculado ao tráfico da Rocinha. Então, depois de concluir que quem quisesse algo comigo iria querer que fosse escondido, caso contrário eu teria mais problemas do que eu já tinha, desisti. A única coisa que me deixava alegre, me distraía, era a internet. Eu tinha muitos amigos no MSN e no Orkut. Comecei a mexer no Twitter e a ampliar meus contatos. Eu, nesse momento, não estava preocupada com fotos de perfil, nomes verdadeiros ou não. O que eu sei é que cada Twitter, cada Facebook, cada Orkut, tem uma pessoa por trás. Essas coisas não funcionam sozinhas, precisam de uma pessoa. E o que eu queria eram pessoas que não estivessem preocupadas com nada. Mas, entre todos esses acontecimentos, dei uma surtada. E um dia eu comprei três garrafas de vinho, umas latas de energéticos e fui pra um motel, sozinha. Aliás, sozinha não, com meu laptop, um 3G e a webcam. Pronto! Foi o suficiente pra eu extravasar toda a minha raiva e angústia – e dar início a uma nova fase da minha vida.

Bebi, dancei, tirei a roupa, tomei banho de banheira, chorei, xinguei, discuti, dei gargalhada, enfim, fiquei da meia-noite até às seis horas da manhã com milhares de pessoas me assistindo. Teve picos de cinco mil pessoas on-line. Pra quem estava de fora, que não sabe o que era aquilo, talvez um escândalo, uma decadência. Mas, pra mim, estava me libertando, arrancando aquela maldita corrente que me limitava. A partir daquele momento, me senti livre. Contra a internet ninguém podia. E eu gostei! Adorei! Apesar de alguns xingamentos, a grande maioria se tornou meus amigos fiéis. A partir daí, comecei a brincar com eles. Fazia apostas e strip, sempre com um fundo de brincadeira. Eu estava muito feliz assim. Nada mais me abalava.

31

Tinha meus encontros todos os dias, e a brincadeira foi crescendo. Fiz exibições em vários lugares, fechados e públicos. Não queria mais fazer parte do mundo real, porque esse me machucou muito. A exibição mais engraçada que fiz foi no corredor do hospital. Eu estava de acompanhante e, de madrugada, fiquei no corredor com o laptop, pois dormir pra mim é tarefa difícil. E, quando estava lá, me desafiaram a mostrar o peito (risos). Pra quê! Foram horas de exibição, e todo mundo ajudando a tomar conta para ver se tinha alguém atrás de mim. E detalhe: havia dois homens sentados de frente pra mim, no corredor, que não iam dormir por nada. Então, perguntei se eles se incomodariam se eu mostrasse o peito na webcam, porque se eu não fizesse, perderia dinheiro. Logicamente, eles se prontificaram até em tomar conta pra ver se vinha alguém (risos)... Um deles estava internado fazia dois anos por causa de um acidente. Imagina o que ele não achou daquela noite louca. Eu *adorei* aquela noite.

Tive que fazer tudo sem chamar muita atenção, afinal, ali não era o lugar apropriado... Era um hospital, local onde esse tipo de graça não combina. Mas sabe como são os fetiches humanos, né?

Fiz uma na praia também. Passei a tarde lá me divertindo muito. Até um velhinho sentou e ficou assistindo (risos), e eu lá, fingindo que nem era comigo, me acabando de dançar. Foram várias exibições, até uma em homenagem aos bombeiros que estavam fazendo greve. Foi muito divertida essa também.

Enfim, era uma coisa que me deixava feliz, não estava fazendo mal a ninguém. Aliás, isso evitou que eu ficasse pelo morro brigando, me desgastando com pessoas ao vivo e em cores, que nem valiam a pena. Em meio a isso tudo, inaugurei a minha loja e estava feliz. Todo estresse, toda humilhação, toda afronta, toda covardia, serviram pra me libertar de tudo que vinha do tráfico. Eu não tinha e não queria mais ter vínculos – nem financeiros e nem amorosos – com eles. Eu estava livre. Agora eu era uma comerciante, independente, livre de tudo.

Mas quem está me acompanhando e lendo este livro já deve ter percebido que as coisas pra mim são sempre muito pesadas. Nada meu é suave e, como seria de se esperar, ainda tinha coisas guardadas pra mim. O morro estava prestes a ser pacificado. Eu estava, em parte, tranquila, pois sabia que não tinha mais nada a ver com o tráfico. Porém, estava enganada. Espirrou e muito em mim esse movimento de ocupação da Rocinha.

Tudo estava indo bem, a loja vendendo bastante, a Rocinha numa agitação danada, até que a notícia de que a favela seria a próxima a ser ocupada chegou. Até então, eu estava tranquila, na minha, meu único envolvimento com o tráfico era o fato de que eles eram meus clientes da loja. Compravam *muito*, pra eles e pras esposas. Só isso mesmo. Eu os tratava como qualquer outro cliente. Naquele momento da minha vida, tudo estava caminhando bem, eu estava conseguindo sustentar meus filhos, tinha encontrado um rapaz que gostava de mim e estava tranquila com ele. A gente saía sempre, namorava sem dar muita satisfação pra ninguém. Apesar de ser novo, ele me ajudava *muito* na loja. Ele não esperava o cliente vir, levava as roupas, os perfumes, o que tivesse lá e vendia tudo pra mim. Assim, a gente movimentava bastante o dinheiro da loja. Mas toda essa organização pessoal estava prestes a acabar.

A UPP estava chegando... O ano de 2011 foi um marco para o rumo de muitas favelas do Rio de Janeiro. O ano em que essa gigante foi pacificada pelo governo do estado foi um momento difícil pra quem aqui estava. Foi como uma criança que faz algo de errado na rua e tem que voltar pra casa e receber o castigo dos pais. Foram quatro dias de angústia, medo, pânico, dúvidas, tristeza, incertezas, despedidas.

A sexta-feira foi o pior desses dias, quando traficantes subiam e desciam a pé fortemente armados, com uma aparente disposição de enfrentamento. O bando parecia crescer devido a moradores que não eram envolvidos com o tráfico, mas que tinham problemas com a justiça.

O medo de fugir e, depois, com a calmaria, não poder voltar, fez com que muitos que não eram traficantes ficassem ali, prontos pra guerra, à mercê do que o então líder deles decidisse. Isso foi o caos... Nas ruas, o que se via eram moradores, comerciantes, adolescentes, bandidos, crentes. Acho que até os cachorros estavam em estado de alerta com olhos arregalados, sem saber o que fazer. Correr? Largar tudo para trás? Deixar seus imóveis, seus pertences, suas vidas em pausa até as coisas se acalmarem? E as mães que passaram por um momento de pavor, cujos filhos adolescentes poderiam ser confundidos com criminosos? Naquele momento, *todos* aqui eram candidatos a suspeitos.

Por fim, ficamos sem internet e sem sinal de televisão, pois as distribuidoras clandestinas foram desligadas. Ver o cerco se fechando e saber que daqui pelo menos "EU" não poderia sair. No meu caso, minha loja até então não tinha porta de ferro pra protegê-la. Por uma falta de sorte, a chave da porta de entrada da minha casa quebrou no domingo e, naquela confusão, não consegui consertá-la. Assim, não pude sair, tive que encher o pulmão de ar e ficar... Mas sabia que o susto maior ainda estava por vir.

De toda essa confusão, teve uma cena que parece ter passado pelos meus olhos em câmera lenta. Meu coração dói só de lembrar. Eu estava na loja na sexta-feira, a rua diferentemente agitada, lembrando aqueles filmes que retratam o fim do mundo, em que as pessoas correm de um lado pro outro. Era assim que estava... Porém, percebi que, além daquela agitação incomum, exagerada, a rua estava ficando com uma espécie de fumaça negra, formada por pessoas vestidas de preto. Tão logo me dei conta de que ele estava se aproximando. É a ultima lembrança que tenho do Play. Foi estranho quando o vi passando, parecia mesmo em câmera lenta. Ali estava a imagem de um homem esgotado, desorientado, sem rumo. Normalmente, ele já olhava com o olhão arregalado, mas nesse dia estava demais. Ele passou e olhou aqui pra dentro da loja; meu coração na hora doeu por ver que eu já não podia ajudá-lo. Até porque eu estava de mal com ele por causa de uma conta da Light, de quase cinco mil reais, que ele estava me devendo. No entanto, o amor que sinto por ele me fez até mesmo esquecer desse calote. Naquele momento só! Porque agora já estou cobrando novamente. Eu quis muito jogá-lo dentro do meu Fusca e sumir com ele. Mas como? Era tarde demais. Menos de dezoito horas pra ocupação, o morro cercado, e ele ali, confiando numa cambada de abutres. Fazer o quê?

A partir daí, foi decretado o "salve-se quem puder". A noite caiu, e todos aqueles homens que pareciam incorporados com um espírito da guerra e da destruição, *sumiram*. A certeza de um combate desastroso estava, a princípio, suspensa. O silêncio se instalou, vi alguns traficantes se entregando a pastores para oração, conversas pelos cantos e, aos poucos, a Rocinha foi silenciando. Não tinha mais motos, não passavam mais vans, não tinha bares, biroscas abertas, *tudo* fechado. Ninguém na pista.

Em meio a todo o estresse, consegui tirar meu filho da favela, porque eu não iria deixar um adolescente, filho de um cara visado pela polícia (mesmo estando preso), aqui contando com a sorte. Arrumei a mochila dele, convenci a namoradinha dele a ir com ele pra casa da minha mãe. Desci com os dois até a saída do morro. Logo, fomos abordados pela polícia, que já estava nas saídas da favela. O policial, não satisfeito em revirar a mochila toda, falou num tom de sei lá o quê: "Tão fugindo, é?". Ahhhhhhhhhh, eu já estressada, dois dias sem dormir direito, descabelada, com olheiras, cansada, não aguentei, né... E tive que responder: "Ahhhhh tá! Até os bandidos tão fugindo, e eu vou deixar meu filho aqui pra servir de saco de pancada?". Mas como tinha imprensa de tudo que era lugar, ele ficou com essa azeitona entalada e não falou mais nada. Voltei aliviada, pois pra mim era uma coisa a menos com que me preocupar. Voltei pra loja e continuei na minha vigília. Agora, eu tinha que resolver outro problema muito sério também. Antes da ocupação, eu havia ganhado uma surpresa de uma pessoa que veio morar na Rocinha...

32

Gente, um *tucano*, criado em cativeiro, com a asa cortada, desses criados a base de ração. Detalhe: Não tinha a bendita anilha (autorização do Ibama). Eu fiquei muito desesperada, porque não queria soltá-lo e nem dar pra qualquer pessoa. Por outro lado, eu também não poderia ficar com ele em casa. Comecei então a minha peregrinação.

Liguei pro Ibama e ouvi da gravação que o atendimento era somente de segunda a sexta-feira. Resolvi ir até uns polícias do Choque, que estavam em outra saída do morro – e, por sinal, eles foram muito educados e me atenderam bem. Eu perguntei: "Moço! Se uma pessoa tiver um papagaio, ela vai presa?". Ele respondeu, sem meias palavras: "Sim! E sem direito a fiança". "E se alguém abandonou o bicho e eu o trouxer aqui, vou presa?" Ele falou: "Não, mas eu realmente não tenho como receber um animal, porque não podemos sair daqui, e vai sacrificá-lo ficar na caçamba. Liga pros bombeiros que eles vêm resgatar o animal".

Peguei a moto e subi o morro pensando no que fazer. Nisso, vi um papel da então Associação de Moradores da Rocinha colado num poste. Voltei pra ler. Estava escrito que eles estariam 24 horas na rua para auxiliar os moradores na ocupação. Desci novamente pra procurar alguém da associação. Encontrei um senhor na entrada da Via Ápia. Nisso já eram aproximadamente 1h30 da madrugada de domingo. O morro seria ocupado às seis da manhã. Chegando lá, expliquei pro senhor que tinham deixado o bicho pra trás e que não consegui fazer contato com o Ibama – e que jamais o soltaria na mata, porque ele certamente morreria. Pedi que algum representante da associação fosse comigo entregar o animal à polícia pra garantir a minha integridade. Pra quem não sabe, a Rocinha é cercada por uma mata fechada, que tem macacos do meu tamanho, e o tucano ficou me olhando de um jeito, que eu *nunca* iria soltá-lo assim, "ao Deus dará". Aí, ele pegou o celular e disse estar ligando pro presidente da associação. Falou, falou... Voltou e me deu a seguinte resposta: "Olha, ele falou pra você soltá-lo, porque tem muita mídia junto com a polícia, e ele não quer chamar atenção, não. Gente! Parece que eu estava ganhando tiro de fogo amigo naquele momento... Não consegui segurar as lágrimas, imaginando o tucano sozinho, de asa cortada, sem saber caçar o que comer, morrendo. Gritei tanto que fez até eco. O homem me olhava, assustado. Desgraçado, filho da puta, assassino de tucano, maldito, pela saco, falei que ia ter outra eleição e que eu ia fazer questão de ficar na chapa contra ele. Enfim, fiz juras de vingança (risos). Um horror.

Gente, nisso já eram duas horas da manhã. Eu peguei a moto chorando, subi, peguei o tucano, sentei na calçada e chorei. Estava um silêncio daqueles por aqui. Depois, peguei a motinho, fiquei subindo e descendo com ele no ombro. Foi até bom, estava fresquinho, um ventinho bom, um silêncio. Ele parecia estar feliz, chegava a ficar com a cara pra frente, pegando vento. Nossa, dei tanto beijo no bico dele!

Resolvi ligar pro bombeiro. Porra, me pediram o telefone até do cu da mãe, endereço etc., etc. Nisso, já tinham me transferido pra uns três batalhões do bombeiro. Aí sentei e fiquei esperando... Dali a pouco, o telefone da loja toca. O bombeiro me fala: "Senhora, infelizmente não poderemos ir até aí resgatar o animal". Na hora, perguntei por quê, né? Ele me respondeu: "Infelizmente, não posso botar meu contingente em risco por causa de um tucano". Porra! Foi o suficiente... Caraca, eu gritei muito com ele ao telefone. Não sei como eles não vieram aqui me dar uma surra depois. Nossa, eu gritando: "O quêêê??? Um tucano é pouco pra você vir aqui, mas é muito pra eu ir presa, né? Não precisa vir não, seu imprestável!". Desliguei na cara dele. *Aff*... Que estresse! Lá pelas três horas da manhã, um rapaz passou e falou: "Bibi, para de chorar! Me dá o tucano que eu vou dar meu jeito. Fica tranquila".

Nossa, muito desagradável essa hora. Foi horrível ver o cara levando bicho numa gaiola improvisada. Meu coração ficou doendo, mas o que eu poderia fazer? Soltar, eu não iria. Logicamente, seria presa, um prato cheio pros jornais. Depois que o tucano se foi, chegou um pessoal que estava com medo de ficar sozinho em casa. Então, achamos melhor ficarmos juntos porque, qualquer coisa, seria uma surra coletiva (risos). Eu falei: "Quer saber, foda-se, vamos beber!". Pegamos vinho em casa e tome-lhe vinho. Só a gente na estrada da Gávea. Eu já pra lá de Bagdá, postando direto no Twitter (risos). Quando penso que está tudo organizado, quem chega? Meu filho com a namorada... Puta que o pariu, o garoto brigou com a namorada e voltou pro morro. A cachaça acabou na hora porque, com meu filho aqui, eu tinha que ficar de sentinela. Filho da puta, né... Voltou!

Mas até que, no fundo, eu queria mesmo que ele participasse desse momento histórico da Rocinha. Agora, sim, o tempo havia acabado... Por volta de cinco e pouco, o helicóptero chegou. Estava escuro, fomos pra laje e ficamos lá. A Rocinha *inteira* fingindo que estava dormindo. Pelo menos os que ficaram... Porque o que teve de gente que correu...

O fato de o Play ter sido preso horas antes de o morro ser ocupado aliviava bastante o lado dos moradores. Pros moradores da Rocinha, foi uma bênção ele ter saído. Me falaram que ele, na hora de sair, se despediu dos filhos, e os menores se agarraram nas pernas dele querendo ir junto, e ele chorou muito. Uma coisa ninguém pode negar: o Play vivia agarrado aos filhos dele. Ele não admitia rivalidade entre os irmãos, mesmo sendo tudo de mães diferentes. Ficava pra cima e pra baixo andando de carro e de moto com as crianças. Tipo, não podia sair do morro, mas não deixava de dedicar um tempo aos filhos. Isso eu admirava nele.

Agora, sim! Agora, a Rocinha começava a ser pacificada. No morro, só se escutavam os helicópteros e, aos poucos, foi dando pra ver o flash dos jornalistas subindo com a polícia. Abriram as cortinas! O show havia começado... Ficamos lá, assistindo tudo ao vivo e em cores, eu e mais seis pessoas. Eu estava relativamente calma, porém, sabia do risco iminente de a polícia me fazer uma visita. Desde 2005, em *todas* as operações policiais no morro, minha casa foi colocada de pernas pro ar. Realmente não sei como as pessoas queriam ficar perto de mim naquele momento. Lá em casa elas corriam um risco e, mesmo assim, sentiam-se seguras ao meu lado. E não deu outra: a primeira casa a ser invadida pela polícia na Rua Dionéia foi a minha.

Quando os vimos subir pela varanda, se arrastando pelo muro, foi só o tempo de encher o pulmão de ar e abrir logo a porta pra que não fosse arrombada. Já havia amanhecido quando a polícia chegou na parte do morro onde moro – e isso já diminuía um pouco aquele terror do escuro. Quando os policiais chegaram, todos que estavam lá em casa ficaram com cara de babaca (risos). Isso sempre acontece com quem está passando por uma revista. Até que, pra quem estava chegando naquele momento no morro, os policiais foram calmos e educados, porém, sempre com aquela cara de "eu sei que vocês estão mentindo". Perguntaram quem era quem, olharam a casa toda, mas não perderam muito tempo ali. Duas mulheres, um bando de adolescentes e um *viado*, eles nem quiseram perder tempo. A partir daí, até fiquei um pouquinho mais tranquila. Até relaxamos, compramos pão, fizemos café e ficamos ali admirando o show que os helicópteros estavam dando.

Foi um engano acharmos que "Ah, já vieram aqui, agora estamos livres". Oh, engano... Mas passamos o dia só como espectadores mesmo, porque o pior estava por vir – só que seria à noite.

Não tínhamos muitas notícias sobre o que estava acontecendo, porque estávamos sem TV e internet. As pessoas pareciam não querer se comunicar muito umas com as outras pra não se comprometer. O medo era coletivo! Foi um dia tranquilo, até que foi descontraído. Depois de dias de muita tensão e medo, parecia estar mais ou menos tudo transcorrendo bem. Bandido não tinha mais, tiroteio a gente sabia que não teria e o pior parecia já ter passado. Mas meu coração não se deixava enganar. "A noite que todos os gatos são pardos e que filho chora e mãe não vê."

Depois de assistir a tantas acrobacias, resolvi dormir um pouco, porque queria estar bem disposta à noite. E também porque, quando o Play foi preso, começou a anunciar que passaria no *Fantástico* uma matéria na qual apareceria meu ex-marido. Minha mãe ligou, minha madrasta, um disse-me-disse falando que o meu ex tinha dado entrevista etc. etc. Eu sabia que não era nada daquilo, porque reconheci a roupa que ele estava vestindo, era a mesma roupa com que ele foi preso, em 2008, lá em Maceió. Logo pensei: "Pronto! Filmaram o depoimento e agora vão botar na mídia pra foder com a vida dele".

De coração, no fundo eu estava esperando pra assistir e adorando vê-lo tomar na tarraqueta, porque, além de fazer meses que ele não se preocupava em saber como os filhos estavam sobrevivendo, não se preocupou com eles aqui no morro nesse momento tão difícil. Mal sabia eu que tomaria na tarraqueta junto com ele.

Quando anoiteceu, resolvemos descer pra minha loja, porque lá eu tinha uma antena digital ligada no computador, e assim daria pra assistir ao *Fantástico*. Descemos, sentamos à porta da loja com uma garrafa de vodca e um litro de suco e ficamos esperando. O morro estava vazio, porém, algumas biroscas abriram, porque cachaceiro não quer saber de nada, quer é beber (risos). Até me lembro de que uma senhora bêbada parou bem no meio da gente e falou assim: "Tem alguma coisa aí?". Nos olhamos sem entender nada. Não satisfeita, ela falou: "Tem alguma coisa de cinco reais aí?" (risos). Ela queria droga! Aí que a nossa ficha caiu... Nossa! Os viciados estavam dando cabeçada na favela procurando droga.

Lógico que a gente a mandou andar né... Imagina, a gente ali, quieto, e a seta maligna vindo em nossa direção. Aí começou o *Fantástico*. Corremos pra dentro da loja, onde se sentaram umas dez pessoas, todas com a cabeça virada pra cima em silêncio. Só que começou uma chuva danada exatamente na hora do programa, e o sinal caiu. Então fechei a loja e saí correndo pra casa pra tentar botar Bombril na antena, amarrar um garfo, sei lá, fazer qualquer coisa no fio pra pegar a Globo. Porque eu queria ver meu ex se fodendo, admito isso! Ohhh, glória! Pegou a Globo. Me sentei e comecei a assistir...

Puta que o pariu mil vezes! Viu o que dá desejar que o outro se foda? O mundo caiu na minha cabeça na hora que vi o fundo azul da praia... Gente, imaginem! O morro tinha sido ocupado naquele dia, *todo mundo* que tinha algum grau de parentesco com alguém que tinha problemas com a justiça saiu do morro. A polícia já tinha prendido o Play, mas ainda continuaria as buscas dentro do morro, mas imagina como a minha cara esquentou na hora em que vi meu rosto no *Fantástico*, em plena Rede Globo. Imagina as outras emissoras o que falariam de mim na segunda-feira... Eu simplesmente caí pra trás. O ar não queria entrar no meu pulmão! *Fodeu!*, eu pensei. *Vão me pegar pra Jesus! Tô fudida amanhã...* Quando acabou a matéria, não conseguia respirar! Desci passando mal e fui pra UPA da Rocinha (risos).

O médico me examinou, verificou a pressão e falou: "Você não tem nada!". Eu falei: "Moço, estou morrendo sufocadaaaaaaa! O ar não está entrando no meu pulmão!". Ele olhou bem pra minha cara e falou: "Estresse! Vou te passar um calmante". Lógico que ele sabia que era estresse, tinha uma televisão bem na sala, ligada na Globo (risos)... Pior que eles falaram que meu ex tinha sido preso por causa de um vídeo que postei, mas não foi isso.

Quando ele foi preso, a polícia apreendeu o laptop e as máquinas, eu não tinha nada comigo. Vim de Maceió ao Rio de Janeiro com a roupa do corpo. Dois meses depois é que fui à delegacia pegar minhas coisas; aí, sim, postei mesmo. Mas eu sou assim: sempre que tenho um baque, levo o susto, mas rapidinho me levanto. Respirei bem fundo, voltei pra casa, respondi pelo celular aos milhares de xingamentos no Twitter e me preparei, porque tinha certeza de que seria acordada pela polícia, só que dessa vez eles viriam sabendo quem eu era. Fui dormir ciente de que a partir dali eu sentiria de verdade a ocupação na Rocinha. A partir dali eu sentiria na pele...

Foram horas bem difíceis pra dormir. Nem mesmo o calmante conseguiu me derrubar por completo. Fiquei um pouco triste, porque logo que a matéria do *Fantástico* foi pro ar, eu fui muito xingada nas redes sociais. No entanto, eu já tinha anticorpos contra isso, pois, em 2007 e 2008, já havia sido exposta – e sobrevivi. A grande diferença era que, em 2007, havia me escondido e, depois, fugido com meu ex-marido pra Alagoas. Em 2008, ele estava chegando preso, e eu teria que visitá-lo; por isso, não teria pra onde correr. Tive que dar a cara a tapa.

Dessa vez, não foi diferente: eu não podia correr, me esconder. Minha loja estava aqui desprotegida, minha casa etc. Eu tinha que ficar mesmo. Após um leve soninho, acordei com um policial abrindo a porta do quarto. Meu filho e a namorada já estavam sentados no sofá. Levantei, dei bom dia.

Eles falaram: "Senhora, tem uma denúncia aqui pra sua residência!". Eu nem quis saber denúncia de quê... Falei: "Fiquem à vontade".

Sabe o que é jogar roupas pro alto (risos)? Eles reviraram TUDOOO, e eu, sentada, olhando aquela zona. Aí perguntaram quem era quem, perguntaram o que eu fazia da vida; respondi que era comerciante. Eles bagunçaram tudo, mas, enfim, viram que não tinha nada. Foram embora.

Eu, bobinha, achei que "pronto, já bagunçaram, vamos arrumar mais ou menos e dormir mais" (risos). Joguei tudo pro canto e me deitei. Quando ia pegar no sono novamente, alguém bateu na porta. Fui lá com a cara toda amarrotada e vi que era outra equipe de policiais. Dei outro bom dia e deixei que entrassem. Mais uma vez, falaram que era denúncia.

Quando eles entraram no meu quarto foi um constrangimento, porque ficaram o tempo todo comentando que a casa estava uma bagunça. E eu falando: "Moço, a polícia já veio hoje aqui e virou tudo". Aí ele: "Ué, mas que monte de roupa é esse?". E eu ali numa paciência de Jó, com vontade de mandar ele pra puta que o pariu, cansada, estressada, tendo que justificar que infelizmente a água só chegava dia sim, dia não, e só na parte da noite. E acabava que acumulava roupa pra lavar. E os caras falando: "Nossa, mas que bagunça! Ninguém arruma essa casa, não? Que é isso, que zona".

Na verdade, acredito que eles queriam que eu respondesse de mau jeito, mas eu, que sou cobra criada, não iria dar um mole desses, né?

Engoli todo o veneno e falei: "Moço, eu sou a única mulher aqui, fico na loja, não tenho dinheiro pra pagar alguém pra arrumar. O meu amigo é que me ajuda...". Aí, um dos policiais cismou que aquela casa tinha sido invadida pela gente... Na moral, eu não sabia se ria ou se chorava de raiva. Eu falando: "Moçoooooo, claro que não. Eu moro aqui desde 2008". E ele teimando comigo, dizendo que eu havia invadido a minha própria casa, que ali era casa de vagabundo que fugiu, e a gente tinha aproveitado pra entrar. Detalhe: a minha casa não tem nada de mais. Só um sofá velho, televisão, cama, fogão, geladeira, coisas de cozinha e muita, mas muita quinquilharia. Porque quando me separei, a casa estava em obras, eu não tinha comprado móveis e fiquei sem condições de comprar. Foi *muito* desagradável ter que ficar explicando uma coisa e eles teimando o contrário comigo.

O meu amigo que me ajudava é homossexual, e estava aqui. O policial perguntou o que ele era meu. Eu respondi que uma espécie de empregada doméstica. Ele vira então pra mim e fala: "Ahhhh, se ele é sua empregada, você tem que mandá-lo embora, porque esta casa tá um chiqueiro. Se ele trabalhasse pra mim, ia ser surra de manhã, surra à tarde e sexo à noite". Assim mesmo que ele me falou. E o pior é que temos que achar graça das piadas e fazer cara de paisagem quando eles querem. Depois de futucar até minhas calcinhas, foram embora.

Aí eu consegui descansar. À noite, vim pra loja e vi que as pessoas estavam muito sofridas. Pessoas que tinham seus imóveis alugados pra família de traficante tiveram suas casas quebradas. Pessoas que deixaram motos paradas tiveram suas motocicletas derrubadas, pisoteadas. Presenciei senhores que chegavam do trabalho sendo revistados com violência, o que acho que não deveria acontecer, porque as pessoas não têm culpa se há décadas o governo vem alimentando o narcotráfico, se funcionários do governo vendem armas e protegem bandidos nas comunidades.

O tiozinho da favela não tem culpa disso, gente. Muitos desses tios e tias viram esses bandidos nascerem e crescerem. E os policiais ficam com raiva porque a gente os conhece. Infelizmente, na favela não existia poder público. Aliás, existia apenas na figura da polícia. Mas enfim...

Foi uma noite muito angustiante pra quem tem filho adolescente. Prendê-los em casa era o maior dos desafios. Eu fiquei com muito medo pelo meu filho porque, em outras ocasiões, policiais reconheceram o nome do pai dele em blitz na saída do morro. Imagina naquele momento! Imaginem colocar na cabeça de adolescentes que nasceram e foram criados aqui, sem a presença da polícia. Aqui, até criança de sete anos andava de moto. Só era terminantemente proibido roubar na comunidade e nas redondezas, estuprar e brigar. O resto... A Rocinha era agitada de segunda a segunda, 24 horas por dia. E, de repente, tudo mudou. Acredito que, pra melhoria desse ambiente, teria que acontecer mesmo essa mudança. Isso é bom pra todos, mas acredito também que o governo teria que ter um cuidado com as pessoas que aqui vivem, com os costumes, com a cultura local e, aos poucos, sem a presença intimidadora de bandidos, fazer com que as pessoas refletissem sobre como estão vivendo e agindo.

No dia seguinte, como era de se esperar, fui novamente acordada por policiais. Eles falaram que era denúncia outra vez. Eu ainda falei pra ele: "Moço, acho que estão passando trote, hein? Porque não sei o que tanto denunciam aqui em casa".

Ele também não quis me esclarecer sobre o teor da denúncia. Ao chegar na sala, os policiais ficaram cochichando e olhando o quadro de fotos. Logo me perguntaram: "Você é casada?". Eu respondi: "Não! Divorciada".

Eu já sabia onde eles queriam chegar, mas dei corda.

Aí, um deles falou: "Onde está seu ex-marido?" Logo respondi: "Preso". Aí, eles falaram: "Preso? Qual o nome dele?". Eu, na maior paciência, respondi: "Paulo".

Eles fizeram aquela cara de espanto, como se fosse novidade. Aí, já disparei logo: "Moço, é esse mesmo que vocês estão pensando. Mas já vou logo adiantando que já me divorciei e ele não dá nada pros filhos dele há sete meses". Aí, um deles vira e fala: "Ué, mas você, hein, poderia ter tirado a foto dele do quadro!".

Vê se pode isso, gente! Que invasão de privacidade... Eu falei logo: "Ahhh, ele é pai dos meus filhos, não vou apagar a história deles, não. Eu me separei, mas meus filhos, não. Apesar de ele ser um canalha, safado, ele é pai dos meus filhos, e isso ninguém vai mudar".

Aí, eles fizeram aquela bagunça que lhes ensinam nos quarteis e foram embora. Assim foi por uma semana seguida: todos os dias, duas, três equipes indo a minha casa. Eu já estava até com um texto pronto: "Sou divorciada, está preso, não dá pensão etc. etc...". Muito chato isso!

Teve um dia que foi muito engraçado, porque eu tinha perdido meu cordão e o policial o achou debaixo do colchão (risos). Fiquei toda feliz e tratei logo de pegar da mão dele.

Uma coisa eu tenho que dar a mão à palmatória: não pegaram nada! Nadinha... O que antes, quando o tráfico estava aqui, não era assim. Sempre perdi computadores, laptop, roupas, tênis, máquinas de tirar retrato, perfumes etc. Dessa vez, não pegaram nada. Eu até me lembro de que, quando o meu ex foi preso em Maceió, minha casa foi saqueada e logo depois botaram na internet fotos minhas e do meu ex fazendo saliência. Eu realmente estava tranquila. Administrando bem tudo o que estava acontecendo, mas, caramba, toda hora era uma novidade. Algum jornalista cismou de botar que eu estava desafiando a polícia. Essa pessoa nem pensou que poderia me colocar em risco, colocar meus filhos em risco, ao fazer afirmações desse tipo nos jornais, tendo em vista que eu estava aqui convivendo com a própria polícia. Já não bastasse a imensa surpresa de ter a cara estampada no *Fantástico* no dia da ocupação, ainda ficou durante a semana falando de mim. E eu realmente sem entender o porquê disso. Já estava há quase dois anos sem vínculo algum com meu ex, não tinha envolvimento com nenhum traficante, estava trabalhando, e simplesmente era comigo que a mídia cismava.

Assim se passaram os dias. A convivência com os policiais, sempre um pouco conturbada. Fiquei sabendo de adolescentes que ganharam choque sem que estivessem fazendo absolutamente nada. Muitas festas foram interrompidas, já não podíamos ficar nos barzinhos porque, do nada, eles chegavam e mandavam fechar. Essas coisas de gente que quer mostrar poder de qualquer maneira. O *pior* é como eles chegavam gritando: "Agora quem manda nessa porra é o Bope!". Aí, só vinha uma frase na minha cabeça: "Acabou o terror, começou o esculacho".

Com o passar dos dias, foram aparecendo os problemas. Furtos, assaltos, homicídios, brigas e mais brigas. Inclusive eu fui vítima de furto. Minha loja foi furtada na calada da madrugada.

Nossa! Como eu amaldiçoei o ladrão! Uma semana antes do Natal, peguei um empréstimo, comprei mercadoria pra loja e de repente... Tudo foi roubado! Fiquei louca, chorei, chorei e fui à delegacia registrar, é lógico. Aí, percebi que, agora, era cada um por si. Grades nas janelas, portas trancadas etc. etc. Pior que eu não tinha dinheiro pra botar grades nas janelas da loja, e isso tirou meu sono por vários dias. Outro furto me levaria à falência, com certeza. Sem contar a queda drástica que o comércio sofreu bem na época que todo comerciante mais espera: Natal.

Eu fiquei arrasada com o roubo, mas não tinha tempo pra ficar chorando. Peguei um empréstimo de R$1700 e comprei roupas pra poder vender no Natal. Consegui roupas e sandálias na consignação.

Aos poucos, a tensão polícia X morador foi diminuindo, e *tudo* começou a voltar ao lugar.

Mas, de tudo o que aconteceu, o que mais me deixou assim abismada foi ver o tamanho da preocupação do pai das crianças. Como pode isso? Meu filho, cada vez que é parado pela polícia, passa pelo constrangimento de ser filho dele e, no entanto, ele não moveu uma palha pra proteger as crianças no período de ocupação da Rocinha. Mas eu segui assim mesmo e fui mostrando na prática que eu não tinha nenhum tipo de envolvimento com o tráfico. Continuei abrindo a loja e fazendo as coisas que eu costumava fazer.

Em contrapartida a isso tudo, eu tinha minha vida virtual bem ativa. E, por perceber que as pessoas tinham muitas dúvidas sobre o que aconteceu e o que estava acontecendo aqui na Rocinha e comigo, resolvi escrever um blog. Assim, responderia a todos de uma única vez e esclareceria muita coisa que, pra algumas pessoas, parecia confusa.

Nosso Natal foi muito "murchinho". Não tinha dinheiro, não tinha ânimo. Foi muito chatinho mesmo. Eu estava com a corda no pescoço, pois a loja havia sido assaltada, e, como o pai dos meus filhos já estava havia mais de seis meses sem dar nada, tive que comprar tudo sozinha. E o pior é que o aniversário da minha filha é logo depois do Ano-Novo. Resumindo: eu estava fodida e mal paga...

Foi quando surgiu a proposta da revista *Trip* para fazer uma matéria sobre como estava a Rocinha depois da ocupação, e eu topei. Eles viram meu blog e resolveram fazer essa reportagem. Eu achei que estava na hora de eu mesma falar por mim, porque, até então, desde 2007, minha imagem vinha sendo usada na mídia, e eu, por ter o rabo preso com meu ex-marido, não podia me defender.

33

A partir daí, mais uma vez, minha vida ficou remexida e, aos poucos, percebi que precisava de verdade retomar as rédeas da minha história.

Mas o que eu não esperava era que, um dia antes de a revista chegar às bancas, viessem à tona todas as besteirinhas que eu fazia na internet (risos), na capa do jornal mais popular do Rio de Janeiro e, consequentemente, em todos os telejornais de várias emissoras... Eu não entendo muito o porquê desse alarde, mas enfim... Foi! Aí, sim, o circo estava armado!

Eu pensava que seria uma matéria que na verdade nem seria tão vista, porque a revista *Trip* não é do tipo popular, mas não foi como pensei. Eu estava trabalhando na minha loja, o pior já havia passado, estava emocionalmente tranquila. Nesse momento da minha vida só queria mesmo ficar tranquila. Estava namorando um rapaz que me aceitava com *todas* as questões que me cercavam – e que quis tentar ficar comigo assim mesmo. Essa era uma nova questão da minha vida, pois ele era mais novo que eu e tal, mas tirei isso de letra, pois não me importava com os padrões impostos em relação a namoros. Eu gostava de estar com ele porque, em primeiro lugar, ele era solteiro quando o conheci, e não tinha filhos. Isso pra mim era o primeiro requisito pra começar um relacionamento. Agora eu era realmente uma moradora comum, levando uma vida comum. Quando recebi a proposta do pessoal da revista *Trip*, aceitei. Logo em seguida, vieram aqui pra conversar. Queriam uma matéria comigo depois de verem meu blog. Logo pensei: "Ah, por que me esconder? Não preciso mais me esconder...".

Mas como comigo tudo sempre é muito agitado, como disse anteriormente, saiu em um jornal popular uma matéria sobre mim, mas com outro foco, bem diferente do que eu fiz com a revista *Trip*.

Eu nem estava escondendo nada de ninguém, mas as coisas que eu fazia na internet na verdade era totalmente desligada de tudo. Quando meu ex-marido me ameaçou e parou de dar as coisas pros filhos, eu toquei o foda-se mesmo e também não aceitei mais levar o título de mulher dele. Esse rótulo começou a pesar e a me incomodar a partir do momento que ele rompeu o último vínculo que podia existir entre nós, os filhos. Então, aloprei mesmo! Queria ver alguém falar que eu era mulher dele comigo fazendo altas loucuras.

Foi um jeito de romper com tudo, de uma vez por todas. Eu gostava, não me sentia só, me divertia e ainda botava fim no rótulo de esposa do fulano... Mas eu estava até tranquila, porque estava namorando. Aos poucos, fui me sentindo mais segura em relação ao namoro e fui parando com as loucuras. Mas comigo sempre é assim... Quando eu penso que as coisas vão andar, alguém vem e rebobina a fita. Foi quando eu acordei e me deparei com a seguinte notícia: "Ex-baronesa do pó fica nua em motel na twitcam".

Foi um burburinho generalizado. Eu simplesmente estava em rede nacional fazendo strip. Ninguém veio me perguntar, falar sobre isso, simplesmente me jogaram na tela num foco totalmente diferente do que eu pensei que seria, e não sobre a minha nudez. Quando eu brincava nas twitcams, era pra ser uma coisa ao vivo, assistia quem estivesse a fim, e nada mais. Era um momento em que eu me sentia só, e ali eu me sentia bem. Mas gravaram e jogaram na internet, e isso passou da internet para o jornal impresso, e do impresso para a televisão.

Eu fiquei ali sentada me olhando fazer strip na TV. Rindo, é claro, porque pra mim não era uma coisa estranha, mas, pra todo o resto das pessoas, era loucura. Lógico que todo mundo de cara quente, meus filhos, meu namorado etc. etc., mas, por outro lado, eles sabiam que eu fazia isso antes, mas ninguém contava que seria tão falado assim, né?

Contudo, eu não tinha problemas com isso, porque eu era exatamente o que todos estavam vendo, sem máscara e sem fingimentos.

O fato de estar nos jornais e na televisão não mudava em nada minha forma de pensar e agir. Na verdade, eu queria mesmo poder servir positivamente pra que as pessoas entendessem esse processo corrosivo de quem acaba de alguma forma envolvida com o tráfico de drogas. Nada do que estava acontecendo era sem uma explicação. Tudo era consequência de alguma coisa que aconteceu lá atrás. Por mais que as pessoas estivessem a fim de explorar a minha imagem com intenções obscuras, minha posição era sempre a mesma: mostrar que a vida do crime não vale a pena, mostrar que a droga não destrói somente quem usa. Ela destrói tudo, quem usa e quem vende.

Acho engraçado que vira e mexe alguém da mídia me procura pra fazer alguma matéria. Foi assim com a Rede Record também. Eles me procuraram pra fazer uma matéria para o programa *Domingo Espetacular*, e depois com a TV Gazeta, em São Paulo.

34

Eu continuei a minha vida com a mesma rotina de sempre, resolvendo meus problemas da melhor forma, sempre dentro do que é certo.

Mas as marcas, as sequelas e os rótulos não são tão fáceis assim de serem apagados, e sempre vem a cobrança. É como se eu pagasse pelos meus erros em suaves prestações, e minha pena fosse perpétua. Mas levo isso na tranquilidade.

Em meio a todo esse burburinho de notícias, televisão etc., eu ainda tinha nos ombros as responsabilidades de sempre.

Minha família, meus filhos, eram responsabilidade somente minha. Todas as consequências estavam surgindo, meus filhos cada vez mais botando aos meus olhos o resultado da minha inconsequência em não medir esforços pra manter a minha família unida no passado.

A minha maior angústia era ver que meus filhos, apesar de tentar parecer que não, estavam sofrendo por "n" motivos, e eu, na verdade, não tinha mais controle sobre isso. A falta de um amor incondicional do pai fazia da cabeça deles um turbilhão confuso e acabava gerando muitos conflitos.

De tudo que aconteceu, uma coisa eu aprendi: saber esperar a hora certa, ser paciente. Eu hoje sei esperar com calma, sem desespero. Minha casa era outra coisa que, Nossa Senhora, dava muita dor de cabeça. Não é fácil ter uma casa grande, com tanta gente morando e só você pra arcar com tudo. É muito complicado e cansativo você dormir e acordar preocupada com as contas, com alho, com as lâmpadas que queimam, com os canos que entopem e assim vai. Cada hora é uma coisa.

O tempo continuou passando, meu namoro se consolidando, as coisas relativamente se organizando.

Mas a vida é muito engraçada. Eu me tranquei por um tempo, e não queria me envolver sentimentalmente com homem nenhum. Meu coração por um tempo ficou endurecido e, aos poucos, fui novamente acreditando que poderia dar certo. Mas nada é tão fácil assim. Ter uma história truculenta, complicada, e alguns anos a mais que um namorado são o suficiente pra muitos problemas num relacionamento. Eu sabia quem eu era e o que eu queria. Ele sabia quem eu era e achou que estava apto pra ser meu homem. Isso é muito bonito de dizer – ou quando se está na cama –, mas, quando vai pro dia a dia, as coisas mudam. As pessoas às vezes entram numa história sabendo, e com o passar do tempo começam a punir o companheiro ou a companheira por um passado que não era segredo pra ninguém. Mas mesmo assim se usam disso, o que é triste demais, magoa e faz a vontade de desistir brotar na hora. Porque quando você vê uma atitude assim, a primeira coisa que pensa é: "Porra! Quando eu era uma pedra de gelo, era mais feliz, porque não precisava ouvir e ver certas coisas".

Mas não desisti dele, não. Eu, com muito mais maturidade e experiência de vida, conseguia perfeitamente compreender certas babaquices, certas faltas de firmeza. Mas não desisti.

Nessa época, comecei então a planejar uma festa de aniversário. E fiz tudo certinho, porque o morro estava pacificado fazia pouco tempo e a polícia estava oprimindo muito os moradores em relação a festas e eventos. Eu, que estava correndo de problemas, tentei fazer tudo como mandam as regras. Até que uma pessoa me falou que eu poderia usar a quadra do morro. Tive um sinal verde e comecei a convidar as pessoas. Só que, na mesma ocasião, uma guerra pelo controle da quadra estava rolando, e eu acabei no meio disso. Por poder, olho grande e um sentimento de posse por parte de alguns, a programação da minha festa já começou sendo prejudicada. A única explicação que me deram era de que um certo vereador que fazia o baile na quadra não concordou com a minha festa ser lá. Segundo ele, porque seria no dia anterior ao baile, e isso atrapalharia o negócio dele. O cara ainda me falou na maior cara de pau: "A gente gasta R$25 mil por baile". Aí eu tive que corrigir ele na hora: "Gasta não, né, meu amigo! Vocês *investem* R$25 mil. Vocês estão se apossando da quadra, que é da comunidade, pra ganhar dinheiro. Mas tranquilo". Virei ele pra quadra, apontei e falei: "Tá vendo aquela quadra ali? Ela já passou por guerra de facção, troca de dono de morro, entrada de UPP e continua ali, mas as pessoas que hoje estão no poder amanhã não estão mais".

Virei as costas com aquela louca vontade de mandar ele enfiar a quadra no cu e fui embora. Tive que mudar o dia da festa depois de já ter feito convite e o escambau, mas tranquilo. Daí aluguei um dos locais que tinham permissão pra promover festas. Porque no meu terraço eu não queria fazer, pois tinha medo de a polícia chegar pra mandar abaixar o som. Tudo certo, festa à fantasia. Todo mundo arrumando roupas etc.

35

O dia da festa chegou, e tudo estava correndo bem. Nem tinha tantas pessoas, porque acabou ficando confusa essa coisa de trocar de local e de dia. Mas estava bem legal, quem tinha que estar lá, estava.

A festa estava marcada pra acabar às cinco horas da manhã, e tudo estava transcorrendo bem, quando, por volta de quatro horas, uma viatura da Polícia Militar parou na porta e me chamou. Eles falaram que havia uma denúncia de que o som estava incomodando.

Na mesma hora, meu filho entrou na festa e mandou abaixar o som. Enquanto eu terminava de falar com os dois policiais, uma outra viatura parou e um policial chegou cheio de autoridade falando que se não abaixasse o som ele iria me levar pra delegacia. Aí eu olhei pra ele e falei: "Ué, se tiver que ir pra delegacia, eu vou. Não tenho medo de delegacia". Pronto! Foi o suficiente. Ele logo usou o argumento mais covarde que a polícia usa quando quer ter razão de qualquer maneira. Desacato! Daí ele já levantou a voz e começou com o "deixa disso, deixa disso". Então ele saiu, e eu voltei pra festa. Passaram uns quatro minutos, e ele retornou com mais quatro policiais, entrou na festa – que acabaria em menos de uma hora – e gritou: "Acabou a festa! A dona pra delegacia".

Na mesma hora, eu me dirigi pra viatura. Só que a festa inteira desceu atrás, e o meu filho falou que iria comigo. Eles não deixaram, e assim começou o empurra-empurra. E eu gritando que ia, porque não queria que explodisse uma confusão, e sabia que eles fariam covardia com alguém que estava na festa. Eu gritava: "Vamos embora logo! Vamos embora logo!". Então, um dos policiais do nada tira um spray de pimenta e joga na cara do meu filho, que estava do meu lado. Ele começou a esfregar os olhos e gritar. Ai, gente, eu confesso... Meti uma dentada no braço do policial pra que ele soltasse meu filho, que estava prensado no carro da polícia. Aí o mesmo policial jogou nos meus olhos o spray de pimenta.

Nossa, virou uma confusão generalizada. Eles me jogaram dentro do carro da polícia e não deixaram ninguém ir junto. Fui até a delegacia chorando e me lamentando. Os polícias que me levaram foram em silêncio até lá. Quando chegamos, tivemos que esperar, porque o policial estava atendendo a uma ocorrência de um cracudo que estava com o rádio/CD roubado de um automóvel.

Eu fiquei em pé, chorando muito, porque não sabia o que estava acontecendo na festa, se meus filhos estavam apanhando, meu sobrinho, meus convidados. De repente, o policial civil se incomodou com meu choro, saiu do balcão me pegou pelo pescoço e saiu me arrastando pra cela da 15ª DP. Eu agarrei o colete do PM que estava comigo e comecei a gritar pra que ele não deixasse o outro fazer aquilo, porque ele sabia que eu não tinha feito nada de mais. O PM ficou com os olhos arregalados, assustado com o surto do policial civil, mas não teve coragem de bater de frente e deixou que ele me jogasse na cela. Eu sentei, respirei fundo e pensei: "Se eu gritar, ele vai vir aqui e me esculachar. Eu tenho que deixar meu povo chegar". Até então, eu estava sozinha ali. Nisso, eu vi pela gradezinha que já tinha amanhecido. E eu pensando: "Meu Deus, eu só queria comemorar meu aniversário. Planejei tanto..." Aí, do nada, a porta abriu. Uma das convidadas falou: "Bibi, fica tranquila, que está tudo resolvido".

Então eu calmamente me levantei, passei pelo policial e falei: "Você vai se arrepender do que fez comigo".

Falei isso baixo e calmamente. Pois, mais uma vez, fui acusada por desacato. Ele me jogou de novo na cela e bateu a porta. Eu tirei o sapato e dei só porradão na porta de ferro, pra quem estava lá fora saber que eu estava presa. Aí foi uma gritaria na delegacia, porque ele virou e gritou: "Essa maluca tá pensando que aqui é um puteiro!" (risos). Pra que ele falou isso! Minha irmã já pulou no miolo pra questionar, e rapidinho ele começou a ver a merda que tinha feito.

Aí abriram a cela e botaram meu filho lá dentro pra tentar me acalmar. Ele sentou do meu lado e falou: "Calma, mãe, por favor. Se acalma pra eles abrirem pra você sair". Eu me acalmei, mas com sangue nos olhos de tanta raiva. E, olha que hilário, o mesmo policial que parecia um monstro se sentou e falou que queria me pedir perdão por ter se excedido, mas que era porque ele estava cansado, sem dormir e estava sozinho ali. Olha que merda! Você querendo matar a pessoa e ela te quebra no golpe do arrependido. E assim começou um "deixa disso, deixa disso", pra não registrar nada ali. Só que quando eu estava saindo, chegou um oficial enviado pelo Major Edson, então comandante da UPP Rocinha, pra saber o que tinha acontecido. Os PMs, todos com o cu na seringa, logicamente, me levaram pra um canto e falaram que ele só ia perguntar se estava tudo bem e pronto. Não precisava registrar nada. Eles estavam apavorados por causa do transtorno que criaram a troco de nada. Aí, todo mundo no "deixa disso, deixa disso" e "vamos voltar pro morro". Resumindo: parecia um circo a delegacia. E eu de freira... Tinha palhaço, bruxa, Mulher-Gato, borboleta, gângster etc. e tal. Uma verdadeira palhaçada...

Voltei pro morro arrasada de ver como a gente fica vulnerável nas mãos da polícia. Quando cheguei em casa, meu namorado resolveu me falar que não queria mais ficar comigo, porque era muito problema... Sei lá, ele inventou um monte de histórias. Até hoje eu não entendo porque ele fez aquilo. Eu estava no buraco, e ele ainda jogou umas pás de terra em cima. Eu não tinha forças nem pra discutir. Deixei ele ir. Eu não tinha forças pra mais nada. Lógico que à noite ele já estava aqui de novo, arrependido. Eu até reclamei com o Major, mas não deu em nada. Não tive sequer uma resposta ou pedido de desculpa dos policiais que fizeram aquela palhaçada toda. Deixei pra lá, porque sei bem como funciona. Meu filho de dezesseis anos certamente sofreria represália na rua. Por isso, fiquei com medo de levar adiante. O morro estava num momento total de submissão dos moradores às vontades da polícia. Eu me recuperei, o tempo passou. E a vida seguiu.

Eu estava muito empolgada com meu blog e, depois de tomar muito calote nas vendas da loja, resolvi alugar o ponto e ficar em casa me dedicando ao Facebook (risos) (brincadeira). Eu queria me dedicar ao que eu mais gosto de fazer, que é escrever. Já nasci escritora. Quando criança, eu escrevia antes tudo o que as bonecas iriam falar. Então, cada vez mais gente começou a acompanhar o meu blog. Até que uma pessoa muito especial surgiu na minha vida e me incentivou a coisas boas. A escritora Gloria Perez. Ela encontrou meu blog em uma das pesquisas que estava fazendo para a novela que estava escrevendo na época. Ela começou a trocar ideia comigo pelo Twitter e a me incentivar a transformar meu blog em um livro. E foi isso o que eu fiz. Parei de escrever a minha história no blog, tirei pra colocar no livro e comecei a escrever web novela. Que, por sinal, ela também acompanhava. E assim me ajudando da maneira que podia.

A novela *Salve Jorge* começou a passar, e meu nome foi citado várias vezes. Meu blog foi mostrado em uma das cenas. Isso pra mim foi uma coisa maravilhosa, porque eu me sentia querida por ela, e me sentia cada vez mais forte pra continuar. O contato da Gloria Perez me fez muito bem, porque dentro de tudo, uma pessoa como ela, enxergou em mim um lado bom que estava adormecido havia muito tempo. Ela não precisava fazer nada disso, mas fez e me ajudou *muito*. Uma mulher tão talentosa, famosa, que já passou por uma tragédia indiscutivelmente maior do que todos os problemas que eu já tive, simplesmente me aconselhar, me acalmar, me incentivar a me manter no caminho do bem, sem sede de vingança nem nada. Isso me fez muito bem. Eu só tenho a agradecer a ela, que, no meio de tantas coisas negativas, se agarrou ao meu lado bom.

Com essa coisa da novela saíram algumas matérias em jornais como *Folha de S. Paulo*, *Extra* e muita coisa na internet. Algumas ainda tentavam dar destaque ao meu passado no tráfico, mas nada disso abalou meu propósito. Curti bastante o momento e tentei passar o melhor de mim.

36

Eu continuei, não desisti, mesmo com todas as dificuldades. Administrar meu namoro, meus filhos, minha casa, minhas contas e todos os problemas misturados não conseguiu diminuir em mim esse dom de criar. Eu passei, sim, por muitos dias de muita tristeza, por "n" problemas, mas o meu refúgio me deixa protegida. Eu começo a escrever e saio de órbita.

Hoje, ainda estou aqui, ainda pagando suaves prestações dos meus erros do passado, tentando melhorar cada vez mais e me manter no caminho do bem. Eu sei que nada será resolvido da noite pro dia, meus filhos vão para todo o sempre ser uma preocupação na minha vida, meu passado não será apagado. Mas eu os conheço, sei tudo pelo que eles já passaram e sei os traumas que eles carregam.

Agora, uma nova fase está vindo, com a notícia de que meu filho será papai em 2014, e eu acredito que essa criança está trazendo pra ele uma nova vida. Agora ele não vai mais precisar ficar sofrendo pelos erros do pai, porque poderá fazer diferente com o filho dele. Minha filha, apesar de todo o amargor da vida, continua uma menina, que tem sonhos como qualquer outra. Sonha com sua festa de quinze anos, e eu vou fazer tudo o que estiver ao meu alcance pra proporcionar esse momento pra ela.

E assim a vida vai prosseguir, com suas surpresas, mas sempre com tudo o que aprendo em mente. O crime não compensa. A droga destrói quem usa e quem vende. Essas coisas já não têm espaço na minha vida, nem por um milhão de reais, porque sei que no fim não sobra nada além de tristeza, traumas e sequelas. Não existe caminho sem volta enquanto existir vida, e por isso acredito que qualquer um pode mudar de vida. Basta determinar isso. E ter em mente que escolhas e consequências caminham juntas. Muitos erros eu cometi, mas aprendi a tempo, e sei que a vida ainda reserva muitas alegrias e tristezas pra mim, mas sei também que estou pronta pra vivê-las com a mesma intensidade com que vivi até hoje. Estou viva! Isso é o que importa.

grupo novo século

Compartilhando propósitos e conectando pessoas
Visite nosso site e fique por dentro dos nossos lançamentos:
www.novoseculo.com.br

ns

facebook/novoseculoeditora
@novoseculoeditora
@NovoSeculo
novo século editora

gruponovoseculo
.com.br

Edição: 1
Fonte: Stone Serif